Dr. Imke Barbara Peters, Heinz Hillebrands, Monika Marquardt, Petronilla Raila, Ingrid Scherer, Rosemarie Winklmann
unter Mitwirkung von Brigitte Baumgartner, Brigitta Linpinsel, Britta Schwamborn, Birgit Schweers und Gisela Zöbelein

Herausgeberin: Dr. Imke Barbara Peters

Prüfungsvorbereitung
Friseur/in

3. Auflage

D1672446

Bestellnummer 7250

Bildungsverlag EINS
a Wolters Kluwer business

Bildquellen:

Für die freundliche Überlassung von Abbildungen und Zeichnungen danken wir:

Brigitte Baumgartner, Nürtingen
Berufsgenossenschaft für Gesundheitsdienst und Wohlfahrtspflege, Hamburg
Beiersdorf AG, Hamburg
Bundesverband der Unfallversicherungsträger,
Jens Geltz, München
Goldwell AG, Darmstadt
Sabine Kuska, Oldenburg
L'OREAL, Düsseldorf
Klaus Seeberger, Neuss
Wella AG, Darmstadt
Gisela Zöbelein, Erlangen

www.bildungsverlag1.de

Unter dem Dach des Bildungsverlages EINS sind die Verlage Gehlen, Kieser, Stam, Dähmlow, Dümmler, Wolf, Dürr + Kessler, Konkordia und Fortis zusammengeführt.

Bildungsverlag EINS
Sieglarer Straße 2, 53842 Troisdorf

ISBN 978-3-8237-**7250**-7

Tipps zum Umgang mit diesem Buch

Dieses Buch soll auf Prüfungen im Berufsfeld Körperpflege vorbereiten. Es ist geeignet zur ständigen Wiederholung der Lerninhalte während der Ausbildung (z. B. vor Klassenarbeiten und zur Zwischenprüfung) und zur Vorbereitung auf die Gesellenprüfung.

Das **Inhaltsverzeichnis** informiert über die Aufgaben zu den Themenbereichen bzw. zu einzelnen Unterrichtsfächern.

Besonderheiten dieses Buches:

1. Trennung der Aufgaben und Antworten in zwei Bänden
- ermöglicht einfaches und schnelles Nachschlagen der Antworten
- fördert eine angenehme Lernatmosphäre

2. Klare, übersichtliche Gliederung
- Trennung von Aufgaben und Lösungen in zwei Bänden
- ausführliche Inhaltsverzeichnisse
- Markierung wichtiger/zentraler Begriffe in den Aufgaben durch Fettdruck.

3. Motivationshilfen
- hoher berufspraktischer Bezug
- viele Aufgaben mit Abbildungen, die das Verständnis erleichtern sollen
- verschiedene Aufgabenarten, z. B.
    - Fragen mit Auswahlantworten
    - Tabellen zur Ergänzung
    - Fragen mit frei zu formulierenden Antworten
    - Aufgaben, in denen Zuordnungen zu treffen sind
    - zu beschriftende Abbildungen

Die **Ausbildungsordnung** für das Friseurhandwerk (AO vom 21.01.1997) empfiehlt, offene Prüfungsaufgaben zu stellen. Eine Zwischen- und Gesellenprüfung nach dem Multiple Choice-Verfahren ist zugleich oder in Ergänzung weiterhin möglich. Dieser Entwicklung entspricht die vorliegende Prüfungsvorbereitung, indem eine hohe methodische Vielfalt in der Aufgabenstellung angestrebt worden ist.
Die Lösungen zu sämtlichen Aufgaben werden in **einem separaten Band** mitgeliefert.

INHALT

Berufsbild, Geschichte des Berufes und Anforderungen an den Friseurberuf

1. **Ein Vorgänger des heutigen Friseurs war der** Bader **im Mittelalter. Nennen Sie verschiedene Tätigkeiten, die zum Berufsbild eines Baders zählten.**

_____

_____

_____

_____

2. **„Friseur sein" bedeutet mehr als nur Haare schneiden. Welche** Dienstleistungen **erwarten Kunden vom Friseur? Nennen Sie Beispiele.**

_____

_____

_____

_____

3. **An die Auszubildenden werden körperliche, geistige und charakterliche Anforderungen gestellt. Ordnen Sie die folgenden** Anforderungen **den jeweiligen Voraussetzungen zu:**
Redegewandtheit, Gesundheit, Freundlichkeit, gute Allgemeinbildung, gesunde Augen, Aufgeschlossenheit, fundiertes Fachwissen, Denkfähigkeit, belastbares Knochensystem, Verschwiegenheit, handwerkliches Geschick, guter Wortschatz, gute Umgangsformen, gesunde Füße, Spaß im Umgang mit Menschen, Bereitschaft zum Dazulernen, unempfindliche Haut, Aufmerksamkeit, Selbstbewusstsein, Ehrlichkeit, gutes Zahlengedächtnis

körperliche Voraussetzungen	geistige Voraussetzungen	charakterliche Voraussetzungen

Berufsbild, Geschichte des Berufes und Anforderungen an den Friseurberuf

4. **Die Aufgaben eines Friseurs sind weitreichend. Kreuzen Sie an, welchem Tätigkeitsbereich die folgenden Tätigkeiten jeweils angehören.**

Tätigkeiten	Beraten/Verkaufen	Pflegen	Gestalten
Reinigung von Haar und Kopfhaut			
Verändern der Haarfarbe			
Anwenden von dekorativer Kosmetik			
Beratung und Verkauf von Hautpflegeprodukten			
Anwenden von pflegender Kosmetik			
Haare schneiden			
Beratung und Verkauf von Haarpflegeprodukten			
Anwenden von Haarkuren			

5. **Die Friseurausbildung kann die Grundlage für unterschiedliche berufliche Tätigkeiten sein. Nennen Sie Möglichkeiten der Weiterbildung oder Spezialisierung im Anschluss an die Gesellenprüfung.**

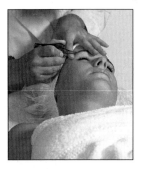 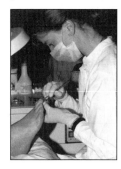 

_____

_____

_____

_____

_____

_____

Unfallgefahren, Unfallverhütungsvorschriften, Berufskrankheiten

6. **Die Unfallverhütung im Friseurhandwerk ist gesetzlich geregelt. Kreuzen Sie die beiden Vorschriften zur Unfallverhütung im Friseurberuf an.**

   Ⓐ Hygienevorschrift
   Ⓑ Bundesseuchengesetz
   Ⓒ Allgemeine Vorschriften zur Unfallverhütung
   Ⓓ Technische Regel Gefahrstoffe (TRGS)
   Ⓔ Trinkwasserverordnung

7. **Die Unfallversicherung zählt zu den Sozialversicherungen. Nennen Sie den Träger der Unfallversicherung.**

   _____

8. **Im Friseursalon gibt es viele Unfallgefahren. Nennen Sie die Hauptgefahrenquellen.**

   _____

   _____

   _____

   _____

   _____

9. **Die Haarschneideschere fällt Ihnen versehentlich aus der Hand. Kreuzen Sie die richtige Verhaltensweise an:**

   Ⓐ Sie versuchen die Schere mit dem Fuß aufzufangen, damit sie nicht auf den Boden fällt.
   Ⓑ Sie versuchen die Schere mit den Händen aufzufangen, damit sie nicht auf den Boden fällt.
   Ⓒ Sie lassen die Schere fallen.

10. **Kreuzen Sie die zwei richtigen Antworten an. Welche Unfallverhütungsvorschriften gelten für das Friseurhandwerk?**

    Ⓐ bei allen Feuchtarbeiten Schutzhandschuhe tragen
    Ⓑ laute Musik während der Tätigkeiten hören
    Ⓒ festes Schuhwerk tragen
    Ⓓ frische Blumen direkt neben das Waschbecken stellen
    Ⓔ den Kunden heiße Getränke zum Verzehr anbieten

Unfallgefahren, Unfallverhütungsvorschriften, Berufskrankheiten

11. Ergänzen Sie die notwendigen Regeln zur Vermeidung von Unfällen.

mögliche Verletzungen durch	Regeln zur Vermeidung von Unfällen
Stilkämme, Scheren und Rasiermesser	
elektrischen Strom	
Friseurchemikalien	
chemische Dämpfe	
den Ersatz von Leitern und Tritten durch ungeeignete Möbelstücke	
den Zustand des Fußbodens	

12. Eine Allergie zwingt häufig zur Beendigung des Friseurberufes. Erklären Sie, was man unter einer Allergie versteht.

_____

_____

_____

_____

_____

_____

Unfallgefahren, Unfallverhütungsvorschriften, Berufskrankheiten

13. Erklären Sie das Entstehen einer Allergie.

_____

_____

_____

_____

_____

14. Allergene **sind:**

Ⓐ   Stoffe, die eine Allergie auslösen

Ⓑ   ein anderer Begriff für Antikörper

Ⓒ   Entzündungen der oberen Hautschichten

15. Nennen Sie Hautschutzmaßnahmen**, die Hautschädigungen bei Friseuren verhindern sollen.**

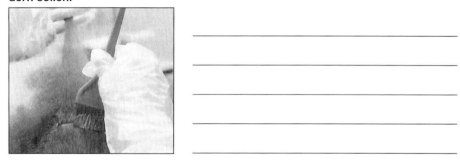

_____

_____

_____

_____

16. Bei Allergien **bilden sich häufig Ekzeme.** Ekzeme **sind:**

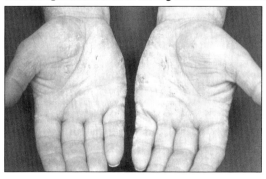

Ⓐ   nicht entzündliche Hautveränderungen

Ⓑ   eitrige Entzündungen des Haarbalgs

Ⓒ   Entzündungen der oberen Hautschichten

Unfallgefahren, Unfallverhütungsvorschriften, Berufskrankheiten

17. Eine Möglichkeit, um z. B. Haltungsschäden vorzubeugen, ist die Beschäftigung mit der Ergonomie des Arbeitsplatzes. Ergonomie bedeutet:

Ⓐ   Arbeitsunfälle im Betrieb zu verhindern

Ⓑ   das Arbeitsklima im Betrieb zu verbessern

Ⓒ   das Arbeitsumfeld und die Werkzeuge für den Arbeitenden optimal zu gestalten

18. Optimale Arbeitsbedingungen verbessern die Leistungsfähigkeit. Nennen Sie Maßnahmen, die den Arbeitsplatz ergonomischer gestalten.

Hygiene

19. Hygiene spielt im Friseursalon eine große Rolle. Sie wird durch die Hygieneverordnung geregelt.

Ⓐ Erklären Sie den Begriff Hygiene.

_____

_____

Ⓑ Nennen Sie Hygienegrundsätze für Friseurbetriebe.

_____

_____

20. Hygiene hat vielfältige Aufgaben in allen Lebensbereichen. Nennen Sie die drei unterschiedlichen Bereiche der Hygiene.

1. _____

2. _____

3. _____

21. Kreuzen Sie an, ob die folgenden Maßnahmen zum Bereich der öffentlichen oder der persönlichen Hygiene gehören.

Maßnahme	öffentliche Hygiene	persönliche Hygiene
Durchführung von Schutzimpfungen		
gesunde Ernährung		
Zahnpflege		
Straßenreinigung		
Errichtung von Mülldeponien		
ausreichender Schlaf		
Errichtung von Schwimmbädern		
Gewässerschutz		
Nagelpflege		
Errichtung von Kläranlagen		
Haarpflege		
pflegende Kosmetik		

22. Die gewerbliche Hygiene wird durch Hygieneverordnungen geregelt. Nennen Sie die Infektionskrankheit, durch die diese Verordnung notwendig geworden ist.

23. Warum ist <u>diese</u> Schaufenstergestaltung für ein Friseurgeschäft <u>nicht</u> geeignet?

_____

_____

_____

_____

_____

_____

24. Eine Infektion kann entstehen, wenn Hygienemaßnahmen nicht beachtet werden. Die richtige Erklärung für Infektion lautet:

   Ⓐ   Ansteckung durch Vermehrung von Krankheitserregern
   Ⓑ   Ansteckung durch die Übertragung von Krankheitserregern
   Ⓒ   Ansteckung durch das Abtöten von Krankheitserregern

25. Bei der Übertragung von Krankheitserregern unterscheidet man die <u>direkte</u> und die <u>indirekte Übertragung</u>. Erklären Sie den Unterschied.

direkte Übertragung

_____

_____

_____

indirekte Übertragung

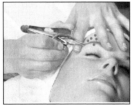 

_____

_____

_____

Hygiene

26. **Bei der direkten Übertragung von** Krankheitserregern **unterscheidet man drei Arten. Ordnen Sie der jeweiligen Infektionsart die richtige Beschreibung durch Linien zu.**

Kontaktinfektion

erfolgt durch das Einatmen der Schleimtröpfchen, die beim Niesen oder Husten ausgestoßen werden.

Tröpfcheninfektion

ist die Verbreitung von Krankheiten, z. B. durch Kratzen am eigenen Körper.

Selbstinfektion

entsteht z. B. durch die Berührung mit einem infizierten Gegenstand.

27. Inkubationszeit **ist:**

Ⓐ die Zeit zwischen Ansteckung und Ausbruch der Krankheit
Ⓑ die Zeit zwischen Ausbruch und Heilung der Krankheit
Ⓒ die Zeit zwischen Ansteckung und Heilung der Krankheit

28. **Infektionskrankheiten werden durch** Krankheitserreger **ausgelöst. Nennen Sie die unterschiedlichen Erreger.**

_____

_____

_____

29. **Parasiten sind** Krankheitserreger. **Nennen Sie Beispiele für** Parasiten.

_____

_____

_____

30. Kopfläuse **sind** Parasiten. **Erklären Sie, woran der Friseur Kopfläuse erkennen kann.**

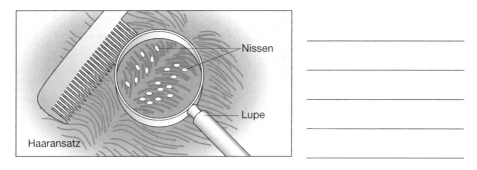

_____

_____

_____

_____

31. Fälle von Kopflausbefall kommen vereinzelt immer wieder vor. Nennen Sie Verhaltensmaßregeln für den Friseur, der Kopflausbefall bei Kunden feststellt.

_____

_____

_____

_____

32. Ordnen Sie die folgenden Erkrankungen den entsprechenden Krankheitserregern zu:
Akne, AIDS, Bartflechte, Grippe, Hirnhautentzündung, Lungenentzündung, Pilzflechte, Tetanus, Warzen, Malaria

Bakterien	Viren	Pilze	Parasiten

33. Die Desinfektion ist eine unerlässliche Hygienemaßnahme. Die richtige Erklärung für Desinfektion ist:

  Ⓐ Entfernen von sichtbaren Verschmutzungen
  Ⓑ vollständiges Abtöten aller Krankheitserreger und deren Dauerformen
  Ⓒ Unschädlichmachen der Krankheitserreger

34. Die Sterilisation ist eine Hygienemaßnahme, die z. B. bei Werkzeugen für die Aknebehandlung angewendet wird. Die richtige Erklärung für Sterilisation ist:

  Ⓐ Unschädlichmachen von Krankheitserregern
  Ⓑ vollständiges Abtöten aller Krankheitserreger und deren Dauerformen
  Ⓒ Entfernen von sichtbaren Verschmutzungen

Hygiene

35. Desinfektion **ist zur Vermeidung von Krankheiten im Friseurbetrieb unbedingt notwendig. Nennen Sie die beiden Desinfektionsmethoden.**

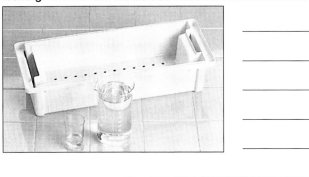

36. **Kreuzen Sie an, ob es sich bei den folgenden** Desinfektionsmaßnahmen **um physikalische oder chemische Maßnahmen handelt.**

Maßnahme	physikalisch	chemisch
Auskochen der Mitarbeiterkleidung		
Desinfizieren mit Alkohol		
Anwendung von trockener Hitze		
Anwendung von Wasserstoffperoxid		
Desinfizieren von Werkzeugen im Tauchbad		
Desinfizieren der Schneidegeräte mit Wasserdampf		
Anwendung von Desinfektionsspray		
Auskochen von Kundenhandtüchern		

Was erwarten Kunden?

1. **Jeder Kunde kommt mit einer bestimmten** Erwartungshaltung **in den Friseurbe-trieb. Welche Erwartung zählt normalerweise** <u>nicht</u> **dazu?**

Ⓐ Der Kunde möchte verwöhnt werden, sich erholen und gepflegt aussehen.
Ⓑ Der Kunde will im Mittelpunkt stehen.
Ⓒ Der Kunde will etwas erleben und darum möglichst auch Gründe für Reklamationen haben.
Ⓓ Der Kunde möchte etwas erleben, was mit seinen normalen Alltagspflichten nichts zu tun hat.
Ⓔ Der Kunde möchte sich wohl fühlen.

2. Umgangsformen **sollen das Miteinander der Menschen erleichtern. Welche drei Verhaltensweisen der Friseurin tragen dazu bei?**

Ⓐ Freundlichkeit   Ⓔ Heuchelei
Ⓑ Unterwürfigkeit   Ⓕ Unfreundlichkeit
Ⓒ respektvoller Umgang   Ⓖ Arroganz
Ⓓ Taktgefühl   Ⓗ erniedrigender Umgang

3. **Kunden sollen sich im Salon wohl fühlen. Nennen Sie mögliche Gründe für** Kundenunzufriedenheit, **die vermieden werden müssen.**

_____

_____

_____

_____

4. Motivieren **bedeutet: anspornen, antreiben, anregen. Welche Maßnahme ist am besten geeignet, um Mitarbeiter (zur Leistung) zu motivieren?**

Ⓐ eine lückenlose Überwachung durch Vorgesetzte
Ⓑ gleiche Bezahlung für alle Angestellten ohne Berücksichtigung der individuellen Leistung
Ⓒ angemessene und leistungsgerechte Entlohnung
Ⓓ ständiger Druck und häufige Drohung mit Entlassung
Ⓔ Verzicht auf jede Art von Kontrolle und Leistungsvergleich

Was erwarten Kunden?

5. Wichtigste Aufgabe der Friseurin **ist es, positive Gefühle bei Kunden hervorzurufen und zu unterstützen. Der Begriff** positiv **bedeutet hier:**

Ⓐ   verneinend, schlecht, ergebnislos
Ⓑ   bejahend, gut, günstig, ermutigend
Ⓒ   egal, gleichgültig, einerlei

6. Negative Gefühle bei Kunden müssen vermieden werden. Der Begriff negativ **bedeutet (hier):**

Ⓐ   verneinend, schlecht, ergebnislos
Ⓑ   bejahend, gut, günstig, ermutigend
Ⓒ   egal, gleichgültig, einerlei

7. Beziehungen zwischen Menschen werden auch im Friseurbetrieb vorwiegend durch Gefühle **bestimmt. Kreuzen Sie an: welche Gefühle sind positiv und welche sind negativ?**

	positive Gefühle	negative Gefühle
Wohlbefinden		
Abneigung		
Entspannung		
Liebe		
Ärger		
Hass		
Freude		
Eifersucht		
Zuneigung		
Dankbarkeit		
Neid		
Herzlichkeit		

8. Was zählt nicht **zu einem angenehm gestalteten** Arbeitsplatz**?**

Ⓐ   gute Stimmung zwischen den Mitarbeitern
Ⓑ   saubere Arbeitsplätze
Ⓒ   gedämpfte Geräusche
Ⓓ   unaufgeräumte Arbeitsplätze
Ⓔ   angenehme Düfte

9. Was zählt nicht **zu einem angenehm gestalteten** Warteraum**?**

Ⓐ   Grünpflanzen und ein frischer Blumenstrauß
Ⓑ   abgegriffene, wild herumliegende Zeitschriften
Ⓒ   ordentlich aufgereihte, nicht verstaubte Stühle
Ⓓ   angenehme, leise Hintergrundmusik
Ⓔ   saubere und geordnete Frisurenmappen

10. Welche drei Aussagen lassen auf positive Gefühle der Kundin schließen?

Ⓐ Keine Friseurin hat richtig Zeit für mich.
Ⓑ Man hat mich schon erwartet.
Ⓒ Man geht auf meine Wünsche ein.
Ⓓ Man nimmt sich keine Zeit für mich.
Ⓔ Ich erhalte keine Empfehlungen.
Ⓕ Ich fühle mich unpersönlich „abgefertigt".
Ⓖ Ich fühle mich als „eine von vielen".
Ⓗ Ich werde individuell beraten und behandelt.

11. Welche drei Aussagen lassen auf negative Gefühle der Kundin schließen und sollten vermieden werden?

Ⓐ Ich fühle mich unwohl und will nur noch schnell nach Hause.
Ⓑ Ich erhalte keine Empfehlungen.
Ⓒ Man nimmt sich viel Zeit für mich.
Ⓓ Ich werde individuell beraten und behandelt.
Ⓔ Man gibt mir neue Anregungen.
Ⓕ Niemand hat wirklich Interesse daran, dass es mir gut geht.
Ⓖ Man bemüht sich um mich.
Ⓗ Ich fühle mich schön und gepflegt.

12. Das positive Selbstwertgefühl der Friseurin ist die wichtigste Voraussetzung für einen erfolgreichen Umgang mit Kunden. Welche zwei Verhaltensweisen lassen auf ein positives Selbstwertgefühl schließen?

Ⓐ Arroganz oder Unterwürfigkeit
Ⓑ Misstrauen gegenüber anderen Menschen
Ⓒ Verschlossenheit gegenüber anderen Menschen
Ⓓ Interesse an Menschen
Ⓔ Respekt gegenüber anderen Menschen

13. Welche Aussage ist falsch? Ein positives Selbstwertgefühl:

Ⓐ führt zu einem offenen Verhalten gegenüber anderen Menschen
Ⓑ hat bedeutenden Einfluss auf das Denken, Sprechen und Handeln
Ⓒ trägt zu Freude und Erfolg im Friseurberuf bei
Ⓓ führt zu arrogantem Verhalten gegenüber anderen Menschen
Ⓔ ist eine wichtige Voraussetzung für einen erfolgreichen Umgang mit anderen Menschen

14. Welche Aussage ist falsch? Menschen mit negativem Selbstwertgefühl:

Ⓐ vermeiden Gespräche aus Angst vor Misserfolg
Ⓑ sind gegenüber anderen Menschen sehr offen
Ⓒ sind eher misstrauisch und bleiben verschlossen
Ⓓ werden von Kunden oft als arrogant empfunden
Ⓔ werden von Kunden oft als unterwürfig empfunden

Was erwarten Kunden?

15. Welche Aussage ist falsch? Bei arrogantem Verhalten wirkt man auf andere Menschen:

- Ⓐ anmaßend
- Ⓑ überheblich
- Ⓒ eingebildet
- Ⓓ offen
- Ⓔ aggressiv

16. Welche Persönlichkeitsmerkmale einer Friseurin stellen eine negative Grundeinstellung dar?

- Ⓐ Gründlichkeit
- Ⓑ Fleiß
- Ⓒ Höflichkeit
- Ⓓ Intelligenz
- Ⓔ mangelndes Interesse

- Ⓕ Motivation
- Ⓖ Freundlichkeit
- Ⓗ Interesse am Beruf
- Ⓘ Lustlosigkeit
- Ⓙ Faulheit

17. Erläutern Sie die dargestellte Stimmungskurve einer Kundin im Verlauf eines Friseurbesuches.

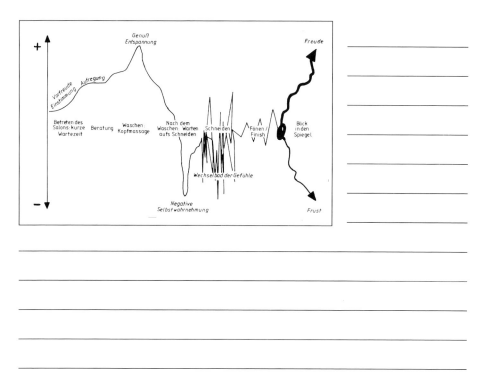

1

18. **Welche** Persönlichkeitsmerkmale **schätzen Kunden an Friseuren? Nennen Sie Beispiele.**

_____

_____

_____

_____

_____

_____

_____

19. **Welches Verhalten einer Friseurin kann den Verkauf von Dienstleistungen oder Waren erschweren bzw. verhindern?**

    Ⓐ   sicheres Auftreten
    Ⓑ   Aufdringlichkeit
    Ⓒ   geduldiges Zuhören
    Ⓓ   Höflichkeit und Hilfsbereitschaft
    Ⓔ   an den Haarproblemen der Kundin Interesse zeigen

20. **Was ist für eine „Friseurin als Verkäuferin" nachteilig?**

    Ⓐ   die positive Grundeinstellung
    Ⓑ   das solide Fachwissen
    Ⓒ   die situationsgerechte Ausdrucksweise
    Ⓓ   das Einfühlungsvermögen (Menschenkenntnis)
    Ⓔ   das übersteigerte Selbstwertgefühl

21. **Wenn ein Friseur überzeugend seine Argumente darstellt und ehrlich zum Kunden spricht, dann nennt man dies eine positive** Grundeinstellung. **Das bedeutet:**

    Ⓐ   Wer selber unsicher ist, verkauft erfolgreicher bei unsicheren Kunden.
    Ⓑ   Der gute Verkäufer ist von der Qualität seiner Ware überzeugt.
    Ⓒ   Man sollte dem Kunden nicht die Wahrheit sagen, wenn z. B. eine Dauerwelle für sein Haar ungeeignet ist und deshalb nicht durchgeführt werden sollte.

22. Wie begrüßen Sie als Friseurin eine <u>Neukundin</u> angemessen, die „Ihren" Friseurbetrieb betritt?

   Ⓐ „Guten Tag, mein Name ist Singer. Schön, dass Sie uns besuchen. Wie ist Ihr Name?"

   Ⓑ „Hallo, ich habe im Moment keine Zeit, bitte warten Sie."

   Ⓒ „Ich komme gleich! Mein Name ist Frau Singer."

   Ⓓ „Ich kenne Sie nicht. Sind Sie eine Neukundin?"

   Ⓔ „Was wollen Sie?"

23. Im Anschluss an die Begrüßung erfolgt die Aufwärmphase. Mit welchen Fragen oder Bemerkungen kann die Friseurin eine angenehme Atmosphäre schaffen? Nennen Sie für jeden Anlass einen Beispielsatz.

Anlass	Fragen/Bemerkungen
Anreise der Kundin	_____
	_____
	_____
Garderobe der Kundin	_____
	_____
	_____
Freude über die Begegnung	_____
	_____
	_____

24. Durch welche zwei Fragen können Sie bei einer Kundin <u>nicht</u> den Anlass für ihren Besuch erfahren?

   Ⓐ „Wie ist das Wetter heute?"

   Ⓑ „Wie kann ich Ihnen behilflich sein?"

   Ⓒ „Welche Wünsche haben Sie?"

   Ⓓ „Wie kann ich Ihnen helfen?"

   Ⓔ „Was wünschen Sie?"

   Ⓕ „Haben Sie genug Geld mit?"

   Ⓖ „Was kann ich für Sie tun?"

25. Welche Friseurin meldet sich richtig am Telefon?

Ⓐ „Ja, wer ist da?"

Ⓑ „Friseurbetrieb Haarmoden hier. Mein Name ist Meier. Wer ist dran?"

Ⓒ „Friseurbetrieb Haarmoden hier. Mein Name ist Meier. Guten Tag. Was kann ich für Sie tun?

Ⓓ „Hallo, hier Friseurbetrieb Haarmoden. Um was geht es?"

Ⓔ „Meier vom Friseursalon Haarmoden. Was wollen Sie?"

26. Erfolgreiche Telefongespräche mit Kunden sind eine Übungssache. Worauf müssen Sie achten? Nenne Sie die „Zutaten" für ein erfolgreiches Telefongespräch.

_____

_____

_____

_____

_____

_____

27. Eine Kundin ruft an, um einen Termin für einen Friseurbesuch am nächsten Tag zu erfragen. Welche Antwort ist angemessen?

Ⓐ „Der Laden ist gerade so voll, Frau Berger. Können Sie später noch mal anrufen?"

Ⓑ „Die nächsten Tage haben wir schon so viel zu tun. Aber ich kann ja mal sehen, ob Sie morgen noch irgendwo dazwischen passen."

Ⓒ „Passt es Ihnen morgen früh um 11.00 Uhr, Frau Berger?"

Ⓓ „Sieht ganz schlecht aus für Sie, Frau Berger. Wenn überhaupt, dann geht es nur noch morgen um 11.00 Uhr."

Ⓔ „Ausgerechnet morgen. Das passt mir eigentlich gar nicht. Es geht höchstens um 11.00 Uhr."

28. Welche Verhaltensweise eignet sich nicht für die Verabschiedung eines Kunden?

Ⓐ Die Friseurin sollte nochmals den Namen der Kundin einfließen lassen.

Ⓑ Die Friseurin sollte der Kundin die Hand geben.

Ⓒ In einigen Situationen ist das Helfen in die Garderobe eine positive Geste.

Ⓓ Wenn möglich, wird die Kundin zur Tür begleitet.

Ⓔ Die Friseurin sollte sich unterwürfig verhalten und sich beim Bedanken tief bücken.

Begrüßung und Telefongespräche

29. Wie begrüßen Sie eine Kundin richtig? **Nennen Sie einen Beispielsatz und beschreiben Sie Ihre Verhaltensweise.**

_____

_____

_____

30. Wie verabschieden Sie eine Kundin richtig? **Nennen Sie einen Beispielsatz und beschreiben Sie Ihre Verhaltensweise.**

_____

_____

_____

31. **Eine Kundin betritt etwas unsicher zum ersten Mal den Friseursalon, in dem Sie arbeiten. Wie** begrüßen **Sie die neue Kundin?**

_____

_____

32. **Sie bedienen gerade einen Kunden. Ein neuer Kunde betritt den Salon. Wie verhalten Sie sich richtig?**

Ⓐ   Den Kunden nicht beachten, da er sowieso warten muss, bis Sie frei sind.
Ⓑ   Dem Kunden sagen: „Sie sehen ja, ich habe keine Zeit!"
Ⓒ   Dem Kunden sagen: „Guten Tag! Würden Sie sich bitte einen Augenblick gedulden? Ich werde Sie sofort bedienen, wenn ich frei bin!"
Ⓓ   Dem Kunden sagen: „Ich bin jetzt beschäftigt. Kommen Sie später wieder."

33. **Was sagen Sie einer Kundin, wenn noch keine Zeit zur Behandlung ist und die Kundin etwas warten muss?**

Ⓐ   „Sie müssen schon warten, bis ich frei bin."
Ⓑ   „Leider habe ich im Moment keine Zeit, also warten Sie mal!"
Ⓒ   „Versuchen Sie es doch mal bei meiner Kollegin. Dort brauchen Sie vielleicht nicht zu warten."
Ⓓ   „Würden Sie bitte ein wenig warten? Sobald ich frei bin, werde ich Sie gerne bedienen."
Ⓔ   „Suchen Sie sich mal einen Warteplatz. Es dauert nicht lange."

34. **An einem Regentag kommt eine Kundin zu Ihnen in den Salon. Mit welchen freundlichen Worten könnte man die Kundin** begrüßen?

_____

_____

1

35. Kommunikation bedeutet:

    Ⓐ sich aus dem Wege gehen
    Ⓑ sich gern mögen
    Ⓒ die Schwächen des anderen aufdecken
    Ⓓ mündliche und körperliche Sprache, miteinander sprechen
    Ⓔ sich für die Schaufensterauslagen interessieren

36. Welches Verhalten zählt <u>nicht</u> zur Körpersprache?

    Ⓐ Gestik
    Ⓑ Mimik
    Ⓒ Wortwahl
    Ⓓ Gesichtsausdruck
    Ⓔ Kopfhaltung

37. Wie hoch ist die Wirkung der Körpersprache auf einen Gesprächspartner im Verhältnis zur Stimme (<u>wie</u> es gesagt wird) und zum Inhalt (<u>was</u> gesagt wird)?

    Ⓐ etwa 50 % Wirkung der Körpersprache, etwa 40 % Wirkung der Stimme und etwa 5 % Wirkung des Inhalts
    Ⓑ etwa 40 % Wirkung der Körpersprache, etwa 50 % Wirkung der Stimme und etwa 5 % Wirkung des Inhalts
    Ⓒ etwa 5 % Wirkung der Körpersprache, etwa 40 % Wirkung der Stimme und etwa 50 % Wirkung des Inhalts

38. Welche Beispiele zählen in Bezug auf die Körpersprache eher zu den „Gewinner-Typen" und welche eher zu den „Verlierer-Typen"? Kreuzen Sie an:

Beispiele	„Gewinner-Typ"	„Verlierer-Typ"
a)		
b)		
c)		
d)		
e)		

Körpersprache

39. Gestik bedeutet:

   Ⓐ Bewegungen im Gesicht während des Sprechens
   Ⓑ Bewegungen des Bauches während des Sprechens
   Ⓒ Bewegungen der Hände während des Sprechens

40. Was drückt die Gestik dieser Friseurin aus?

   Ⓐ Diese Geste bedeutet „o.k." oder „ausgezeichnet".
   Ⓑ Diese Geste ist ein Ausdruck für Überraschung.
   Ⓒ Diese Geste wirkt sehr aufdringlich.
   Ⓓ Diese Geste drückt große Unsicherheit aus. Sie vermittelt der Kundin, dass die Friseurin keine Fachfrau ist.
   Ⓔ Diese Geste drückt Abwehrhaltung, Beschwichtigung und Beruhigung aus.

41. Was drückt die Gestik der Friseurin (links im BilD) aus?

   Ⓐ Das Krümmen von Daumen und Zeigefinger bedeutet „k. o." oder die Niederlage der Kundin.
   Ⓑ Das Krümmen von Daumen und Zeigefinger bedeutet Verärgerung.
   Ⓒ Das Krümmen von Daumen und Zeigefinger bedeutet „o. k." oder „ausgezeichnet". Diese Gestik verstärkt die Wirkung der mündlichen Information.
   Ⓓ Das Krümmen von Daumen und Zeigefinger drückt große Unsicherheit aus. Diese Gestik vermittelt der Kundin, dass die Friseurin keine Fachfrau ist.
   Ⓔ Das Krümmen von Daumen und Zeigefinger drückt Beschwichtigung aus. Die Friseurin kann dadurch eine aufgeregte Kundin beruhigen.

42. Mimik **bedeutet:**

Ⓐ Bewegungen im Gesicht, z. B. während des Sprechens
Ⓑ Bewegungen des Bauches, z. B. während des Lachens
Ⓒ Bewegungen der Hände, z. B. während des Sprechens

43. Das äußere Erscheinungsbild **der Friseurin hat Vorbildfunktion. Worauf müssen Sie achten in Bezug auf:**

die Kleidung:

_____

die Körperhaltung:

_____

die Gestik:

_____

die Hände und Fingernägel:

_____

die Mimik:

_____

die Haare:

_____

44. Die Augen sind wichtige Kontaktorgane. Welche Aussage ist falsch?

Ⓐ Ein häufiger Blickkontakt erhöht bei der Kundin das Gefühl, persönlich betreut zu werden.
Ⓑ Die Friseurin soll ihre Kundin direkt ansehen.
Ⓒ Der Blick soll ruhig und direkt sein.
Ⓓ Ein häufiger Blickkontakt wirkt aufdringlich und abweisend.
Ⓔ Hochgezogene Augenbrauen sind Ausdruck von Überraschung und aktivem Zuhören.

45. Wie wirkt diese Friseurin (links im Bild) auf die Kundin?

Ⓐ Sie wirkt unwissend und nicht überzeugend.
Ⓑ Sie wirkt unterwürfig und hilflos.
Ⓒ Sie wirkt kompetent und überzeugend.
Ⓓ Sie wirkt uninteressiert und abgelenkt.
Ⓔ Sie wirkt arrogant und abweisend.

Körpersprache

46. Wie wirken verschränkte Arme auf einen Gesprächspartner?

Ⓐ Verschränkte Arme werden als freundliche Willkommensgeste empfunden.

Ⓑ Diese Gestik wirkt sehr einladend auf den Gesprächspartner.

Ⓒ Der Gesprächspartner fühlt sich sehr wohl wegen dieser Gestik.

Ⓓ Verschränkte Arme werden als Abwehrhaltung gegenüber dem Gesprächspartner empfunden.

Ⓔ Verschränkte Arme deuten auf einen sehr aufgeschlossenen Charakter hin.

47. Wie wirkt diese Friseurin aufgrund ihres vorgebeugten Körpers und ihres nach unten gerichteten Kopfes auf eine Kundin?

Ⓐ Sie wirkt sehr selbstbewusst.

Ⓑ Sie wirkt unterwürfig.

Ⓒ Sie wirkt gesund und frisch.

Ⓓ Sie wirkt arrogant/überheblich.

Ⓔ Sie wirkt richtig entspannt.

48. Was drückt die Körpersprache dieser Kundin aus?

Ⓐ Die Kundin wirkt traurig.

Ⓑ Die Kundin vermittelt den Eindruck, als ob sie nachdenkt, abwägt oder sich nicht sicher ist.

Ⓒ Die Kundin erweckt den Eindruck von Hilflosigkeit.

Ⓓ Die Kundin vermittelt einen unzufriedenen und verärgerten Eindruck.

Ⓔ Die Kundin wirkt sehr lebhaft, neugierig und aufgeschlossen.

49. Was drückt die Körpersprache dieser Kundin aus?

Ⓐ Die Kundin wirkt traurig.

Ⓑ Die Kundin vermittelt den Eindruck, als ob sie nachdenkt, abwägt oder sich nicht sicher ist.

Ⓒ Die Kundin erweckt den Eindruck von Hilflosigkeit.

Ⓓ Die Kundin vermittelt einen unzufriedenen und verärgerten Eindruck.

Ⓔ Die Kundin wirkt sehr neugierig.

1

50. Die Körpersprache **sagt oft mehr aus als die mündliche Sprache. Worauf sollten Sie achten?**

_____

_____

_____

51. **Die Friseurin kann zu einer angenehmen** Gesprächsatmosphäre **beitragen. Welche Verhaltensweisen fördern eine angenehme Atmosphäre? Welche stören im Gespräch? Kreuzen Sie an.**

	Die Gesprächs- atmosphäre wird gestört, wenn die Friseurin:	Eine angenehme, vertrau- ensvolle Gesprächsatmo- sphäre wird gefördert, wenn die Friseurin:
in ganzen, vollständigen, kurzen Sätzen spricht		
viele Pausenfüller wie „äh" oder „echt" verwendet		
nicht zu laut oder zu leise spricht		
keine Pausen beim Sprechen macht		
eine deutliche Aussprache hat		
zu schnell oder zu langsam spricht		
einen sympathischen und freundlichen Stimm- klang hat		
deutlich spricht		
verständlich erklären und überzeugend argumen- tieren kann		
die Vorstellungskraft ihrer Kunden mit Bildern und Beispielen anspricht		
keine monotone oder hektische Sprechweise hat		
ihre Sprechgeschwindigkeit immer wieder der Si- tuation anpasst und verändert		
grundsätzlich eine schnelle Sprechgeschwindig- keit hat, um die Kundin nicht zu langweilen		
während des Sprechens ab und zu Pausen macht, damit die Kundin über die Informationen nach- denken kann		

Argumentation

52. Die Lautstärke **Ihrer Sprache soll der Situation angepasst sein. Welche Aussage ist falsch?**

Ⓐ Wenn die Kundin eher leise spricht, sollte die Friseurin sie nicht durch lautes Sprechen verschrecken.

Ⓑ Wenn die Kundin über persönliche Dinge spricht, muss man sicherstellen, dass kein anderer mithört.

Ⓒ Grundsätzlich sollte eine Friseurin immer sehr laut sprechen, um sicherzustellen, dass die Kundin alles versteht.

Ⓓ Die Friseurin darf nicht zu leise sprechen, denn das strengt die Kundin beim Zuhören an.

Ⓔ Positive Argumente sollen grundsätzlich etwas lauter gesprochen werden.

53. Warum sollte eine Friseurin beim Gespräch mit Kunden eine monotone Stimmlage und ein monotones Tempo vermeiden? Worauf sollte sie achten?

_____

_____

_____

54. Die positive Grundeinstellung der Friseurin spielt eine große Rolle beim Beratungsgespräch. **Nennen Sie bessere/positive Formulierungsbeispiele für:**

„Misthaar" _____

„teuer" _____

„Färbung" _____

„Glatze" _____

„bleichen" _____

„Strähnen" _____

55. Bei der Verkaufsargumentation **soll die Friseurin möglichst bildhaft sprechen. Welche Aussagen sind falsch? Mit der** Bildersprache:

Ⓐ können sich Kunden Informationen der Friseurin besser vorstellen und „sich ein Bild machen.

Ⓑ werden die Informationen der Friseurin vom Kunden schlechter und langsamer verstanden.

Ⓒ haben Kunden schnell ein ‚gedankliches Bild' vor Augen.

Ⓓ werden vor allem die Gefühle der Kunden angesprochen.

Ⓔ bekommt der Kunde mehr Interesse und Spaß und hört gerne zu.

Ⓕ kann die Friseurin Informationen „in Bildern ausdrücken", Bilder zeigen (z. B. „Vorher-Nachher-Bilder" einer Frisur) und Erlebnisse, die mit der Ware oder Dienstleistung verbunden sind, anschaulich schildern.

Ⓖ werden die Informationen vom Kunden leichter und schneller verstanden.

Ⓗ kann die Friseurin Verkaufsargumente erfolgreich ‚verpacken'.

Ⓘ kann die Friseurin die Aufmerksamkeit des Kunden gewinnen.

Ⓙ bekommt der Kunde weniger Interesse und hört nicht mehr zu.

1

56. Kreuzen Sie an: Bei welchen Aussagen setzt die Friseurin die Bildersprache ein?

	„Frau XY, ich empfehle Ihnen dieses Shampoo, weil es spezielle Wirkstoffe enthält."	
	„Ich empfehle Ihnen dieses ‚Fruchtcocktail', weil Ihre Haare dann durch die darin enthaltenen Fruchtsäuren wieder schön glänzend aussehen werden."	
	„Für die bevorstehenden Strapazen des Sommers empfehle ich Ihnen diese ‚Fitnessbehandlung' für Ihr Haar. Dann werden Ihre langen Haare auch weiterhin gesund und kräftig bleiben."	
	„Herr XY, dieses Sonnenschutzpräparat hat einen UV-Schutz von 12.	
	„Ich empfehle Ihnen für Ihr Haarproblem einmal wöchentlich diese spezielle Haarkur anzuwenden."	
	„Frau XY, ich empfehle Ihnen für Ihre Haut unsere besondere ‚Creme de la Creme' mit ausgewählten ökologischen Wirkstoffen."	
	„Dieses Pflegepräparat ist ein richtig erholsamer Kurzurlaub für Ihre Haare!"	
	„Im Anschluss an die morgendliche Hautreinigung sollten Sie diesen ‚Sofort-Frische-Kick' auftragen. Ihre Haut wird sich dann richtig fit für den Tag anfühlen."	
	„Diese Schutzcreme mit speziellen Meereswirkstoffen wirkt in den ‚frostigen Wintermonaten' wie ein ‚zweiter Handschuh'."	
	„Aufgrund Ihres wichtigen Termins empfehle ich Ihnen heute die ‚Haut-wie-ein-junger-Pfirsich-Behandlung' mit ‚Fast-wie-Kinderhaut-Effekt'."	
	„Diese Sonnenmilch schützt Ihre Haut wie ein guter ‚Sonnenschirm'."	
	„Herr XY, wollen Sie unsere Kennenlern-Gesichtsbehandlung, die eine ‚Wie eine Urlaubsentspannungs-Behandlung' beinhaltet, heute einmal ausprobieren?"	
	„Ich empfehle Ihnen, morgens zur Hautreinigung auch dieses Gesichtswasser zu verwenden."	

Argumentation

57. Eine vollständige Argumentation (Argumentationskette) besteht aus:

Ⓐ   These und Beleg oder Beispiel
Ⓑ   These, Aussage, Beleg oder Beispiel
Ⓒ   These, Argument, Beleg oder Beispiel
Ⓓ   These und Argument

58. Das Wort These bedeutet:

Ⓐ   Begründung
Ⓑ   Beleg
Ⓒ   Beispiel
Ⓓ   Behauptung, Meinung

59. Das Wort Argument bedeutet:

Ⓐ   Beispiel
Ⓑ   Begründung
Ⓒ   Beleg
Ⓓ   Behauptung, Meinung

60. Ergänzen Sie die These mit einem Argument und einem Beleg in wörtlicher Rede:

These: „Diese Intensivpflege ist für Ihr strapaziertes Haar genau das Richtige, …

Argument: … weil _____

_____

Beleg: _____

_____

61. Ergänzen Sie die These mit einem Argument und einem Beleg in wörtlicher Rede:

These: „Alina Haarbad ist für die tägliche Haarreinigung optimal geeignet …

Argument: … denn _____

_____

Beispiel: _____

_____

62. Von der These zum Argument sollte man z. B. mit dem Wort „weil" überleiten. Nennen Sie weitere Beispiele für Überleitungen:

_____

_____

_____

63. **Mit welchen Argumenten empfehlen Sie einer Kundin mit strukturgeschädigtem Haar eine Kurbehandlung? Nennen Sie Stichwörter:**

_____

_____

_____

_____

_____

64. **Welches Verkaufsargument trifft für stark alkoholhaltige Gesichtswässer zu?**

Ⓐ für sehr empfindliche Haut gut geeignet
Ⓑ speziell geeignet für trockene Haut und Entzündungen
Ⓒ geringe Reinigungskraft bei hohem Alkoholgehalt
Ⓓ zur Nachreinigung bei fettiger Haut geeignet
Ⓔ nach Anwendung gründlich mit Wasser abspülen

65. **Kreuzen Sie an: Welche Wirkung haben geschlossene Fragen? Welche Wirkung haben offene Informationsfragen?**

	Wirkung geschlossener Informationsfragen	Wirkung offener Informationsfragen
Sie lassen meistens nur die Antwort „Ja" oder „Nein" zu.		
Sie lassen ausführliche Antworten zu.		
Sie liefern nur wenig Informationen.		
Sie liefern relativ ausführliche Informationen.		
Sie vermeiden Missverständnisse.		
Sie veranlassen die Kundin, eine Entscheidung für oder gegen einen Vorschlag zu treffen.		
Sie ermöglichen eine Kontrolle der Vereinbarungen (Kontrollfragen.)		
Sie ermöglichen der Kundin nur zwei Möglichkeiten der Antwort.		

Kundenwünsche durch Fragen ermitteln

1

66. Frage ist nicht gleich Frage: Ordnen Sie die Wirkung der Fragearten durch Linien jeweils richtig zu.

Geschlossene Informations-fragen	machen dem Kunden zwei Angebote.
Offene Informationsfragen	können Kundenwünsche beeinflussen.
Bestätigungsfragen	lassen ausführliche Antworten zu und liefern relativ viele Informationen.
Entscheidungsfragen	lassen meistens nur eine Antwort zu, nämlich „Ja" oder „Nein".
Alternativfragen	sollen Kunden zu einer Entscheidung verhelfen.
Suggestivfragen	sollen sicherstellen, dass die Friseurin Kundenwünsche richtig verstanden hat.

67. Welche Frage zum Shampoo ist eine geschlossene Informationsfrage?

Ⓐ „Welches Shampoo verwenden Sie?"
Ⓑ „Wie gefällt Ihnen das Shampoo?"
Ⓒ „Verwenden Sie ein Pflegeshampoo?"
Ⓓ „Was gefällt Ihnen nicht an diesem Shampoo?"
Ⓔ „Warum meinen Sie, dass dieses Shampoo Ihre Haarprobleme auch nicht lösen kann?"

68. Welche Frage zum Shampoo ist eine offene Informationsfrage?

Ⓐ „Wie hat das Shampoo gewirkt?"
Ⓑ „Sie möchten unser Sonderangebot aus der Shampooserie also nutzen?"
Ⓒ „Hat das Shampoo geholfen?"
Ⓓ „Fetten Ihre Haare mit diesem Shampoo immer noch so schnell nach?"
Ⓔ „Sind Sie mit meiner Pflegeempfehlung und dem neuen Shampoo zufrieden?"

1

69. Kreuzen Sie an: Welche der folgenden Fragen ist eine geschlossene Frage? Welche Frage ist eine offene Informationsfrage?

	Geschlossene Informationsfrage	Offene Informationsfrage
„Möchten Sie mehr Volumen?"		
„Wie viel Zeit können Sie zu Hause für die tägliche Frisurengestaltung aufwenden?"		
„Wie haben Sich Ihre Haare seit der Anwendung des Präparats verändert?"		
„Sind Sie mit der Dauerwelle zufrieden?"		
„Was gefällt Ihnen an Ihrer bisherigen Frisur?"		
„Interessiert es Sie, was Ihr Haar benötigt, um mehr Glanz zu bekommen?"		
„Welche Präparate verwenden Sie zu Hause zur Pflege Ihres Haares?"		
„Möchten Sie gerne wissen, was Ihr Haar benötigt?"		
„Waschen Sie Ihre Haare täglich?"		
„Wie pflegen Sie Ihr Haar nach der Haarwäsche?"		
„Wie gefällt Ihnen die Haarfarbe, die Sie jetzt tragen?"		
„Sind Sie mit der Haarfarbe zufrieden?"		

70. Bei Alternativfragen der Friseurin soll sich die Kundin zwischen zwei Möglichkeiten entscheiden. Der Kundin werden dazu Auswahlmöglichkeiten genannt. Welche Frage ist keine Alternativfrage?

Ⓐ „Welche der beiden Frisuren gefällt Ihnen besser?"
Ⓑ „Möchten Sie Ihr Haar lieber wieder zurück frisiert haben oder soll ich es mal etwas mehr ins Gesicht frisieren?"
Ⓒ „Bevorzugen Sie einen auffälligen Modeton oder eine natürlich wirkende Haarfarbe?"
Ⓓ „Wie sind Sie mit der neuen Welle zufrieden?"
Ⓔ „Wollen Sie mit Shampoo und Spülung beginnen oder lieber gleich das komplette Pflegesystem mitnehmen?"

Kundenwünsche durch Fragen ermitteln

1

71. Welche Frage zum Haarspray ist eine Alternativfrage?

Ⓐ „Verwenden Sie Haarspray?"

Ⓑ „Sie wollen doch bestimmt ein Haarspray, das Ihre Haare festigt und zusätzlich pflegt?"

Ⓒ „Möchten Sie die Haarspray-Vorteilspackung oder erst mal die kleine Haarspray-Probepackung kaufen?"

Ⓓ „Wie sind Sie mit Ihrem Haarspray zufrieden, z. B. in Bezug auf die Festigkeit und den Glanz?"

Ⓔ „Ist die Haarsprayserie nicht hochelegant gestaltet?"

72. Suggestivfragen können den Wunsch der Kundin beeinflussen. Welches ist keine Suggestivfrage?

Ⓐ „Für Sie kommen doch sicherlich nur Produkte aus der Luxus-Serie in Betracht?"

Ⓑ „Welcher der beiden Lippenstifte gefällt Ihnen besser?"

Ⓒ „Sie benötigen zu diesem Lippenstift also nicht den passenden Konturenstift?"

Ⓓ „Sie möchten das Sonderangebot zur Haarpflege also nutzen?"

Ⓔ „Ist die Haarpflegeserie nicht wirklich hochelegant gestaltet?"

73. Welche Frage zur Haarfarbe ist eine Suggestivfrage?

Ⓐ „Was erwarten Sie von der neuen Haarfarbe?"

Ⓑ „Bevorzugen Sie einen auffälligen Modeton oder eine natürlich wirkende Haarfarbe?"

Ⓒ „Sind Sie mit Ihrer Haarfarbe zufrieden?"

Ⓓ „Sie möchten eine lang anhaltende Haarfarbe?"

Ⓔ „Gefällt Ihnen die Haarfarbe, die Sie jetzt tragen?"

74. Sie stellen einer Kundin folgende Frage: „Wollen Sie für Ihr strukturgeschädigtes Haar unser äußerst wirksames Kurmittel ‚ZX' gegen Strukturschäden ausprobieren?" Das ist eine:

Ⓐ Erlebnisfrage

Ⓑ Suggestivfrage

Ⓒ rhetorische Frage

Ⓓ Erkundungsfrage

Ⓔ Anfrage

75. Um welche Art der Frage handelt es sich hier: „Darf ich Ihnen ein paar Lichtreflexe ins Haar geben oder möchten Sie das Haar ganz mit Farbe aufgefrischt haben?"

Ⓐ Suggestivfrage

Ⓑ Erkundungsfrage

Ⓒ rhetorische Frage

Ⓓ Entscheidungsfrage

Ⓔ Bestätigungsfrage

1

76. **Durch gezielte** Fragetechnik **können Sie Kunden dazu bringen, Vorstellungen und Wünsche zur Behandlung zu äußern.**

Formulieren Sie je ein Beispiel für die folgenden Fragearten:

Offene Frage (W-Frage): _____

_____

_____

Entscheidungsfrage: _____

_____

Alternativfrage: _____

_____

Suggestivfrage: _____

_____

Rhetorische Frage: _____

_____

77. **Welche Fragen können Sie einer Kundin vor der Haarwäsche stellen? Formulieren Sie ganze Sätze in wörtlicher Rede.**

_____

_____

Beratungsgespräche

78. Es ist günstig, Kunden bei der Beratung auf Mängel, z. B. „glanzloses Haar", aufmerksam zu machen, damit sie den Bedarf einer Behandlung erkennen. Welche Mängel können das sein? Nennen Sie Beispiele.

_____

_____

_____

_____

_____

79. Manche Friseure scheuen sich, den Kunden die Mängel ihrer Haare oder ihrer bisherigen Frisur mitzuteilen. Warum ist das falsch? Weil Kunden

Ⓐ dadurch den Bedarf einer Behandlung erkennen

Ⓑ von der Friseurin erwarten, dass sie von ihr beleidigt werden

Ⓒ so den Unterschied zwischen „Vorher" und „Nachher" erkennen und damit die Friseurleistung deutlich wird

Ⓓ dann Präparate oder Behandlungen nicht für überflüssig halten

Ⓔ wissen müssen, welche Präparate und Behandlungen zur Verbesserung des mangelhaften Haarzustands notwendig sind

80. Kunden erwarten von dem Friseurbesuch einen Nutzen und damit Vorteile für ihre Person, z. B. „gesund aussehendes Haar". Nennen Sie weitere Beispiele, mit denen Sie Kunden den Nutzen eines Friseurbesuchs mitteilen können.

_____

_____

_____

_____

_____

_____

_____

_____

1

81. Die Friseurin muss Kunden die Mängel der Haare oder der Frisur taktvoll mitteilen. Daran kann sie die Vorteile anknüpfen, die eine Behandlung mit sich bringen würde. Formulieren Sie zu den folgenden Mängeln Beispielsätze für Vorteile.

Beispiele für Mängel	Beispiele für Vorteile
„Sie haben trockenes Haar."	
„Ihre Haare sehen glanzlos aus."	
„Ihre Frisur hat zu wenig Volumen."	
„Die Haarspitzen sind durch die vielen Einflüsse und Strapazen (Kämmen, Sonne) sehr dünn, porös und splissig."	
„Ihre interessanten Gesichtskonturen kommen nicht richtig zur Geltung."	
„Die Haarfarbe ist matt und insgesamt etwas zu dunkel. Die Frisur sieht dadurch leblos aus."	

82. Ein Beratungsgespräch kann in sechs Schritte unterteilt werden. Ordnen Sie die Tätigkeiten entsprechend der Reihenfolge der Schritte durch Linien zu.

Beratungsschritte	Tätigkeiten
1. Schritt	Herstellen einer angenehmen Atmosphäre und des Kundenkontakts
2. Schritt	Fragen zum Gesprächsabschluss, Entscheidung und Zusage der Kundin einholen
3. Schritt	Ausführliche Haar- und Kopfhautbeurteilung und Mitteilen von Mängeln und Aufzeigen von Vorteilen
4. Schritt	Informationen genau aufnehmen durch Fragen, aktives Zuhören, Sehen und Fühlen
5. Schritt	Festhalten aller Ergebnisse in der Kundenkartei und evtl. Erstellen eines Betreuungsplans für die Kundin
6. Schritt	Wiederholung und Zwischenzusammenfassung des ersten Teils des Beratungsgesprächs

Beratungsgespräche

83. Welche Aussage zum ersten Beratungsschritt **ist falsch?**

Ⓐ Zum Herstellen des Kundenkontakts zählt die persönliche Begrüßung.

Ⓑ Der erste Eindruck ist entscheidend für den gesamten Verlauf der Beratung.

Ⓒ Die Kundin wird „auf gleicher Ebene" beraten: Wenn die Kundin sitzt, sollte sich die Friseurin beim Gespräch auf einen Stuhl daneben setzen.

Ⓓ Der direkte Blickkontakt ist nur über die gleiche Augenhöhe und nicht über Spiegel möglich.

Ⓔ Die Kundin muss das Gefühl haben, dass sie als „Behandlungssache" oder „Bezahlerin" abgefertigt wird.

84. Welche Aussage zum zweiten Beratungsschritt **ist falsch?**

Ⓐ Die Friseurin sollte möglichst viele Informationen von der Kundin aufnehmen.

Ⓑ Die Friseurin sollte Beratungshilfen und einen Befragungsbogen nutzen.

Ⓒ Durch die Gestik und Mimik der Kundin kann die Friseurin keine Informationen erhalten.

Ⓓ Durch Fragen und aktives Zuhören erfährt die Friseurin die Wünsche, Erwartungen und Gewohnheiten der Kundin.

Ⓔ Je mehr Informationen die Friseurin erhält, desto besser und gezielter kann sie den Bedarf erkennen.

85. Zum Abschluss des ersten Teils des Beratungsgesprächs fasst die Friseurin die Ergebnisse im dritten Beratungsschritt **zusammen. Welche Aussage ist falsch?**

Ⓐ Durch die kurze Wiederholung der Kundenaussagen signalisiert die Friseurin ihr Interesse.

Ⓑ Bestenfalls trägt die Friseurin die Zwischenergebnisse gleich in den Beurteilungsbogen oder die Kundenkartei ein.

Ⓒ Die Friseurin holt durch Bestätigungsfragen und Entscheidungsfragen die Zustimmung der Kundin ein.

Ⓓ Die Kundin langweilt sich meistens.

Ⓔ Die Kundin trifft eine Vorentscheidung.

86. Im vierten Beratungsschritt **erfolgt eine gezielte Haar- und Kopfhautbeurteilung. Welche Aussage ist falsch?**

Ⓐ Vorbehandlungen des Haares (z. B. eine ältere Dauerwelle) werden nicht berücksichtigt.

Ⓑ Die Haar- und Kopfhautbeurteilung muss gewissenhaft durchgeführt werden.

Ⓒ Man berücksichtigt die Haarstärke und Haaranomalien.

Ⓓ Die Ergebnisse werden am besten sofort in der Kundenkartei festgehalten.

Ⓔ Man berücksichtigt auch Vorbehandlungen des Haares (z. B. eine ältere Dauerwelle).

1

87. **Im** fünften Beratungsschritt **will die Friseurin eine Entscheidung herbeiführen und die Zusage der Kundin einholen. Dabei wird der Kundin zuerst der Bedarf genannt und dann wird ein Lösungsvorschlag angeboten.**
Kreuzen Sie an:
Welche Aussage beschreibt den Bedarf der Kundin?
Welche Aussage beschreibt den Lösungsvorschlag?

Aussage	Bedarf der Kundin	Lösungsvorschlag
um Ihre Frisurenwünsche zu ver-wirklichen …		
schlage ich vor, dass …		
sollten wir … anwenden		
sollten wir zuerst … durchführen		
um … zu erreichen …		
ist es das Beste, zunächst …		
weil Ihr Haar … braucht		
ist … empfehlenswert		
empfehle ich …		
sie möchten gerne …		

88. **Zum Abschluss des Beratungsgesprächs sollen** Bestätigungsfragen **und** Entscheidungsfragen **gestellt werden. Kreuzen Sie die <u>falsche</u> Begründung an.**

   Ⓐ   Dadurch können Missverständnisse vermieden werden.

   Ⓑ   Damit zum Abschluss noch mal irgendeine Frage gestellt wird.

   Ⓒ   Sie stellen sicher, dass beide Gesprächspartner dasselbe meinen.

   Ⓓ   Sie erhalten eine Bestätigung von der Kundin, dass sie mit Ihren Vorschlägen einverstanden ist.

   Ⓔ   Damit einer späteren Kundenreklamation durch eventuelle Missverständnisse vorgebeugt wird.

Beratungsgespräche

89. **Die Buchstaben A, I, D und A stehen in einem Modell für die vier wichtigsten Situationen eines Verkaufs- und Werbegesprächs. Erklären Sie das A I D A - Modell.**

A = ———————	I = ———————	D = ———————	A = ———————
Bedeutung in deutscher Sprache:			

90. **Welche Regel ist bei einem Verkaufsgespräch zu befolgen?**

Ⓒ   Das Vertrauensverhältnis ist wichtiger als der kurzfristige Verkaufserfolg.

Ⓑ   Den Kunden beim Sprechen nicht ansehen.

ⓒ   Die Ware ist wichtiger als der Kunde.

Ⓓ   Man wendet sich zunächst dem Hund der Kundin zu.

Ⓔ   Das Können des Verkäufers muss den Kunden beeindrucken.

91. Wann kann das Verkaufsgeschehen ablaufen?

Ⓐ beim Haarewaschen
Ⓑ an der Kasse
Ⓒ während des gesamten Küchenbesuchs
Ⓓ ausschließlich bei der Beratung
Ⓔ nur im Verkaufsraum

92. Kreuzen Sie das vorwiegend gefühlsbetonte Kaufmotiv an.

Ⓐ Zeitersparnis
Ⓑ Geldersparnis
Ⓒ Nachahmungstrieb
Ⓓ Arbeitsersparnis
Ⓔ Gesundheitsverlangen

93. Sie möchten einer Kundin eine Farbbehandlung empfehlen! Welches Vorgehen ist am effektivsten?

Ⓐ während der Beratung eine Farbauffrischung anbieten, z. B. einen Tönungsschaum für ihr stumpf aussehendes Haar
Ⓑ Farbcreme in die Hand geben und damit evtl. Vorurteile zerstreuen
Ⓒ Farbkarte in die Hand geben und alle Modefarben erläutern
Ⓓ über persönliche Färbeerfahrungen berichten
Ⓔ auf Färbeerfolge bei Frisierwettbewerben hinweisen

94. Eine Kundin bringt einen Zeitungsausschnitt von ihrer „Traumfrisur" mit. Sie stellen jedoch schon auf den ersten Blick fest, dass diese Frisur nicht zu der Kundin passt. Wie verhalten Sie sich richtig?

Ⓐ Sie sagen der Kundin unverblümt, dass ihr diese Frisur nicht steht.
Ⓑ Sie verweisen die Kundin an einen anderen Friseur.
Ⓒ Sie erstellen der Kundin diese Frisur.
Ⓓ Sie übergehen den Frisurenwunsch höflich.
Ⓔ Sie führen eine Typberatung durch und verändern die Frisur individuell zur Kundin passend.

95. Wie nennt man das aufeinander abgestimmte Vorgehen, das in einem Verkaufs- und Beratungsgespräch den Kaufentschluss einer Kundin herbeiführen soll?

Ⓐ Überredungskunst
Ⓑ Überzeugungskette
Ⓒ Styling
Ⓓ Marketing
Ⓔ Werbung

Beratungsgespräche

96. Bei der Kopfhautdiagnose stellen Sie Schuppenbildung fest. Wie verhalten Sie sich richtig?

   Ⓐ   Sie wecken grundsätzlich keine Hoffnungen, denn es gibt kein wirksames Mittel.

   Ⓑ   Sie empfehlen ein spezielles Präparat, um die Schuppenbildung wirksam zu behandeln und erklären dabei die Inhaltsstoffe.

   Ⓒ   Sie verweisen den Kunden an die Apotheke.

   Ⓓ   Sie waschen die Haare mit Zitronenshampoo (adstringierende Wirkung).

   Ⓔ   Beim Haaretrocknen nach der Haarwäsche ist darauf zu achten, dass die Trockentemperaturen niedrig gehalten werden.

97. Bevor Sie eine Haarwäsche durchführen, sollten Sie der Kundin ein Shampoo empfehlen. Wie machen Sie das?

   Ⓐ   Ich richte mich ausschließlich nach dem Wunsch der Kundschaft.

   Ⓑ   Ich empfehle das Mittel, das am meisten verkauft wird und deshalb gut sein muss.

   Ⓒ   Ich richte mich nach dem Preis, teure Mittel sind besser bei Haarproblemen.

   Ⓓ   Ich empfehle das Mittel, das ich aufgrund meiner Haar- und Kopfhautbeurteilung für das beste halte.

   Ⓔ   Ich frage eine Kollegin, die meistens sagen kann, womit die Kundin immer gewaschen wird.

98. Eine Neukundin betritt den Salon. Sie hat strapaziertes, trockenes Haar. Wie gehen Sie bei der Beratung vor?

_____

_____

_____

99. Nennen Sie Voraussetzungen, die eine positive Atmosphäre für ein Beratungs- und Verkaufsgespräch schaffen.

_____

_____

_____

_____

_____

100. **Während eines** Verkaufs- und Beratungsgespräches **erkennen Sie an den Verhaltensweisen Ihres Kunden, dass er sich sehr unsicher fühlt und keinen Kaufentschluss fassen kann. Wie verhalten Sie sich richtig?**

Ⓐ Sie übergehen die Situation und lassen sich nichts anmerken. Mit solchen Kunden ist sowieso kein Geschäft zu machen.

Ⓑ Sie versuchen durch eine geschickte Fragestellung den genauen Kundenwunsch zu ermitteln und zeigen daraufhin nur noch ein begrenztes Warenangebot, um dem Kunden die Entscheidung zu erleichtern.

Ⓒ Sie fordern den Kunden auf, er möge sich zuerst einmal in Ruhe umschauen und kümmern sich dann nach zwanzig Minuten wieder um ihn.

Ⓓ Sie rufen den Chef dazu, um den Kunden mit mehr Argumenten und Meinungen von der Qualität Ihrer Artikel zu überzeugen.

Ⓔ Sie fordern den Kunden auf, sich zuerst einmal zu überlegen, was er wolle, dann könne er ja morgen wieder zum Einkaufen kommen.

101. **Wann kann ein** Beratungsgespräch **mit einer Stammkundin besonders gut beginnen?**

Ⓐ bei der Begrüßung der Kundin

Ⓑ bei der Frage, wie sie mit der letzten Bedienung zufrieden war

Ⓒ bei der Demonstration neuer Produkte

Ⓓ mit der Frage nach dem Gesundheitszustand

Ⓔ bei der Wartezeit während der Dauerwellbehandlung

102. **Verkaufen ist keine Kunst, wenn Sie den** „Fahrplan für den Verkauf" **im Salon mit seinen sechs Stationen beherrschen: Ordnen Sie die angegebenen Buchstaben den Zahlen 1 bis 6 entsprechend der richtigen Reihenfolge zu.**

Ⓐ Die Probleme und den Bedarf der Kundin feststellen bzw. erklären, das heißt: „beraten" können.

Ⓑ Das Präparat für das erkannte Problem empfehlen und anbieten, das bedeutet: der Kundin „helfen wollen".

Ⓒ Bestätigen Sie der Kundin nach dem Kauf, dass ihr Entschluss richtig und für ihr Problem nützlich und hilfreich ist.

Ⓓ Zum Kaufabschluss denken Sie daran, den Preis mit einem positiven Argument „einzupacken".

Ⓔ Sie nennen die Argumente für die fachliche Empfehlung. Sie „widerlegen" eventuell auftretende Kundeneinwände.

Ⓕ Sie fragen die Kundin zunächst und hören ihr aufmerksam zu. Sie schaffen mit einer positiven Einstellung einen angenehmen ersten Kontakt.

Zahlen:	1.	2.	3.	4.	5.	6.
Buchstaben:						

Beratungsgespräche

103. **Bei der** Farbberatung **kann nach kalten und warmen Farben unterschieden werden. Kreuzen Sie die kalten Farben an.**
Ⓐ hellgrau
Ⓑ gelborange
Ⓒ rot
Ⓓ hellblau
Ⓔ rosa
Ⓕ braun
Ⓖ gelb

104. **Eine Grundlage für die** Farbberatung **kann die Einteilung in Jahreszeittypen sein. Welche Jahreszeittypen unterscheidet man?**

_____

_____

_____

_____

105. **Ordnen Sie durch Linien die jeweilige Wirkung der jahreszeitlichen Farben zu:**

Frühlingsfarben   sind warm, erdig und leuchtend.

Sommerfarben   sind intensiv, kontrastreich und kühl.

Herbstfarben   sind warme, klare, zarte, frische und lebendige Farben.

Winterfarben   sind kühle, helle, pastellige, gedeckte und gedämpfte Farben.

106. **Eine Grundlage für die Stilberatung ist die Einteilung nach Stilpersönlichkeiten. Das Wort** Stil **bedeutet:**
Ⓐ ein inneres Merkmal der gesundheitlichen Verfassung eines Menschen
Ⓑ die Ermittlung von Formeln und Gewichtsverhältnissen eines Menschen
Ⓒ ein äußerlich erkennbares, individuelles Merkmal eines Menschen
Ⓓ ein inneres Merkmal der „Zielgruppe Männer"
Ⓔ ein typisches äußeres Merkmal von unentschlossenen Kunden(-typen)

107. Die Einteilung in Stilpersönlichkeiten **ist ein guter Anhaltspunkt, der die Auswahl der Frisur erleichtern kann. Ordnen Sie durch Linien den Stilpersönlichkeiten die Merkmale ihrer Frisur zu.**

Stil   **Frisur**

Sportlich

– lange Haare, großzügig, wellig oder gelockt
– Flechtfrisur
– Hochsteckfrisur
– Bänder und Schleifen
– warme, goldblonde oder rotbraune Farbtöne

Elegant/Klassisch

– verspielt, witzig, frech
– asymmetrisch
– hochgesteckt
– öfter mal neue Farben, z. B. auswaschbare Tönungen, Tonspülungen
– öfter mal neue Frisurenformen, z. B. neuer Haarschnitt, Anwendung unterschiedlicher Stylingprodukte

Jugendlich

– Kurzhaarfrisuren
– luftgetrocknete Dauerwellen
– lange Haare, zusammengebunden
– „unkomplizierte" Haarfarben, z.B. Tönungen, Strähnen

Romantisch

– konturenbetont
– klare Kammführungslinie
– sehr geordnet
– oft weitgehaltener innerer Frisurenumriss
– eher glatte Frisuren
– dezente Farben

Avantgardistisch

– ungewöhnlich, auffallend in Schnitt, Form, Farbe und Accessoires
– offen für neue Farben und Techniken
– asymmetrische Frisur

Beratungshilfen und Computereinsatz

108. Eine Kundenkartei bietet viele Vorteile. Welche Aussage ist falsch?

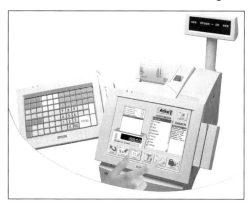

Ⓐ Persönliche Daten der Kundin sind schnell zur Terminplanung verfügbar.
Ⓑ Diagnosedaten, Kundenwünsche und Pflegegewohnheiten werden schnell erfasst.
Ⓒ Die Daten stehen für die Beratung zur Verfügung.
Ⓓ Kundenkarteien liefern Informationen über durchgeführte Dienstleistungen.
Ⓔ Kundenkarteien erschweren die Arbeit des Friseurs.

109. Eine Frisurenmappe erleichtert die Beratung. Welche Aussage ist falsch?

Ⓐ Die Frisurenmappe darf ruhig zerfleddert sein, damit man die häufige Benutzung sofort erkennt.
Ⓑ Das angestrebte Frisurenergebnis kann mit der Frisurenmappe optisch vorgestellt werden.
Ⓒ Die Frisurenmappe muss ständig aktualisiert werden.
Ⓓ Die Frisurenmappe muss sauber sein.
Ⓔ Die Frisurenmappe zeigt Kunden, dass Vielseitigkeit der Frisuren geboten wird.

110. Frisurenmappen sollten für verschiedene Zielgruppen erstellt werden. Das Thema/ der Titel einer Frisurenmappe kann z. B. lauten: „Kurzhaarschnitte für Frauen". Nennen Sie weitere Themen/Titel.

_____

_____

_____

_____

_____

_____

1

111. **Ein individueller** Betreuungsplan **für die Kundin, den sie mit nach Hause nimmt, ist empfehlenswert. Welche Aussage ist falsch?**

Ⓐ Durch einen Betreuungsplan kennt die Kundin die Ziele ihrer nächsten Friseurbesuche.

Ⓑ Eine Kundin, die für ihren nächsten Friseurbesuch kein Ziel hat, wechselt eher den Friseurbetrieb.

Ⓒ Auch Stammkunden sollte man regelmäßig mit Hilfe eines Betreuungsplans neue Angebote machen.

Ⓓ Die Aussage „Wie immer, Frau ...“ ersetzt den Betreuungsplan.

Ⓔ Eine vergleichbare Wirkung wie der Betreuungsplan haben ein Frisuren-Pass, ein Haarpflegeplan oder ein Dauerwell-Pass.

112. **Mit Hilfe der** Computerberatung **können Kunden verschiedene äußere Veränderungen ihrer Person auf dem Monitor gezeigt werden. Welche Veränderungen können Sie am Computer** nicht **vornehmen?**

Ⓐ Veränderungen der Haarlänge bzw. des Haarschnitts

Ⓑ Veränderungen der Haarfarbe

Ⓒ Veränderungen der Schuhgröße

Ⓓ Veränderungen des Make-ups

Ⓔ Veränderungen der Brillenform und Brillengröße

Ⓕ Veränderungen der Frisurenform

Ⓖ Veränderungen des Volumens einer Frisur

113. **Welche drei Beispiele zählen** nicht **zu den Bestandteilen des** Computersystems **für die Frisurenberatung?**

Ⓐ Monitor/Bildschirm   Ⓕ Pinnwand

Ⓑ Stativ   Ⓖ Computer/Verarbeitungszentrale

Ⓒ Statik   Ⓗ Tastatur

Ⓓ Kamera   Ⓘ Katze

Ⓔ Leinwand   Ⓙ Maus

114. **Wie lange sollte eine** Frisurenberatung **mit dem Computer in etwa dauern?**

Ⓐ etwa zwei bis drei Stunden

Ⓑ etwa 20 bis 30 Minuten

Ⓒ etwa fünf bis zehn Minuten

Ⓓ etwa zwei Minuten

Ⓔ etwa zwei Stunden

Beratungshilfen und Computereinsatz

1

115. Bringen Sie die einzelnen Schritte der Frisurenberatung mit dem Computer **in die richtige Reihenfolge.**

Schritt-Nr.:   Tätigkeit

_____   Gemeinsame Betrachtung und Wirkung der
                    Frisurenmöglichkeiten

_____   Aufnahme mit der Digitalkamera und Speicherung im Computer

_____   Vorgespräch: Die Friseurin wählt mit der Kundin etwa vier Frisuren-
                    vorgaben aus dem Frisurenbuch aus

_____   Anpassung der Aufnahme der Kundin mit der ausgewählten Frisur
                    aus dem Frisurenbuch

                    Die Haare der Kundin werden z. B. mit einem weißen Stirnband
                    zurückgebunden

Zielgruppen, Kundentypen und individuelle Bedürfnisse

116. Die Angebote im Friseurbetrieb müssen sich an den Bedürfnissen der Kunden orientieren. Der Begriff Bedürfnis **bedeutet:**

Ⓐ Bestätigung
Ⓑ Beeinträchtigung
Ⓒ Überforderung, Stress
Ⓓ Notwendigkeit, Wunsch
Ⓔ Minderung, Schädigung

117. Kunden lassen aufgrund von Bedürfnissen **eine Haarbehandlung durchführen und eine Frisur erstellen. Welche Aussage ist falsch?**

Ⓐ Bedürfnisse sind die Grundlage für Kundenwünsche.
Ⓑ Frisuren und Produkte werden wahl- und ziellos gekauft.
Ⓒ Frisuren und Produkte sollen einen bestimmten Zweck erfüllen.
Ⓓ Frisuren und Produkte werden für einen bestimmten Anlass in Anspruch genommen und gekauft.
Ⓔ Frisuren und Produkte werden wegen ihres Gebrauchsnutzens oder wegen ihres Geltungswertes ausgewählt.

1

118. **Friseurprodukte werden wegen ihres Gebrauchsnutzens oder ihres Geltungswertes gekauft. Kreuzen Sie an: Welches Kaufmotiv hat vorwiegend einen
Gebrauchsnutzen? Welches Kaufmotiv hat eher einen Geltungswert?**

	Kaufmotiv mit Gebrauchsnutzen	Kaufmotiv mit Geltungswert
Zweckmäßigkeit		
Qualität		
Schönheit		
Pflege		
Wohlbefinden		
Nachahmung		
Bequemlichkeit		
Image		
Selbstverwirklichung		
Routine		
Erfahrung		

119. **Das Schönheits-, Beratungs- und Kontaktmotiv wird von dem Wunsch nach
Wohlbefinden geleitet. Ordnen Sie die richtige Erklärung der Motive durch
Linien zu. Das**

Schönheitsmotiv   ist die Suche nach Wohlbefinden durch körperliche und
seelische „Streicheleinheiten".

Beratungsmotiv   beinhaltet den Wunsch, sich selbst und anderen zu gefallen.

Kontaktmotiv   betrifft Fragen der pflegenden und dekorativen Friseurkosmetik.

120. **Die Einteilung in Zielgruppen bietet die Möglichkeit, besondere Bedürfnisse von
Kunden besser berücksichtigen zu können. Welche Aussage ist falsch?**

Ⓐ Diese Kundengruppen sind sich z. B. in ihrem Lebensalter oder Geschmack ähn-
lich.
Ⓑ Diese Kundengruppen haben z. B. Gemeinsamkeiten im Geschlecht oder im Le-
bensstil.
Ⓒ Zielgruppen des Friseurs sind z. B. Männer, Senioren, Jugendliche und Kinder.
Ⓓ Die wichtigste Zielgruppe des Friseurs sind Tierliebhaber.
Ⓔ Die Einteilung in Zielgruppen darf zu keinem Pauschalurteil führen; denn jeder
Mensch ist einzigartig.

Zielgruppen, Kundentypen und individuelle Bedürfnisse

121. Welche zwei Besonderheiten treffen <u>nicht</u> auf die Zielgruppe Senioren zu?

Ⓐ Senioren haben oft ausgeprägte Frisiergewohnheiten, die bei der Beratung berücksichtigt werden sollten.

Ⓑ Ältere Menschen wollen vor allem gepflegt aussehen und meistens ein bisschen jünger.

Ⓒ Es gibt die typische „Senioren-Frisur", die man in den meisten Fällen anbieten kann.

Ⓓ Man sollte auch Senioren modische Empfehlungen anbieten, denn oft wollen sie gerne zeigen, dass ihre Einstellung zur Mode jung geblieben ist.

Ⓔ Senioren sind eher zurückhaltend bei der Wahl ihrer Frisur.

Ⓕ Ältere Menschen wollen keine modernen Frisuren.

Ⓖ Senioren sollte gezeigt werden, dass die Empfehlungen ihr Wohlbefinden und ihre Lebensfreude steigern können.

122. Welche Besonderheit trifft <u>nicht</u> auf die Zielgruppe Jugendliche zu?

Ⓐ Jugendliche sind für radikale Veränderung schneller als andere Zielgruppen zu gewinnen.

Ⓑ Jugendliche wollen meistens genau so aussehen wie ihre Eltern.

Ⓒ Jugendliche wechseln recht häufig ihre Frisur.

Ⓓ Oftmals wählen Jugendliche auffallende, ausgeflippte und schrille Frisuren.

Ⓔ Ansprechpartner/in für Jugendliche sollte eine junge Friseurin oder ein junger Friseur sein, die bzw. der selbst eine flippige Frisur trägt.

Ⓕ Ansprechpartner/in für Jugendliche sollte immer ein/e ältere/r Friseur/in sein, weil diese/r wenigstens noch Stil hat.

123. Welche zwei Besonderheiten treffen <u>nicht</u> auf die Zielgruppe Kinder zu?

Ⓐ Kinder im Kindergarten- und Schulalter wissen im Allgemeinen schon genau, was ihnen gefällt und was nicht.

Ⓑ Kinder gehen meistens ohne Begleitung ihres Vaters oder ihrer Mutter zum Friseur.

Ⓒ Eine Frisurenmappe mit Kinderfrisuren ist hilfreich, um Eltern und Kind eine genaue Vorstellung von der neuen Frisur zu vermitteln.

Ⓓ Im Beratungsgespräch sollte die Friseurin nicht nur die Eltern, sondern auch das Kind fragen, was es möchte.

Ⓔ Kinder sind die Kunden von morgen. Deshalb sollte der Friseurbesuch ein positives Erlebnis sein.

Ⓕ Die Friseurin sollte nicht mit dem Kind sprechen, sondern nur mit der Begleitperson.

Ⓖ Für Kinder sollte man im Friseurbetrieb Spielzeug bereit halten.

Ⓗ Kinder haben manchmal Angst vor den (glänzenden) Werkzeugen, z. B. einer Schere, weil sie das z. B. an (unangenehme) Arztbesuche erinnert.

Ⓘ Kinderspielzeug entspannt die Situation im Friseursalon für alle Beteiligten, weil sich die Kinder beschäftigen können und dadurch wohler fühlen.

Zielgruppen, Kundentypen und individuelle Bedürfnisse

124. **Männer** haben bestimmte Vorstellungen von einem Friseurbesuch. Diese Erwartungen sollten erfüllt werden. Kreuzen Sie an: Was ist bei Männern „in" und was ist „out"?

	Das ist „in" bei Männern	Das ist „out" bei Männern
lange Wartezeiten		
keine langen Wartezeiten		
Frauenzeitschriften		
Männerzeitschriften		
Frauen-Produkte		
Herren-Produkte		
die richtige Frisur, am besten immer vom demselben Friseur oder derselben Friseurin		
natürlich aussehende Haarschnitte		
mit Dauerwellenwicklern zwischen hübschen Kundinnen sitzen		
mit Strähnchenfolien zwischen hübschen Kundinnen sitzen		
Tratsch und Klatsch aus der Nachbarschaft		
schnelles „Abfertigen"		
Ratschläge bei Haar- und Kopfhautproblemen		
Stylingtipps für zu Hause		

125. **Gesprächigkeit eines Kunden** ist eine Verhaltensweise, auf die die Friseurin entsprechend reagieren kann. Welche Verhaltensweise der Friseurin ist <u>falsch</u>?

Ⓐ Die Friseurin muss gut zuhören können (aktives Zuhören).

Ⓑ Die Friseurin sollte das Gespräch bei der Beratung immer wieder auf das Wesentliche lenken.

Ⓒ Während des Beratungsgesprächs muss die Friseurin immer wieder ihre ungeteilte Aufmerksamkeit signalisieren (z. B. nicken und Blickkontakt halten).

Ⓓ Die Friseurin muss ständig versuchen, möglichst alle Kunden des Betriebs an dem Gespräch mit „ihrer" Kundin zu beteiligen.

Ⓔ Die Friseurin darf sich bei der Haarbehandlung nicht von der Gesprächigkeit des Kunden ablenken lassen und nachlässig arbeiten.

Ⓕ Die Friseurin muss alle Gesprächsinhalte diskret behandeln.

Ⓖ Die Friseurin ist grundsätzlich zur Diskretion und zum Vertrauensschutz verpflichtet.

Zielgruppen, Kundentypen und individuelle Bedürfnisse

126. Auf eine sehr schweigsame Kundin **muss die Friseurin sensibel reagieren. Welche Verhaltensweise der Friseurin bei der Beratung ist <u>falsch</u>?**

Ⓐ Die Friseurin kann durch anfängliches Ausweichen auf Nebensächliches, wie z. B. das Wetter, eine freundliche Gesprächsatmosphäre schaffen.

Ⓑ Die Friseurin darf die Kundin nicht mit Fragen „überschütten".

Ⓒ Die Friseurin sollte sich ebenfalls schweigsam verhalten und die Beratung abkürzen oder sofort abbrechen.

Ⓓ Die Friseurin sollte während der Beratung viele offene Fragen verwenden, auf die die Kundin nicht nur mit „Ja" oder „Nein" antworten kann.

Ⓔ Während des Beratungsgesprächs muss die Friseurin immer wieder ihre ungeteilte Aufmerksamkeit signalisieren (z. B. nicken).

127. Unentschlossenheit der Kundin: **Die vorgeschlagene Frisur ist der Kundin eine zu große Veränderung. Wie darf die Friseurin <u>nicht</u> reagieren?**

Ⓐ Zunächst nur kleine Veränderungen vornehmen, z. B. Strähnchen statt Färben der gesamten Haare.

Ⓑ Den Frisurenvorschlag noch mal, z. B. mit Computerausdruck und Betreuungsplan, überdenken lassen und nur Pflegemaßnahmen durchführen.

Ⓒ Erst einmal nur Pflegemaßnahmen durchführen, z. B. Packung und Haarspitzen schneiden.

Ⓓ Die Kundin vor die Alternative stellen, entweder sofort den Frisurenvorschlag durchzuführen oder sie nach Hause zu schicken.

Ⓔ Zunächst nur kleine Veränderungen vornehmen, z. B. eine kurzfristig haltbare Frisurenumformung, und ihr anschließend die persönlichen Vorteile einer Dauerwelle noch einmal verdeutlichen.

128. Unentschlossenheit der Kundin: **Der Kundin ist der Verwendungszweck des angebotenen Produkts nicht klar. Welche Verhaltensweise der Friseurin ist <u>falsch</u>?**

Ⓐ Die speziellen Verwendungszwecke noch einmal erläutern.

Ⓑ Die persönlichen Vorteile des Produkts noch einmal herausstellen.

Ⓒ Der Kundin die eigene Ungeduld deutlich anmerken lassen, wenn sie sich nicht endlich entscheidet.

129. Unentschlossenheit der Kundin: **Die Kundin zögert, weil sie die vorgeschlagene Behandlung für zu teuer hält. Wie darf die Friseurin <u>nicht</u> reagieren?**

Ⓐ Einzelne Teilschritte der Behandlung nennen und deren Notwendigkeit erläutern.

Ⓑ Der Kundin für ein Jahr ein Darlehen mit hohen Zinsen geben, damit die Behandlung durchgeführt werden kann.

Ⓒ Nicht nur die gesamte Summe der Behandlung nennen.

Ⓓ Den Preis einzelner Behandlungsangebote nennen.

Ⓔ Vorschlagen, einzelne oder mehrere Teilbehandlungen erst beim nächsten Friseurbesuch auszuführen.

Zielgruppen, Kundentypen und individuelle Bedürfnisse

130. Unentschlossenheit der Kundin: **Der Kundin sind die empfohlenen Produkte zu teuer. Welche drei Verhaltensweisen der Friseurin sind <u>falsch</u>?**

Ⓐ Der Kundin Mitleid entgegenbringen und zugeben, dass man die Produkte selbst auch zu teuer findet.

Ⓑ Der Kundin das Preis-Leistungsverhältnis noch mal erläutern.

Ⓒ Der Kundin die persönlichen Vorteile der Produkte noch mal verdeutlichen.

Ⓓ Der Kundin erklären, dass die Friseurin keine Schuld an ihrer miserablen finanziellen Situation hat.

Ⓔ Der Kundin die Einzelpreise der Produkte noch mal nennen und sie auswählen lassen.

Ⓕ Sämtliche Produkte wortlos zurück ins Regal stellen.

131. Welche Kundentypen kennen Sie? Nennen Sie Beispiele und beschreiben Sie folgende Verhaltensweisen.

a) schüchtern:

_____

_____

b) schweigsam:

_____

_____

c) arrogant:

_____

_____

d) eitel:

_____

_____

_____

e) misstrauisch:

_____

f) nörglerisch:

_____

Zielgruppen, Kundentypen und individuelle Bedürfnisse

132. **Es gibt verschiedene** Kaufmotive. **Welches Kaufmotiv hat z. B. eine Kundin, die sagt: „Ich trage als Einzige in meinem Bekanntenkreis diese tolle Modefrisur"?**

- Ⓐ Bequemlichkeit
- Ⓑ Geltungsbedürfnis
- Ⓒ Sicherheit
- Ⓓ Nachahmungstrieb
- Ⓔ Gesundheit

133. **Welches** Kaufmotiv **kann man besonders bei „jugendlichen Kunden" vermuten?**

- Ⓐ Angst vor dem Altwerden
- Ⓑ Zeitersparnis
- Ⓒ Gesundheitsbedürfnis
- Ⓓ Nachahmungstrieb
- Ⓔ Preis- und Qualitätsvergleich

134. **Eine Kosmetikfirma wirbt mit einem bekannten Topmodell für ihr Produkt. Welches** Kaufmotiv **soll in diesem Fall bei den Kundinnen angesprochen werden?**

- Ⓐ Nachahmungstrieb
- Ⓑ Erlebnisstreben
- Ⓒ Arbeits- und Zeitersparnis
- Ⓓ Geldersparnis
- Ⓔ Angst bzw. Furcht

135. **Kreuzen Sie das vernunftbetonte** Kaufmotiv **an.**

- Ⓐ Geltungsbedürfnis
- Ⓑ Besitztrieb
- Ⓒ Furcht
- Ⓓ Nachahmungstrieb
- Ⓔ Geldersparnis

136. **Die Werbung soll verschiedene** Kaufmotive **des Kunden ansprechen. Welche Kaufmotive können Sie unterscheiden?**

- Ⓐ nützliche und unnützliche
- Ⓑ vernunftbetonte und gefühlsbetonte
- Ⓒ vernünftige und unvernünftige
- Ⓓ ängstliche und bequeme
- Ⓔ werbewirksame und werbeunwirksame

137. **Ein** Kaufmotiv **ist:**

- Ⓐ eine bestimmte Form des Ratenkaufs
- Ⓑ eine Kreditkarte, mit der man einkaufen kann, ohne bar zu bezahlen
- Ⓒ ein im Schaufenster ausgestelltes käufliches Bild
- Ⓓ ein Grund, der Kunden zum Erwerb einer Ware oder zur Inanspruchnahme einer Dienstleistung veranlasst
- Ⓔ eine Werbeaktion eines Friseurunternehmers

138. **Welches Kaufmotiv kommt z. B. durch folgende Äußerung einer Kundin zum Ausdruck: „Ich möchte eine Föhnwelle, die mindestens zwei Wochen hält."**

   Ⓐ   Schönheitsverlangen
   Ⓑ   Geltungsbedürfnis
   Ⓒ   Zeit- und Geldersparnis
   Ⓓ   Nachahmungstrieb
   Ⓔ   Besitztrieb

139. **Welches Kaufmotiv hat eine Kundin, die sagt: „Ich mache viel Sport, deshalb sollte meine Frisur leicht zu frisieren sein."**

   Ⓐ   Bequemlichkeit
   Ⓑ   Gesundheit
   Ⓒ   Nachahmungstrieb
   Ⓓ   Geltungsbedürfnis
   Ⓔ   Sicherheit

140. **Eine Kundin, die übertriebenen Wert auf ihr Äußeres legt, empfindlich auf andere Meinungen reagiert, Modeneuheiten gegenüber aber sehr aufgeschlossen reagiert, ist eher eine:**

   Ⓐ   unentschlossene Kundin
   Ⓑ   eitle Kundin
   Ⓒ   misstrauische Kundin
   Ⓓ   geizige Kundin

141. **Nennen Sie Beispiele für vernunftsbetonte und gefühlsbetonte Kaufmotive von Kunden.**

   – vernunftsbetonte Kaufmotive:

_____

_____

_____

_____

   – gefühlsbetonte Kaufmotive:

_____

_____

_____

_____

Marketing, Werbung und aktives Verkaufen

142. Ein Friseurunternehmen will
- **den bestehenden Kundenstamm erhalten,**
- **neue Kunden hinzugewinnen,**
- **den Verkauf von Dienstleistung sowie von Waren steigern.**

Welcher Tätigkeitsbereich hilft einem Friseurunternehmen, dies zu erreichen?

(A) Wareneinkauf   (D) Kommunikation
(B) Marketing   (E) Mitarbeiterschulung
(C) Kalkulation

143. Unter Friseur-Marketing versteht man:

(A) dem Kunden eine Perücke mit Pflegeset und lebenslanger Farbgarantie anzubieten
(B) den Umsatz von Dauerwellen mit Sonderangeboten kurzfristig zu steigern
(C) vom Kauf einer für den Kunden ungeeigneten Ware abzuraten und Alternativprodukte anzubieten
(D) die Kunden während der Bedienung mit Musik zu unterhalten und Kaffee anzubieten
(E) den Markt beobachten, Verbraucherwünsche erkennen und entsprechend einkaufen, beraten und bedienen

144. Wann betreibt ein Friseurunternehmer Marketing? Wenn er

(A) Modetendenzen und Kundenwünsche erkennt und berücksichtigt
(B) Angestellte mit geringer Qualifikation für möglichst niedrige Löhne beschäftigt
(C) auf Werbung verzichtet, weil die viel Geld kostet
(D) Stammkunden niemals durch besondere Serviceleistungen bevorzugt
(E) mit Empfang und Verabschiedung der Kundschaft den jüngsten Auszubildenden beauftragt, weil dessen Arbeitszeit am wenigsten kostet

145. Marketing bedeutet auch, dass die Friseurin über das Verhalten einzelner „Käufergruppen" Kenntnis hat. Welche Eigenschaften sind charakteristisch für die entsprechende Käufergruppe? Ordnen Sie durch Linien zu.

Käufergruppen:	Eigenschaften:
Kinder sind	eher zurückhaltend
Jugendliche sind	eher verspielt
Senioren sind	eher geltungsbedürftig

146. Wie kann ein Hersteller friseurkosmetischer Produkte das Marketing eines Friseurunternehmers unterstützen?

(A) durch die Herstellung der Produkte
(B) durch Markt- und Produktforschung sowie durch Werbung
(C) durch die Rabatte, die er Großunternehmern gewährt
(D) durch Ausschaltung von Konkurrenten
(E) indem er zweimal im Jahr eine für die Friseure und ihre Kunden verbindliche Modelinie bestimmt

147. Ein Friseurmeister stellt bei seinen monatlichen Statistiken fest, dass aus einem Neubaugebiet in Salonnähe keine Kunden zu ihm kommen. Welche Maßnahmen sollte er ergreifen, um gezielt diese Bewohner für einen Friseurbesuch bei ihm zu werben?

Ⓐ Anzeigen in einer überregionalen Zeitung aufgeben.

Ⓑ Plakataktionen in der gesamten Stadt veranstalten.

Ⓒ Das Geld für eine Werbung in einem Neubaugebiet kann er sich sparen, da die Leute nach dem Hausbau sowieso kein Geld mehr haben.

Ⓓ Werbebriefe in jedem Haushalt des Neubaugebietes verteilen.

Ⓔ Durch drastische Preissenkungen die Aufmerksamkeit der Bewohner des Neubaugebietes erregen.

Ⓕ Mit seinen Stammkunden schlecht über die Bewohner des Neubaugebietes sprechen.

148. Warum sollten Friseure ihren Warenverkauf fördern?

Ⓐ Der Warenverkauf bringt zusätzlich Umsatz und damit Gewinn.

Ⓑ Mit Verkaufsgesprächen lassen sich lästige Wartezeiten überbrücken.

Ⓒ Verkaufsgespräche geben Gelegenheit, Kunden mit den eigenen Fachkenntnissen zu beeindrucken.

Ⓓ Der Warenverkauf ist allein deshalb wichtig, weil er im Ausbildungsberufsbild vorgesehen ist.

Ⓔ Der Warenverkauf soll vor allem dem fachlich weniger gut arbeitenden Friseur ein Einkommen sichern.

149. Welche Funktion hat Werbung nicht?

Ⓐ Werbung soll Kunden zeigen, was sie sich nicht leisten können.

Ⓑ Durch Werbung sollen Botschaften übermittelt werden, um Verhaltensweisen zu steuern.

Ⓒ Werbung soll zu einer gewünschten Handlung führen.

Ⓓ Werbung darf auch verführen, wenn Vorteile und Nutzen der Kunden angemessen gesichert sind.

Ⓔ Werbung ist auf Ziele gerichtet. Sie soll deshalb so gestaltet sein, dass sie der Kundin persönlich wichtig erscheint.

Ⓕ Werbung soll das Interesse und die Neugier von Kunden wecken.

150. Was ist kein gutes Werbemittel?

Ⓐ eine Zeitungsanzeige

Ⓑ ein Schaufenster

Ⓒ Sonderaktionen

Ⓓ eine glaubwürdige, vorbildlich gepflegte, gekleidete und frisierte Friseurin

Ⓔ eine unfreundliche, unordentlich gekleidete und unfrisierte Friseurin

Ⓕ Mund-zu-Mund-Propaganda

Marketing, Werbung und aktives Verkaufen

1

151. Der Werbeappell an positive, angenehme Gefühle ist sehr viel wirksamer als der Hinweis auf vorhandene Probleme. Welche drei Aussagen sprechen positive Gefühle an?

Ⓐ   „Die große Dose Haarpackung ist besonders preiswert."
Ⓑ   „Eine häufige Haarwäsche ist gar nicht so extrem schädlich."
Ⓒ   „Die Haarwäsche mit einem guten Haarshampoo ist eine wichtige Voraussetzung."
Ⓓ   „Die von Ihnen ausgesuchte Frisur führe ich bei Ihrer extrem länglichen Gesichts-form eigentlich nicht so gerne aus."
Ⓔ   „Diese Dauerwelle schädigt die Haarstruktur nicht ganz so stark wie die anderen."
Ⓕ   „Die große Kosmetikbehandlung kostet natürlich auch mehr."
Ⓖ   „An dieser Welle werden Sie lange Freude haben."
Ⓗ   „Damit sehen Sie echt blöd aus!"

152. Was bedeutet aktives Verkaufen?

Ⓐ   Im Verkaufsgespräch wird möglichst wenig Gestik und Mimik eingesetzt, um die Verkaufsaktion nicht zu behindern.
Ⓑ   Die Kundenerwartungen werden erfüllt und die Chancen für der Verkauf genutzt.
Ⓒ   Die Kundenerwartungen werden nicht so ernst genommen, damit die Friseurin ak-tiv werden kann.
Ⓓ   Beim Verkauf ist die Kundin aktiv und die Friseurin passiv.
Ⓔ   Vor dem Verkaufsgespräch muss die Friseurin aktiv ermitteln, ob die Kundin über-haupt über Geld für den Produktkauf verfügt.
Ⓕ   Die Kundin muss die schläfrige Friseurin mit aggressivem Verhalten „aktivieren".

153. Aktives Verkaufen im Friseurbetrieb kann in jeder Situation erfolgen. Welche Situationen machen den aktiven Verkauf bestimmter Produkte besonders ein-fach? Ordnen Sie jeweils durch Linien zu.

Haarwäsche

| Schaumfestiger |
| Haarbürste |
| Nagellack |
| Haarshampoo |

Frisurenfinish

| getönte Tagescreme |
| Rouge |
| Haarspülung |

Tages-Make-up

| Handpflegepräparat |
| Puderpinsel |
| Haarspray |

Maniküre

| Lippenstift |
| Haarpackung |

1

154. Eine positive Grundeinstellung ist die wichtigste Voraussetzung für aktives Verkaufen. **Kreuzen Sie an: Welche Aussage weist auf eine positive und welche auf eine negative Grundeinstellung hin?**

Aussage	Negative Einstellung: verhindert erfolgreichen Verkauf	Positive Einstellung: führt zu erfolgreichem Verkauf und zufriedenen Kunden
„Meine Kunden sind offen für Angebote und nehmen sie oftmals gerne wahr.“		
„Ich will die Kunden nicht überreden.“		
„Die Kundin hat wahrscheinlich gar nicht das Geld dafür. Deshalb versuche ich es erst gar nicht.“		
„Meine Kunden erwarten von mir Empfehlungen, z. B. Pflegehinweise mit den entsprechenden Präparaten.“		
„Ich kann die Kundin nicht ‚über den Tisch ziehen‘.“		
„Die Kundin fühlt sich wahrscheinlich genervt, wenn ich ihr etwas aufdränge.“		
„Ich nutze die Chance, Kunden die jeweiligen Vorteile der verwendeten Präparate auch für zu Hause zu empfehlen.“		
„Ich bin doch keine Verkäuferin, sondern Friseurin!“		
„Verkaufen macht Spaß und ist eigentlich ganz einfach!“		

155. Worauf sollten Sie achten, wenn Sie einer Kundin ein kosmetisches Präparat zur Heimbehandlung **empfehlen?**

Ⓐ   grundsätzlich nur Sonderangebote empfehlen

Ⓑ   den Hauttyp beachten und für die Heimbehandlung entsprechendes Präparat empfehlen

Ⓒ   ausschließlich auf die Kaufkraft der Kundin achten

Ⓓ   ausschließlich auf den Beruf achten

Ⓔ   grundsätzlich nur preiswerte Präparate empfehlen

Ⓕ   nur älteren Kunden Heimbehandlungspräparate und -maßnahmen empfehlen.

156. Wie kann man Kunden zum nächsten Besuch bewegen (motivieren)? Nennen Sie Beispiele:

_____

_____

_____

157. Welche Verhaltensweise einer Friseurin ist richtig?

Ⓐ Eine Friseurin muss stets gewinnorientiert arbeiten. Freundliche Unterhaltungen mit der Kundin sind deshalb grundsätzlich abzulehnen.

Ⓑ Wenn eine Kundin besonders gut gekleidet ist und gepflegt aussieht, arbeitet die Friseurin auch besonders sorgfältig.

Ⓒ Die Bemühungen der Friseurin richten sich grundsätzlich nach der Zahlungswilligkeit und dem Reichtum der Kundin.

Ⓓ Der Beruf der Friseurin erfordert Einfühlungsvermögen. Die Friseurin muss auf die Kundin eingehen und ihre Wünsche so gut es geht berücksichtigen.

Ⓔ Eine Friseurin kann nicht auf jeden einzelnen Kunden eingehen. Damit wäre sie bei Ihrer Arbeit extrem überfordert.

158. Auf die Bedürfnisse und Wünsche von Kunden soll man Rücksicht nehmen. Das heißt für die Friseurin:

Ⓐ Sie soll ihre Kunden individuell beraten und versuchen, durch Fragetechniken Wünsche zu ermitteln.

Ⓑ Sie soll sich immer und ganz nach den Wünschen ihrer Kunden richten und verhalten, egal was der Kunde von ihr verlangt.

Ⓒ Die Kunden sollen immer die gewohnte Frisur erhalten.

Ⓓ Sie muss darauf achten, dass die äußere Optik des Betriebs auf ihre Kunden individuell abgestimmt ist.

Ⓔ Sie muss den Kunden immer alle neuen Präparate anbieten, um zu zeigen, dass sie „auf dem Laufenden ist".

159. Zu den Kommunikationstechniken zählt „gutes Zuhören". Welche Informationen erhalten Sie, wenn eine Kundin z. B. über ihre Haarprobleme berichtet? Wie können Sie die Information nutzen?

Ⓐ Die Unzufriedenheit der Kundin mit ihren Haarproblemen lässt ihre Bereitschaft für die Anwendung einer Haarpflegemaßnahme erkennen.

Ⓑ In diesem Fall kann man den Bericht der Kundin ruhig unterbrechen, da sie sowieso nichts von Haarproblemen versteht. Es ist keine Information.

Ⓒ In einem anschließenden Gespräch kann man der Kundin erklären, dass es viele Frauen mit ähnlichen Haarproblemen gibt.

Ⓓ Bevor man die Kundin reden lässt, ist es besser, wenn man gleich eine Haar- und Kopfhautdiagnose erstellt, um ihr zu zeigen, dass man der Fachmann ist.

Ⓔ Wenn man die Haarprobleme der Kundin kennt, kann man die Kundin in einem Gespräch leichter ablenken.

1

160. Der Friseur bietet gegenüber den Supermärkten beim Verkauf der Ware einen großen Vorteil. Welcher Vorteil ist das?

Ⓐ Nur er bietet hochwertige Markenartikel an.

Ⓑ Er kann aufgrund seiner Fachkenntnis die Kunden richtig beraten.

Ⓒ Die Kunden halten sich verhältnismäßig lange in seinem Geschäft auf und können beraten werden.

161. Man kann beim Warenverkauf im Friseurgeschäft drei Bedienformen unterscheiden. Welche sind das?

Ⓐ Verkauf mit Bedienung   Ⓔ Bedienung mit Telefonvorwahl

Ⓑ Vorbedienung   Ⓕ Bedienung mit Vorwahlsystem

Ⓒ Selbstbedienung   Ⓖ Fremdbedienung

Ⓓ einen Diener machen   Ⓗ Nachbedienung

162. Welche Vorteile hat ein Verkaufsregal zur Bedienung mit Vorwahlsystem?

_____

_____

163. Was muss in Bezug auf die Produkte im Verkaufsregal zur Selbstbedienung und zur Bedienung mit Vorwahlsystem bedacht werden?

_____

_____

164. Erläutern Sie: Welche Vorteile bietet ein Warenverkauf mit Bedienung z. B. während der Behandlung?

_____

_____

165. Was ist ein Sortiment?

_____

_____

Sortiment und Produktpräsentation

166. Man unterscheidet das Warensortiment und das Dienstleistungssortiment im Friseurbetrieb. Kreuzen Sie die richtigen Antworten an:

Ⓐ   Das Warensortiment umfasst alle Waren, die ein Salon zum Verkauf anbietet.

Ⓑ   Das Warensortiment umfasst alle Dienstleistungen, z. B. die Frisurenerstellung eines Friseurbetriebs.

Ⓒ   Das Dienstleistungssortiment umfasst alle Dienstleistungen eines Friseurbetriebs wie den Haarschnitt oder formverändernde Haarbehandlungen.

Ⓓ   Zum Dienstleistungssortiment eines Friseurgeschäfts zählen die Frisurenerstellung und Maniküre.

Ⓔ   Zum Dienstleistungssortiment eines Friseurgeschäfts zählt der Verkauf von Pflegeprodukten für das Haar.

Ⓕ   Zum Warensortiment eines Friseurbetriebs zählen die Farbberatung und alle farbverändernden Haarbehandlungen.

167. Zum Kernsortiment eines Friseurgeschäfts zählen die Dienstleistungen und Waren, die von Kunden grundsätzlich erwartet werden können. Nennen Sie Beispiele für

– Dienstleistungen des Kernsortiments eines Friseurbetriebs:

_____

_____

– Waren des Kernsortiments eines Friseurbetriebs:

_____

_____

168. Zum Randsortiment eines Friseurgeschäfts zählen zusätzliche Dienstleistungen und Waren, die von Kunden nicht unbedingt erwartet werden. Nennen Sie Beispiele für

– Dienstleistungen des Randsortiments eines Friseurbetriebs:

_____

_____

– Waren des Randsortiments eines Friseurbetriebs:

_____

_____

1

169. Was ist ein Artikel?

_____

_____

170. Erklären Sie den Begriff Warenart und nennen Sie ein Beispiel.

_____

_____

171. Erklären Sie den Begriff Warengruppe und nennen Sie ein Beispiel.

_____

_____

172. Das Warensortiment kann mit einer Sortimentspyramide beschrieben werden. Ergänzen Sie die Pyramide zur Hautkosmetik mit folgenden Wörtern:
Artikel, Gesichtswasser, Gesichtswasser von Alina, Hautkosmetik, Hautreinigungsprodukte, Reinigungsmilch, Reinigungsmilch für seborrhoeische Haut von Alina, Reinigungsmilch für trockene Haut von L'Órel, Reinigungsmilch für trockene Haut von Silberwell, Syndet, Syndet von Ella, Syndet von Silberwell, Warengruppe, Warenarten, Waschgel, Waschgel von L'Órel, Waschgel für normale Haut von Alina

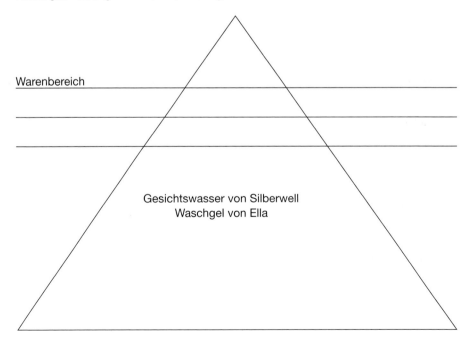

Warenbereich

Gesichtswasser von Silberwell
Waschgel von Ella

Sortiment und Produktpräsentation

1

173. Den Umfang eines Warensortiments kann man nach der Sortimentstiefe **und** Sortimentsbreite **unterscheiden. Ordnen Sie die Satzteile durch Linien richtig zu.**

Ein Friseurgeschäft mit einem breiten Warensortiment bietet	wenige Warengruppen und Warenarten an.
Ein Friseurgeschäft mit einem schmalen Warensortiment bietet	ein breites Warensortiment.
Ein Friseurgeschäft mit einem tiefen Warensortiment bietet	ein flaches Warensortiment.
Ein Friseurgeschäft mit einem flachen Warensortiment bietet	ein schmales Warensortiment.
Ein Friseurgeschäft, das neben dem Kernsortiment auch Accessoires, Schmuck, Parfums, Föhne und Frisurenstäbe zum Verkauf anbietet, hat	viele Warengruppen und Warenarten an.
Ein Friseurgeschäft, das außer Haarreinigungs- und Pflegeprodukten keine anderen Produkte zum Verkauf anbietet, hat	in einer Warengruppe eine große Artikelauswahl an.
Ein Friseurgeschäft, das sehr viele verschiedene Stylingprodukte mehrerer Hersteller zum Verkauf anbietet, hat in Bezug auf diese Produkte	ein tiefes Warensortiment.
Ein Friseurgeschäft, das nur je ein Shampoo für jede Haarqualität anbietet, hat in Bezug auf diese Produkte	in einer Warengruppe nur wenige Artikel an.

174. Was sind vertriebsgebundene Produkte**?**

Ⓐ Produkte, die nur mit Genehmigung des Friseurmeisters an Mitarbeiter weitergegeben werden dürfen.

Ⓑ Diese Produkte kann man in allen Drogerien und Friseurgeschäften kaufen.

Ⓒ Die Produkte dürfen nur zum vorgeschriebenen Preis verkauft werden.

Ⓓ Produkte, die aufgrund eines Vertrages zwischen Hersteller und Friseur nur von diesem an den Endverbraucher weitergegeben werden dürfen.

Ⓔ Das Produkt wird auch im Supermarkt verkauft, aber der Friseur darf es anwenden.

Sortiment und Produktpräsentation

1

175. **Mit welchem Argument können Sie ein** vertriebsgebundenes Produkt **anbieten? Nennen Sie einen Beispielsatz in wörtlicher Rede.**

_____

_____

176. **Zur** „äußeren Optik" **des Friseursalons zählt:**

   Ⓐ   das Leistungsangebot im Schaufenster

   Ⓑ   das Aussehen und Verhalten der Angestellten im nicht öffentlichen Pausenraum

   Ⓒ   die fachlichen Fähigkeiten der Mitarbeiter während eines Haarschnitts

177. **Die** Außen- und Innengestaltung **des Salons nehmen Einfluss darauf, ob eine Kundin in den Salon kommt und vielleicht als Stammkundin bleibt. Worauf sollten Sie achten?**

   – Äußere Optik **des Salons:**

Beispiel für eine Schaufenstergestaltung und äußere Optik, die zwar „süß", aber nicht verkaufsfördernd wirkt.

_____

_____

_____

_____

_____

   – Innere Optik **des Salons:**

_____

_____

_____

_____

_____

_____

Sortiment und Produktpräsentation

178. Verkaufswaren können in Gruppen oder im Verband platziert werden. Kreuzen Sie die richtigen Aussagen an.

Ⓐ Bei der Warengruppenplatzierung werden ähnliche Produkte zusammengestellt, z. B. alle Haarreinigungspräparate an einen Ort.

Ⓑ Bei der Verbundplatzierung werden ähnliche Produkte zusammengestellt, z. B. alle Haarkuren an einen Ort.

Ⓒ Bei der Warengruppenplatzierung werden die Waren nach ihrem Verwendungszweck zusammengestellt, z. B. „Alles für das Haarstyling" an einen Ort.

Ⓓ Bei der Verbundplatzierung werden die Waren nach ihrem Verwendungszweck zusammengestellt, z. B. „Alles für den Sommerurlaub" an einen Ort.

179. Wo ist eine Warengruppenplatzierung umgesetzt worden?

Ⓐ

Ⓑ

Ⓒ

Ⓓ
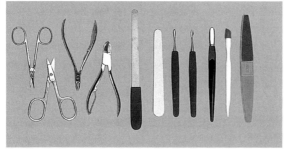

1

180. Wo ist eine Warenverbundplatzierung **umgesetzt worden?**

Ⓐ

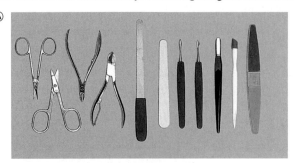

Ⓑ

Ⓒ

Ⓓ

181. Präsentation, **z. B. von Waren im Schaufenster, bedeutet:**

Ⓐ zur Schau stellen, vorzeigen
Ⓑ Tätigkeit, Ausübung
Ⓒ Anwesenheit
Ⓓ Abwesenheit

182. Dekoration **(z. B. der Artikel) bedeutet:**

Ⓐ offizielle Erklärung
Ⓑ Auflösung, Zerlegung
Ⓒ Ausschmückung, Schmuck, Ausstattung

Sortiment und Produktpräsentation

183. **Die** Präsentation **der Ware im Verkaufsregal soll Kunden ansprechen und zum Kauf anregen. Welche zwei Aussagen sind falsch?**

Ⓐ Ein klares und übersichtliches Sortiment spricht alle Kunden an.

Ⓑ Zwischen der Ware sollen kleine Grifflücken vorhanden sein, um einen ungehinderten Zugriff zu ermöglichen.

Ⓒ Zwischen der Ware müssen große Lücken vorhanden sein, damit der Eindruck entsteht, dass sehr viele Produkte gekauft worden sind.

Ⓓ Jedes Produkt sollte mit einem Preis ausgezeichnet sein.

Ⓔ Die Ware sollte hinter Glasfenstern verschlossen werden, damit sie nicht so schnell verstaubt.

Ⓕ Die Kunden sollten die angebotenen Produkte auch in die Hand nehmen können.

Ⓖ Verkaufsstarke Produkte sollten in Augen- und Griffhöhe stehen.

Ⓗ Um eine besser Übersicht zu gewährleisten, sollten Produktgruppen zusammengefasst werden.

184. **Die Erreichbarkeit der Produkte im Verkaufsregal spielt für die Auswahl und den Verkaufserfolg eine wichtige Rolle. Wie nennt man die jeweilige Platzierungshöhe der Produkte? Ordnen Sie zu:** Bückzone, Griffzone, Reckzone, Sichtzone**.**

= _____

= _____

= _____

= _____

185. **Worauf ist bei der Platzierung von Verkaufsartikeln zur** Selbstbedienung **zu achten?**

Ⓐ Möglichst nur die Produkte einer Firma präsentieren.

Ⓑ Platz für bestimmte Artikelgruppen öfters wechseln.

Ⓒ Artikelgruppen, z. B. Haarwässer, nicht an einem Platz konzentrieren.

Ⓓ Verkaufswaren möglichst in griffbereiter Höhe anordnen.

Ⓔ Verkaufsartikel zum Schutz vor Ladendiebstahl grundsätzlich in verschlossenen Vitrinen aufbewahren.

186. Bei der Anordnung der Produkte, z. B. im Verkaufsregal oder im Schaufenster sollte man verschiedene Formstrukturen berücksichtigen. Ordnen Sie folgende Formstrukturen den Abbildungen zu:
   – Formsteigerung
   – Reihung, durch Formblöcke unterbrochen
   – rhythmische Reihung
   – stetige Reihung

a)_____

b)_____

c)_____

d)_____

187. Wie häufig sollten die Schaufenster neu dekoriert werden?

   Ⓐ höchstens zweimal im Jahr
   Ⓑ etwa alle vier Wochen
   Ⓒ täglich
   Ⓓ wöchentlich

Sortiment und Produktpräsentation

188. **Die Gestaltung des Schaufensters kann sich z. B. an den Jahreszeiten orientieren. Nennen Sie weitere Anlässe, die sich als Gestaltungselement eignen.**

_____

_____

_____

_____

_____

189. **Das Schaufenster ist eine gute Werbemöglichkeit, wenn man einige Grundsätze beachtet. Welche zwei Aussagen sind falsch?**

Ⓐ   Im Schaufenster sollte immer nur eine Zielgruppe angesprochen werden, z. B. nur Jugendliche.

Ⓑ   Im Schaufenster sollten immer mehrere Zielgruppen angesprochen werden.

Ⓒ   Zur Schaufensterdekoration eignen sich auffällige Farben und Formen, Lichtwerbung und Bewegungselemente.

Ⓓ   Die Schaufensterdekoration sollte farblich aufeinander abgestimmt sein.

Ⓔ   Die Gestaltung muss so neutral sein, dass die Produkte des Friseurs nicht in den Hintergrund gedrängt werden.

Ⓕ   Besonders schöne Blickfänge im Schaufenster sind verstaubte Produkte und tote Fliegen.

Ⓖ   Neben der Dekoration ist die Sauberkeit des Schaufensters wichtig.

1

190. Auf welches Sortiment könnten die folgenden Schaufenstergestaltungen **aufmerksam machen? Nennen Sie jeweils**

Ⓐ    Ⓑ

ein Thema: ein Thema:

_____   _____

_____   _____

_____   _____

Waren: Waren:

_____   _____

_____   _____

Dienstleistungen: Dienstleistungen:

_____   _____

_____   _____

_____   _____

Ⓒ   ein Thema:

_____

_____

_____

Waren:

_____

_____

_____

Dienstleistungen:

_____

_____

_____

Sortiment und Produktpräsentation

191. Welche Aussagen zur Präsentation des Sortiments **sind richtig?**

Ⓐ   Die meisten Menschen blicken und greifen meistens nach rechts, was vermutlich auf ihre Rechtshändigkeit zurückzuführen ist.

Ⓑ   Wenn Kunden an der Kasse warten müssen, nutzen sie diese Zeit häufig zu Spontankäufen.

Ⓒ   Weil die meisten Menschen nach rechts blicken und greifen, sollte die Kasse für das Trinkgeld und die Computerkasse auf der vom Kunden aus rechten Seite aufgestellt werden. Die Waren, die zu Spontankäufen anregen sollen, werden dagegen auf der vom Kunden aus linken Seite aufgestellt.

Ⓓ   Kunden nutzen meistens den kürzesten Weg durch ein Geschäft. Deshalb sollten aktuelle Warenangebote in abseits gelegenen Ecken angeboten werden.

Ⓔ   Weil die meisten Menschen nach rechts blicken und greifen, sollten Waren, die zu Spontankäufen angeboten werden, auf der vom Kunden aus rechten Seite der Rezeption aufgestellt werden.

Ⓕ   Kunden nutzen meistens den kürzesten Weg durch ein Geschäft. Deshalb sollten aktuelle Warenangebote in der Nähe dieses Weges angeboten werden.

Sortiment und Produktpräsentation

1

192. Präsentation des Sortiments: Welcher der beiden Verkaufsbereiche ist besser gestaltet, weil er das Interesse der Kunden mehr fördert? Begründen Sie Ihre Bewertung jeweils in Bezug auf

Ⓐ 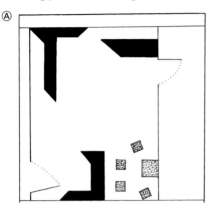   Ⓑ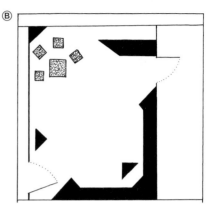

– den Eingangsbereich: – den Eingangsbereich:

_____   _____

_____   _____

_____   _____

– den Schaufensterbereich: – den Schaufensterbereich:

_____   _____

_____   _____

_____   _____

– die Verkaufsregale   – die Verkaufsregale

_____   _____

_____   _____

_____   _____

– den Wartebereich   – den Wartebereich

_____   _____

_____   _____

_____   _____

Ⓒ   Schlussfolgerung: Der Verkaufsbereich in Abbildung _____ ist besser gestaltet, weil er das Interesse der Kunden mehr fördert.

Kundeneinwände und Reklamationen

193. Welche Aussagen zu Kundeneinwänden sind richtig?

Ⓐ Kundeneinwände sind Aussagen wie „Davon habe ich noch genug", „Das ist mir zu teuer" oder „Steht mir das wirklich?"

Ⓑ Kundeneinwände bedeuten, dass die Friseurin verloren hat.

Ⓒ Kundeneinwände lassen vermuten, dass ein echter Kaufwunsch bei der Kundin besteht. Kunden ohne Einwände haben oft kein echtes Kaufinteresse.

Ⓓ Kundeneinwände sind nicht überwindbare Widerstände.

Ⓔ Kundeneinwände sollten sofort zum Abbruch des Beratungs- und Verkaufsgespräches führen.

Ⓕ Die Friseurin sollte gelassen auf Kundeneinwände reagieren. Sie sollte antworten, ohne der Kundin direkt zu widersprechen. Dafür eignet sich die „Ja, aber ...-Technik".

Ⓖ Kundeneinwände sind immer persönliche Bedenken gegenüber der Friseurin.

Ⓗ Kundeneinwände sind eine Herausforderung für die Friseurin, denn mit guter Gegenargumentation kann sie die Kundin (langfristig) überzeugen.

Ⓘ Kundeneinwände können sich z. B. gegen den Preis oder die Eigenschaften eines Produkts richten.

Ⓙ Kunden, die Einwände haben, suchen immer Streit.

194. Kundeneinwände sind ein Zeichen dafür, dass die Kundin überzeugt werden will. Ergänzen Sie die Tabelle mit möglichen Ursachen für den Kundeneinwand und entsprechender Gegenargumentation der Friseurin:

Kundeneinwand	Ursache für den Kundeneinwand	Gegenargumentation der Friseurin
„Haben Sie nichts anderes?"		
„Davon habe ich noch genug zu Hause."		
„Das hat bei mir auch nicht geholfen."		
„Davon habe ich noch nie gehört."		
„Gibt es das auch in einer kleineren Dose?"		

1

195. Einer Kundin ist der Preis für ein Produkt zu hoch. Welche Argumente verwenden Sie? Nennen Sie Beispiele!

_____

_____

_____

_____

_____

_____

_____

196. Wie kann die Friseurin auf Kundeneinwände antworten? Kreuzen Sie die falsche Antwort an.

Ⓐ   „Ja, so gesehen stimme ich Ihnen zu, aber vergleichen Sie bitte einmal …“

Ⓑ   „Zugegeben, der Preis ist nicht niedrig, allerdings …“

Ⓒ   „Sie können das überhaupt nicht verstehen, darum seien Sie jetzt still und glauben Sie mir einfach als Fachfrau, dass …“

Ⓓ   „Ja, aber im Gegensatz zu Ihrem bisherigen Shampoo hat dieses Präparat den Vorteil, dass …“

Ⓔ   „Wenn Ihnen diese Haarlänge nicht gefällt, wie wäre es dann mit …“

197. Kundeneinwand: Eine ältere Stammkundin möchte das Haar nicht mehr färben lassen, weil sie der Ansicht ist, dass das Färben der Haare gesundheitsschädlich sei. Welche Antwort ist passend und angebracht?

Ⓐ   „Dann färben wir eben heute nicht!“

Ⓑ   „Wie Sie meinen, Sie kommen in einigen Wochen ohnehin wieder, denn Sie werden sehen, wie alt Sie mit grauen Haaren aussehen!“

Ⓒ   „Die Haarfarben des Friseurs werden durch die Körperpflegemittel-Hersteller tändig getestet und überwacht. Jede Firma gibt große Summen aus, damit die Präparate des Friseurs möglichst unbedenklich verwendet werden können.“

Ⓓ   „Solche Meinungen hört man öfter. Nun, das muss jeder mit sich selbst ausmachen.“

Ⓔ   „Die Präparate des Friseurs können unbedenklich verwendet werden. Jede Firma ist heute bestrebt, ihren Umsatz zu vergrößern. Auch der Friseur hat großes Interesse an hohem Umsatz.“

Kundeneinwände und Reklamationen

198. Eine Kundin beschwert sich nach dem Haarschnitt, dass die Frisur viel zu teuer sei. Wie reagieren Sie richtig?

Ⓐ „Dazu kann ich nichts sagen, die Preise kalkuliert der Chef."

Ⓑ „Da haben Sie schon recht, aber es geht halt nicht anders."

Ⓒ „Sie sehen es ja jeden Tag: alle Preise steigen, da muss der Friseur auch mehr verlangen!"

Ⓓ „Dann gehen Sie eben in einen anderen Salon, wo Sie günstiger bedient werden."

Ⓔ „Unsere Bedienungspreise sind knapp kalkuliert und unsere Mitarbeiter geben sich große Mühe, unsere Kunden fachlich gut zu beraten und zur vollen Zufriedenheit zu bedienen."

199. Worauf lässt die folgende Kundenäußerung schließen: „Ich weiß nicht recht, ob mir diese Frisur steht."

Ⓐ Arroganz

Ⓑ Eitelkeit

Ⓒ Misstrauen

Ⓓ Geiz

Ⓔ Unentschlossenheit

200. Wie reagieren Sie <u>richtig</u> auf Kundeneinwände?

Ⓐ Den Einwand einfach überhören.

Ⓑ Mit fachlichen Argumenten auf den Einwand eingehen.

Ⓒ Dem Kunden entgegenhalten, dass er als Laie davon nichts versteht.

Ⓓ Dem Kunden in allem Recht geben, auch wo er nicht Recht hat.

Ⓔ Den Kunden mit Fachausdrücken verwirren.

201. Erläutern Sie ausführlich: Wie reagieren Sie auf einen Kundeneinwand richtig?

_____

_____

_____

202. Reklamation bedeutet:

Ⓐ Wiederholung, Zusammenfassung

Ⓑ Rückbildung, Rückzug, Zurückbewegung

Ⓒ Beschwerde, Beanstandung von Mängeln

Ⓓ Entspannung, Erschlaffung

Ⓔ Verschlossenheit, Zurückhaltung

1

203. Bei einem Reklamationsgespräch müssen wichtige Regeln beachtet werden. Kreuzen Sie die drei richtigen Aussagen an.

Ⓐ Bei einer Reklamation sollte eine Kollegin oder ein Kollege hinzugezogen werden.

Ⓑ Eine Kundin, die reklamiert, gibt der Friseurin noch einmal eine Chance. Eine Kundin, die nicht reklamiert, ist meistens für immer verloren.

Ⓒ Zu Anfang des Reklamationsgesprächs muss herausgefunden werden, ob die Friseurin oder die Kundin die Schuld trägt.

Ⓓ Eine Friseurin muss sich alle Beschimpfungen und Beleidigungen der verärgerten Kundin gefallen lassen.

Ⓔ Die Friseurin darf aus einer Kundenreklamation keine Schuldfrage machen; denn es kommt nicht darauf an, ob die Kundin teilweise die Schuld trägt.

Die Zelle

1. **Die Zelle ist die kleinste selbstständige Baueinheit unseres Organismus.
    Je nach Aufgabe unterscheiden sich Zellen in Größe und Form. Ordnen Sie die
    aufgeführten Zellen den Zeichnungen zu:**
    glatte Muskelzellen, Eizelle und Samenzellen, Hautzellen, Nervenzelle

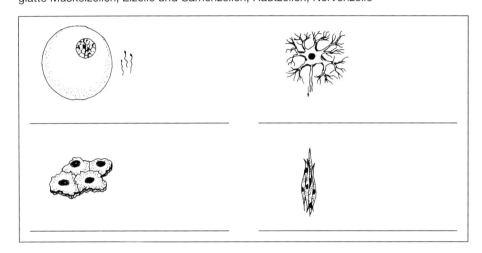

2. **Nennen Sie die Hauptbestandteile einer Zelle.**

3. **Beschriften Sie die folgende Abbildung einer Körperzelle:**

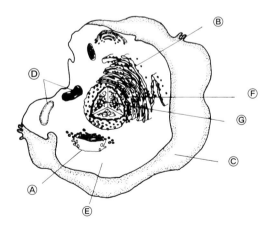

4. **Welche Aufgaben hat die Zellmembran?**

5. **Beschreiben Sie die Stoffwechselvorgänge der Zelle.**

Die Zelle

2

6. Ordnen Sie die folgenden Bilder über die Zellteilung (Mitose) in der richtigen Reihenfolge.

Nr. _____   Nr. _____   Nr. _____   Nr. _____   Nr. _____

7. Ein Gewebe:

   Ⓐ   enthält die Chromosomen, die Träger der Erbsubstanz
   Ⓑ   besteht aus Zellen gleicher Art und Funktion
   Ⓒ   erfüllt Transportaufgaben

8. Welche Gewebearten werden im menschlichen Körper unterschieden?

Gefäße in der Haut, Blutkreislauf

9. Nennen Sie die Bestandteile des Blutes.

10. Welche Aufgaben erfüllt das Blut?

11. Welche Aufgabe haben die weißen Blutkörperchen (Leukozyten)?

12. Welche Aufgabe haben die roten Blutkörperchen (Erythrozyten)?

13. Beschreiben Sie die Aufgabe der Blutplättchen (Thrombozyten).

14. Was ist die Lymphe?

15. Nennen Sie die Aufgaben der Lymphe.

16. Was ist der Unterschied zwischen dem Lymphkreislauf und dem Blutkreislauf?

Gefäße in der Haut, Blutkreislauf

17. Erklären Sie die Unterschiede zwischen Arterien, Venen **und** Kapillaren **in Bezug auf ihren Bau und ihre Aufgaben.**

Gefäßart	Bau	Aufgaben
Arterien		
Venen		
Kapillaren		

18. Wie kann durch kosmetische Maßnahmen die Durchblutung der Haut **gefördert werden?**

19. Wofür ist eine Durchblutungssteigerung der Haut **von Nutzen?**

20. Nennen Sie Blutgefäßveränderungen, **die auf der Haut sichtbar sind.**

21. Beschriften Sie die folgende Abbildung der Blutgefäße **in der Haut.**

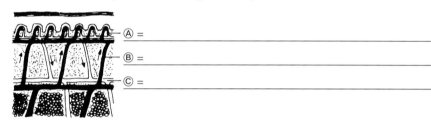

Ⓐ =

Ⓑ =

Ⓒ =

Stoffwechsel

22. Der Begriff Stoffwechsel **bedeutet:**

   Ⓐ Durchblutung des Organismus

   Ⓑ Wachstum und Wechsel des Haares

   Ⓒ nur die Aufnahme und Abgabe von Stoffen durch die Körperzellen

   Ⓓ nur die Aufnahme von Nährstoffen aus dem Darm

   Ⓔ Ausscheidung von Stoffen über die Nieren

23. Nennen Sie Stoffe, die beim Stoffwechselvorgang **vom Körper <u>aufgenommen</u> werden.**

24. Nennen Sie Stoffe, die beim Stoffwechselvorgang **vom Körper <u>ausgeschieden</u> werden.**

Stoffwechsel

2

25. Durch die Ernährung deckt der Mensch seinen Energiebedarf. Kreuzen Sie die drei Grundnährstoffe an:

Ⓐ   Kohlenhydrate
Ⓑ   Vitamine
Ⓒ   Eiweiße (Proteine)
Ⓓ   Salze
Ⓔ   Fette

26. Die Wirk- und Reglerstoffe im menschlichen Organismus werden Biokatalysatoren genannt. Kreuzen Sie die drei Biokatalysatoren an:

Ⓐ   Hormone
Ⓑ   Kohlenhydrate
Ⓒ   Vitamine
Ⓓ   Enzyme
Ⓔ   Fette

27. Biokatalysatoren finden auch in der Friseurpraxis Verwendung. Nennen Sie Beispiele für diese Wirk- u. Reglerstoffe in haar- und hautkosmetischen Präparaten.

28. Haut und Haar bestehen aus Keratin. Keratin zählt zu den:

Ⓐ   Hautfetten
Ⓑ   Proteinen (Eiweißen)
Ⓒ   Kohlenhydraten
Ⓓ   Vitaminen
Ⓔ   Enzymen

29. Welche Funktionen haben Fette im menschlichen Organismus? Kreuzen Sie die zwei richtigen Antworten an:

Ⓐ   Energiereservestoff
Ⓑ   Aufbau z. B. für Zellkerne
Ⓒ   „Polster" für die Organe

30. Welche Funktion haben Eiweiße im menschlichen Organismus vorwiegend?

Ⓐ   Brennstoff
Ⓑ   Aufbaustoff z. B. für Zellwände
Ⓒ   „Polster" für Organe

31. Welche Funktion haben Kohlenhydrate im menschlichen Organismus?

Ⓐ   Brennstoff
Ⓑ   Aufbaustoff z. B. für Zellwände
Ⓒ   „Polster" für Organe

32. Erläutern Sie den Verdauungsprozess.

Stoffwechsel

33. **Vitaminmangelerscheinungen des menschlichen Organismus sind ernährungsbedingte Erkrankungen. Welche Erkrankung kann bei Vitamin-A-Mangel auftreten?**

   Ⓐ Fettsucht
   Ⓑ Skorbut
   Ⓒ Verhornungsstörungen der Haut
   Ⓓ Verkalkung
   Ⓔ Muskelschwäche

34. **Welche Erkrankungen oder Erscheinungen können bei Vitamin-C-Mangel auftreten? Kreuzen Sie die drei richtigen Antworten an:**

   Ⓐ Fettsucht
   Ⓑ Skorbut
   Ⓒ Müdigkeit
   Ⓓ Anfälligkeit gegen Infektionen
   Ⓔ Magersucht

35. **Androgene sind:**

   Ⓐ männliche Geschlechtshormone
   Ⓑ weibliche Geschlechtshormone
   Ⓒ Vitamine
   Ⓓ Spurenelemente
   Ⓔ Phytohormone

36. **Östrogene sind:**

   Ⓐ männliche Geschlechtshormone
   Ⓑ weibliche Geschlechtshormone
   Ⓒ Vitamine
   Ⓓ Spurenelemente

Drüsen in der Haut

37. **Nennen Sie die beiden Schweißdrüsenarten in der Haut.**

38. **Erklären Sie die folgende Tabelle, indem Sie die Unterschiede zwischen ekkrinen und apokrinen Schweißdrüsen aufzeigen.**

	ekkrine Schweißdrüsen	apokrine Schweißdrüsen
Lage		
Beginn der Schweißproduktion		
Mündung in der Haut		
pH-Wert		

39. Lassen sich die beiden Schweißdrüsenarten hinsichtlich des Geruchs des Schweißes unterscheiden? Begründen Sie Ihre Antwort.

40. Welche Aufgaben haben die Schweißdrüsen?

41. Woraus besteht der Schweiß hauptsächlich?

42. Welchen zusätzlichen Bestandteil enthält der Schweiß der apokrinen Schweißdrüsen?

43. Nennen Sie die Aufgaben des Hauttalgs.

44. Welches ist der richtige Fachausdruck für eine Talgdrüsenüberfunktion?

    Ⓐ Sebostase
    Ⓑ Seborrhoe
    Ⓒ Turgor

45. Welches ist der richtige Fachausdruck für eine Talgdrüsenunterfunktion?

    Ⓐ Seborrhoe sicca
    Ⓑ Seborrhoe oleosa
    Ⓒ Sebostase

46. Nennen Sie die Ursachen für eine Talgdrüsenüberfunktion.

47. Beschreiben Sie die Lage der Talgdrüsen in der Haut.

48. Welche krankhafte Veränderung der Haut erkennen Sie auf der Abbildung?

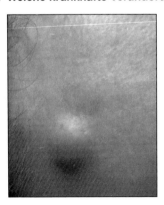

    Ⓐ Pilzbefall
    Ⓑ Grützbeutel (Atherom)
    Ⓒ Kupferrose (Rosacea)
    Ⓓ Seborrhoe
    Ⓔ Schuppenflechte (Psoriasis)

49. Aus welchen Bestandteilen wird der Säureschutzmantel gebildet?

50. Welche Aufgaben hat der Säureschutzmantel?

Nerven in der Haut

51. Warum kann die Haut als Sinnesorgan bezeichnet werden?

52. Beschriften Sie die folgende Abbildung der Gesichtsnerven.

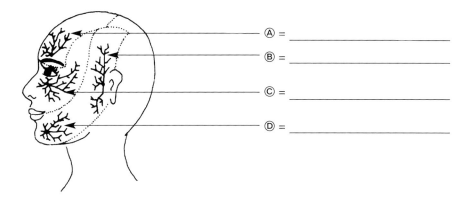

Ⓐ = _____

Ⓑ = _____

Ⓒ = _____

Ⓓ = _____

53. Das Zentralnervensystem wird gebildet von:

- Ⓐ   Gehirn und Rückenmark
- Ⓑ   den sensiblen Nerven
- Ⓒ   den sensiblen und den motorischen Nerven

54. Welche Aufgabe hat das vegetative Nervensystem?

55. Welche Nerven bilden das periphere Nervensystem?

56. Motorische Nerven:

- Ⓐ   leiten die Reize zum Gehirn weiter
- Ⓑ   leiten die Reize vom Gehirn weiter
- Ⓒ   sind weitgehend von unserem Willen unabhängig

57. Sensible Nerven:

- Ⓐ   werden auch als Bewegungsnerven bezeichnet
- Ⓑ   leiten die Reize vom Gehirn weiter
- Ⓒ   leiten die Reize zum Gehirn weiter

58. Welche Arten von Rezeptoren werden in der Haut unterschieden?

59. Beschreiben Sie den Aufbau eines Muskels.

60. Wie arbeitet ein Muskel?

61. Welche Muskelarten werden im menschlichen Körper unterschieden?

Muskulatur des Körpers

62. Welche Besonderheit zeigt die Herzmuskulatur in ihrem Aufbau?

63. Sortieren Sie die folgenden Begriffe, indem Sie sie den beiden Oberbegriffen zuordnen:
Biceps, Haaraufrichtemuskel, Herzmuskulatur, Eingeweidemuskulatur, Oberschenkelmuskel

Muskulatur, vom Willen abhängig	Muskulatur, vom Willen unabhängig

64. Benennen Sie die zwei dargestellten Muskelarten.

Ⓐ = _____   Ⓑ = _____

65. Beschriften Sie den Ausschnitt aus einem Skelettmuskel mit folgenden Begriffen:
Bindegewebe, Muskelfasern, Muskelfaserbündel, Muskelhaut

= _____

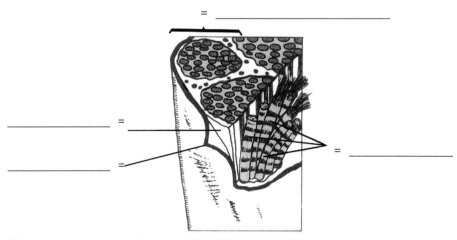

= _____   = _____

= _____

66. Welche Aufgabe haben die mimischen Muskeln?

Muskulatur des Körpers

67. Beschriften Sie die folgende Abbildung der Gesichtsmuskulatur.

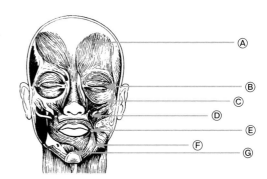

68. Wie heißen die hier dargestellten Muskeln**?**

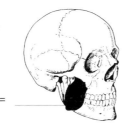 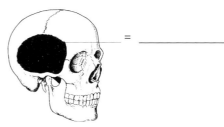

_____ = _____

= _____

69. Der Tonus **ist:**
Ⓐ der natürliche Spannungszustand des Gewebes
Ⓑ der natürliche Spannungszustand der Muskeln
Ⓒ der natürliche Spannungszustand der Knochen

70. Durch welche kosmetischen Maßnahmen kann der Tonus **der Gesichtsmuskulatur erhalten oder verbessert werden?**

71. Kreuzen Sie die richtigen Aussagen an. Der Turgor **ist:**
Ⓐ der natürliche Spannungszustand des Gewebes
Ⓑ durch den Wasserhaushalt der Knochen bedingt
Ⓒ der natürliche Spannungszustand der Muskeln
Ⓓ der natürliche Spannungszustand der Knochen
Ⓔ durch den Wasserhaushalt des Gewebes bedingt

72. Warum ist es wichtig, bei der Gesichtsmassage **auf den Verlauf der mimischen** Muskeln **zu achten?**

73. Wie entsteht ein Muskelkater**?**

74. Die Bewegungen des Menschen werden durch das Bewegungssystem **ermöglicht. Ordnen Sie die Bestandteile dieses Systemes:**
Bänder, Knorpel, Muskeln, Sehnen und Skelettknochen

Bewegungssystem	
passive Bestandteile	aktive Bestandteile

2

75. Welche Bedeutung hat das Knochengerüst für den menschlichen Körper?

76. Kreuzen Sie die richtige Antwort an.
   Die Knochen der Gliedmaßen (Arme, Beine) zählen zu den:

   Ⓐ Plattenknochen
   Ⓑ Kurzknochen
   Ⓒ Röhrenknochen

77. Die Knochen des Hand- und Fußskeletts zählen zu den:

   Ⓐ Röhrenknochen
   Ⓑ Kurzknochen
   Ⓒ Plattenknochen

78. Die Schädelknochen zählen zu den:

   Ⓐ Plattenknochen
   Ⓑ Kurzknochen
   Ⓒ Röhrenknochen

79. Wodurch bekommt der Knochen seine Festigkeit und Elastizität?

80. Beschriften Sie die Knochen des Gesichtsschädels.

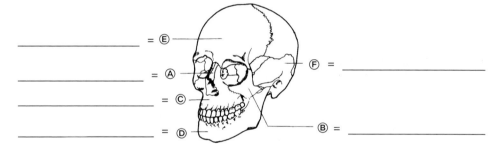

_____ = Ⓔ

_____ = Ⓐ   Ⓕ = _____

_____ = Ⓒ

_____ = Ⓓ   Ⓑ = _____

81. Benennen Sie die Hauptbestandteile eines Röhrenknochens.

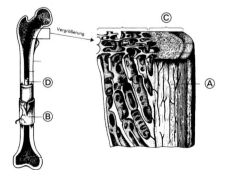

Ⓐ = _____

Ⓑ = _____

Ⓒ = _____

Ⓓ = _____

Knochenbau des Körpers

82. Die Knochen sind umgeben von einer Knochenhaut. Welche Aufgaben hat diese Knochenhaut?

83. Im Friseurberuf kommen leicht Verbildungen des Skeletts vor. Wie können Sie Haltungsschäden während der beruflichen Tätigkeit vorbeugen?

84. Wie können Sie Haltungsschäden in der Freizeit vorbeugen?

85. Die Verbiegung der Wirbelsäule zählt zu den häufigsten Haltungsschäden. Man unterscheidet: flacher Rücken, Rundrücken und Hohlkreuz! Ordnen Sie diese Schäden den entsprechenden Zeichnungen zu:

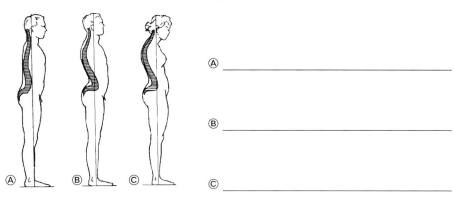

Ⓐ _____

Ⓑ _____

Ⓒ _____

86. Hohlfuß, Plattfuß und Knickfuß sind Bezeichnungen für Fußschäden, die auf Erkrankungen des Skelettsystems zurückzuführen sind. Ordnen Sie diese Schäden den entsprechenden Zeichnungen zu:

87. Beschriften Sie die beiden Zeichnungen der Knochen von Arm und Hand:

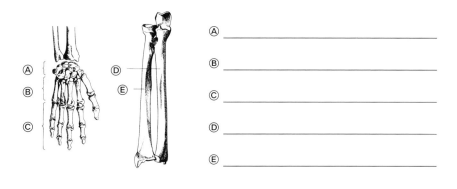

Ⓐ _____

Ⓑ _____

Ⓒ _____

Ⓓ _____

Ⓔ _____

F 2.1.7

88. Beschriften Sie die Zeichnung der Knochen der unteren Extremität Fuß:

2

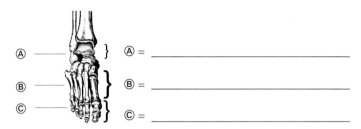

Ⓐ = _____

Ⓑ = _____

Ⓒ = _____

89. Nennen Sie die drei Hautschichten der Haut.

90. Beschriften Sie die folgende Abbildung der Hautschichten, Hautgefäße und Anhangsgebilde.

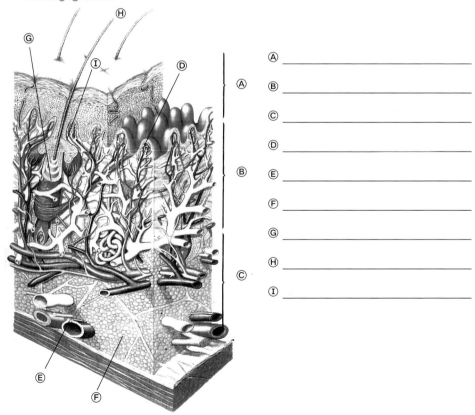

Ⓐ _____

Ⓑ _____

Ⓒ _____

Ⓓ _____

Ⓔ _____

Ⓕ _____

Ⓖ _____

Ⓗ _____

Ⓘ _____

Schichten der Haut

91. Nennen Sie die fünf Schichten der Epidermis (Oberhaut) **in der richtigen Reihenfolge von innen nach außen.**

_____

_____

_____

_____

_____

92. Welche Oberhautschichten **bilden die** Keimzone**?**

93. Welche Oberhautschichten **bilden die** Verhornungszone**?**

94. Was sind Melanozyten**?**

- Ⓐ kollagenbildende Zellen
- Ⓑ fettspeichernde Zellen
- Ⓒ pigmentbildende Zellen

95. Wie heißt das Produkt, das von den Melanozyten **gebildet wird?**

- Ⓐ Keratin
- Ⓑ Melanin
- Ⓒ Kollagen

96. Wie heißt das Produkt der Keratinozyten**?**

- Ⓐ Kollagen
- Ⓑ Melanin
- Ⓒ Keratin

97. In welcher Oberhaut**schicht liegen die** Melanozyten**?**

98. Welche der Oberhaut**schichten bildet eine** Barriere gegen Fettstoffe**?**

99. Welche der Oberhaut**schichten bildet eine** wasserabweisende Barriere**?**

2

100. **Beschriften Sie die folgende Abbildung der** Epidermis.

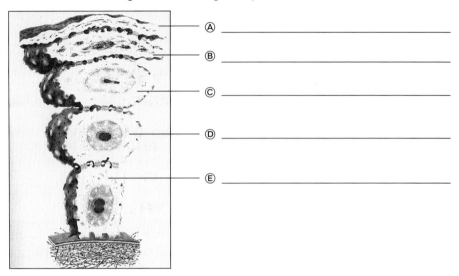

Ⓐ _____

Ⓑ _____

Ⓒ _____

Ⓓ _____

Ⓔ _____

101. **Welche beiden Zellarten befinden sich in der** Basalzellenschicht?

102. **Wie lange dauert die Erneuerung der** Oberhaut **ungefähr?**

103. **Beschreiben Sie das Aussehen und die Merkmale der** Basalzellenschicht.

	Aussehen	Merkmale
Basalzellenschicht Zellen der Basalzellenschicht		

Schichten der Haut

104. Beschreiben Sie das Aussehen und die Merkmale der Stachelzellenschicht.

	Aussehen	Merkmale
Stachelzellenschicht Zellen der Stachelzellenschicht		

105. Beschreiben Sie das Aussehen und die Merkmale der Körnerzellenschicht.

	Aussehen	Merkmale
Körnerzellenschicht Zellen der Körnerzellenschicht		

2

2

106. Beschreiben Sie Aussehen und Merkmale der Leuchtschicht.

	Aussehen	Merkmale
Leuchtschicht Zellen der Leuchtschicht		

107. Beschreiben Sie Aussehen und Merkmale der Hornschicht.

	Aussehen	Merkmale
Hornschicht Zellen der Hornschicht		

108. Benennen und beschreiben Sie die Schicht, durch die Epidermis und Corium (Lederhaut) miteinander verbunden sind.

109. Beschreiben Sie das Gewebe der Lederhaut.

110. Welche Fasertypen werden in der Lederhaut unterschieden?

111. Nennen Sie die „Bestandteile", die sich in der Lederhaut befinden.

Schichten der Haut

112. Beschriften Sie die folgende Abbildung der Lederhaut.

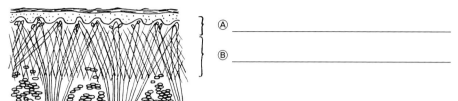

Ⓐ _____

Ⓑ _____

2

113. Nennen Sie die Aufgaben der Subcutis.

114. Beschriften Sie die folgende Skizze der Subcutis.

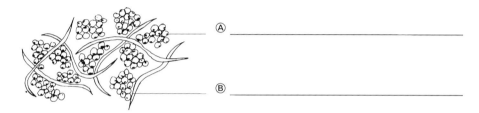

Ⓐ _____

Ⓑ _____

Aufgaben der Haut

115. Nennen Sie die Aufgaben der Haut.

116. Gegenüber welchen Einwirkungen von außen kann die Haut schützen?

117. Wie schützt sich die Haut vor UV-Strahlen? Kreuzen Sie die drei richtigen Antworten an.

    Ⓐ   durch die natürliche Bräunung der Haut
    Ⓑ   durch ständige Abschilferung der obersten Epidermiszellen
    Ⓒ   durch Verdickung der Hornschicht (Lichtschwiele)
    Ⓓ   durch Schweiß, der zu einer höheren Reflektion der Strahlen beiträgt
    Ⓔ   durch den Säureschutzmantel

118. Wie schützt sich die Haut vor schädlichen Bakterien? Kreuzen Sie die zwei richtigen Antworten an.

    Ⓐ   durch eine alkalische Schutzschicht
    Ⓑ   durch ständige Abschilferung der oberen Epidermiszellen
    Ⓒ   durch vermehrte Melaninproduktion
    Ⓓ   durch spezielle Zellen in der Epidermis
    Ⓔ   durch den Säureschutzmantel

2

119. **Wie schützt sich die Haut vor** Chemikalien**?**

120. **Wie schützt sich die Haut vor** mechanischen Einwirkungen**?**

121. **Wie reagiert die Haut bei** Kälte**?**

_____

_____

_____

_____

_____

122. **Wie entsteht eine** Gänsehaut**?**

123. **Wie reagiert die Haut bei** Wärme**?**

_____

_____

_____

_____

124. **Zu den Aufgaben der Haut gehört die** Stoffspeicherung**. Wo werden Stoffe der Haut gespeichert?**

125. **Kreuzen Sie drei Möglichkeiten an, wie** Wirkstoffe **von außen in oberen Hautschichten aufgenommen werden können?**

    Ⓐ   durch die Wandungen der Talg- und Schweißdrüsen
    Ⓑ   durch den Markkanal des Haares
    Ⓒ   durch den Haarfollikel
    Ⓓ   durch die Längs- und Querrillen
    Ⓔ   durch Einlagerung in die Zellzwischenräume der Hornschicht

126. **Begründen Sie, warum eine Kundin bei der Haarwäsche an einem Tag eine** Wassertemperatur **von 35 ° als zu warm, an einem anderen Tag als zu kalt empfindet.**

Aufgaben der Haut

127. Welche Aufgabe hat die wasserabweisende Barriere (Hornschicht und Leucht-schicht) in der Epidermis? Kreuzen Sie die zwei richtigen Antworten an.

Ⓐ Sie verhindert, dass wasserlösliche Substanzen in tiefere Schichten der Epidermis vordringen können.

Ⓑ Sie verhindert ein tiefes Eindringen von Fettstoffen in die Haut.

Ⓒ Sie schützt die Haut vor dem Eindringen von UV-Strahlen.

Ⓓ Sie verhindert einen zu hohen Feuchtigkeitsverlust aufgrund mechanischer Einwirkung.

Ⓔ Sie schützt die Haut vor zu hohem Feuchtigkeitsverlust.

128. Welche Aufgabe hat die wasserreiche Stachelzellenschicht der Epidermis?

Ⓐ Sie schützt die Haut vor eindringenden Bakterien.

Ⓑ Sie hat keine besondere Aufgabe.

Ⓒ Sie verhindert ein tiefes Eindringen von Fettstoffen.

Ⓓ Sie vermindert den Bräunungseffekt durch das Melanin, wenn sie zu stark ausgebildet ist.

Ⓔ Sie sondert das Wundsekret bei oberflächlichen Verletzungen ab.

Entstehung und Erscheinungsbild der Hauttypen

129. Welche Hauttypen werden in der Kosmetik unterschieden?

130. Seborrhoe oleosa ist der Fachbegriff für eine:

Ⓐ trockene Haut

Ⓑ fettige Haut

Ⓒ Mischhaut

131. Sebostase ist der Fachbegriff für eine:

Ⓐ trockene Haut

Ⓑ Mischhaut

Ⓒ normale Haut

132. Seborrhoe sicca ist der Fachbegriff für eine:

Ⓐ normale Haut

Ⓑ Mischhaut

Ⓒ fettige Haut

133. Nennen Sie Merkmale einer Sebostase.

134. Nennen Sie Merkmale einer „normalen Haut".

135. Nennen Sie Merkmale einer Seborrhoe sicca.

Entstehung und Erscheinungsbild der Hauttypen

2

136. **Nennen Sie Merkmale einer Seborrhoe oleosa.**

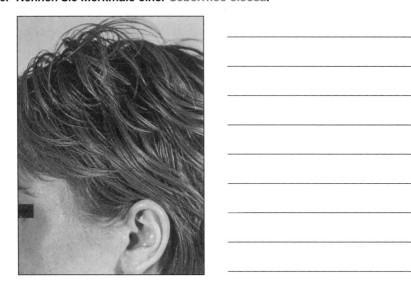

_____

_____

_____

_____

_____

_____

_____

_____

_____

137. **Erklären Sie den Unterschied zwischen einer Seborrhoe oleosa und einer Seborrhoe sicca.**

138. **Nennen Sie die Ursache für eine fettige Haut.**

139. **Nennen Sie die Ursache für eine trockene Haut.**

140. **Zeichnen Sie den seborrhoeischen Bereich (T-Zone) in die Abbildung ein.**

141. **Erklären Sie den Unterschied zwischen Hauttyp und Hautzustand.**

142. **Sortieren Sie die folgenden Begriffe den beiden Oberbegriffen Hauttyp und Hautzustand zu:**
Aknehaut, Seborrhoe sicca, Sebostase, anspruchsvolle Haut, Seborrhoe oleosa, normale Haut

Hauttyp	Hautzustand

2

143. Eine qualifizierte Fachkraft zeichnet sich auch dadurch aus, dass sie verschiedene Hautanomalien erkennen, unterscheiden und mit Fachbegriffen benennen kann. Der Fachbegriff für Hautgrieß ist:

Ⓐ Clavus
Ⓑ Milien
Ⓒ Seborrhoe

144. Albinismus ist:

Ⓐ eine Hautkrankheit
Ⓑ ein angeborener Pigmentmangel
Ⓒ Pigmentschwund

145. Die Schuppenflechte ist:

Ⓐ ein Ekzem
Ⓑ eine Talgdrüsenstörung
Ⓒ eine entzündliche und nicht ansteckende Verhornungsstörung

146. Schwangerschaftsflecken sind:

Ⓐ Verhornungsstörungen
Ⓑ Talgdrüsenstörungen
Ⓒ Pigmentstörungen

147. Ekzeme gehören zu den:

Ⓐ entzündlichen Hautveränderungen
Ⓑ Teleangiektasien
Ⓒ Talgdrüsenstörungen
Ⓓ nicht entzündlichen Hautveränderungen

148. Komedonen sind:

Ⓐ Pigmentstörungen
Ⓑ gestaute und verhärtete Talgpfropfen
Ⓒ Blutgefäßgeschwulste

149. Nennen Sie Verhornungsstörungen der Haut.

150. Nennen Sie Pigmentstörungen der Haut.

151. Woran können Sie Melanome erkennen? Was raten Sie einer Kundin bei Verdacht auf Melanome?

152. Nennen Sie entzündliche Hautveränderungen.

153. Was verstehen Sie unter einer Allergie?

154. Erklären Sie das Entstehen einer Allergie.

155. Was sind Allergene?

156. Nennen Sie Hautschutzmaßnahmen, die Hautschädigungen bei Friseuren verhindern sollen.

157. Was ist ein Ekzem?

158. Was sind Komedonen?

159. Beschreiben Sie, wie Komedonen fachgerecht entfernt werden.

160. Nennen Sie mögliche Ursachen einer Akne.

161. Erklären Sie, warum unreife, harte Pusteln nicht behandelt oder ausgedrückt werden dürfen.

162. Warum verwendet man heute zur Entfernung nur noch sehr selten einen Komedonenheber?

163. Welche Verhaltensmaßnahmen sollten Aknepatienten beachten?

164. Was sind Milien?

165. Was ist die Ursache für die Bildung von Milien?

166. Wie werden Milien entfernt?

F 2.4　　　　　　　　　HAUT UND NÄGEL Hautbeurteilung/Hautdiagnose

167. Vor jeder kosmetischen Behandlung muss eine Hautdiagnose durchgeführt werden. Begründen Sie die Notwendigkeit.

168. In welche drei Bereiche wird die Hautdiagnose unterteilt?

169. Erklären Sie den Begriff Anamnese.

170. Welche Merkmale der Haut werden bei der Hautbetrachtung überprüft?

171. Wie stellen Sie die Porengröße fest?

172. Was kann man aus der Porengröße folgern?

173. Nennen Sie Merkmale, die bei der Hautuntersuchung überpüft werden.

174. Beschreiben Sie die Methode zur Feststellung der Hautempfindlichkeit.

175. Beschreiben Sie die Methode zur Überprüfung der Durchblutung.

176. Benennen und beschreiben Sie die Methode zur Überprüfung der Hautdicke.

177. Benennen und beschreiben Sie die Methode zur Überprüfung der Hautfarbe.

178. Beschreiben Sie, wie Sie die Talgsekretion und Schweißsekretion feststellen können.

179. Wie können bei der Objektträgerprobe Talg- und Schweißabsonderungen unterschieden werden?

180. Begründen Sie, warum die Haut ca. zwei Stunden vor einer Hautdiagnose nicht gereinigt oder behandelt werden darf.

181. Warum ist es wichtig, die Empfindlichkeit der Haut vor einer kosmetischen Behandlung festzustellen?

182. Was ist der Tonus?

183. Beschreiben Sie, wie der Tonus überprüft wird.

184. Was ist der Turgor?

185. Beschreiben Sie, wie der Turgor überprüft wird.

Bau, Wachstum und Pflege des Nagels

186. Für eine fachgerechte Nagelpflege ist das Wissen um den Aufbau des Nagels notwendig. Beschriften Sie die Abbildungen.

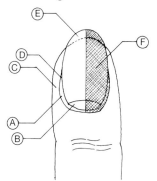

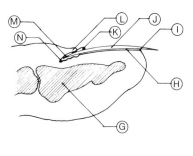

Bau, Wachstum und Pflege des Nagels

2

187. **Welcher Teil des Nagels sorgt für das Längenwachstum? Kreuzen Sie die zwei richtigen Antworten an.**

Ⓐ die Nagelplatte
Ⓑ die Nagelmatrix (Mutterzellenschicht)
Ⓒ die Nagelhaut
Ⓓ die Nagelwurzel

188. **Welcher Teil des Nagels sorgt für das Dickenwachstum?**

Ⓐ die Nagelwurzel
Ⓑ der Nagelfalz
Ⓒ die Nagelform
Ⓓ die Keimschicht unter der Nagelplatte

189. **Aus welchen Zellen besteht die Nagelplatte?**

190. **Nennen Sie die Arbeitsschritte einer Maniküre.**

191. **Welche Werkzeuge werden für eine Maniküre benötigt?**

192. **Beschriften Sie die folgenden Nagelformen.**

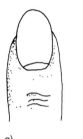 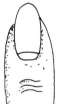  

a) _____ b) _____ c) _____ d) _____

193. **Was muss beim Feilen der Nägel beachtet werden?**

194. **Was muss vor dem Lackieren der Nägel beachtet werden?**

195. **Was muss beim Lackieren der Nägel beachtet werden? Beschreiben Sie, wie Sie vorgehen.**

196. **Wie kann man durch das Lackieren eine <u>breite</u> Nagelform optisch schmaler erscheinen lassen?**

197. **Wie kann man durch das Lackieren eine <u>schmale</u> Nagelform optisch breiter erscheinen lassen?**

Bau, Wachstum und Pflege des Nagels

198. Zeichnen Sie in die vorgegebenen Nagelformen **die optimale Nagellackierung ein.**

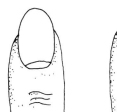  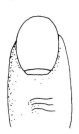 

199. Welche Aufgabe hat die Maniküre**?**

Nagelveränderungen

200. Nennen Sie Ursachen für Veränderungen oder Schädigungen der Nagelplatte**.**

201. Nennen Sie häufig vorkommende Nagelanomalien**.**

202. Nennen Sie Ursachen für Querrillen **auf der Nagelplatte.**

203. Welche Ursachen haben Längsrillen **in den** Nägeln**?**

204. Nennen Sie Ursachen für die Brüchigkeit **von** Nägeln**.**

205. Wie kommt es zu weißen Flecken in der Nagelplatte**?**

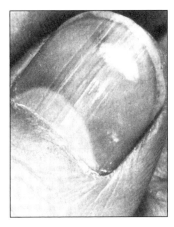

_____

_____

_____

_____

_____

_____

2

206. Welche Nagelanomalien dürfen nicht von der Kosmetikerin behandelt werden? Kreuzen Sie die drei richtigen Antworten an:

Ⓐ brüchige Nägel
Ⓑ Nagelpilz
Ⓒ Nagelbettentzündung
Ⓓ weiße Flecken
Ⓔ schwarze Flecken (Melanome)

207. Der Fachbegriff für Nagelpilz lautet:

Ⓐ Nagelfungi
Ⓑ Nagelmykose
Ⓒ Niednagel

208. Welche Nagelveränderung deutet auf einen Nagelpilz hin?

Ⓐ der Nagel wird dünner
Ⓑ der Nagel löst sich auf
Ⓒ der Nagel verfärbt sich gelblich und ist verdickt

209. Was ist ein Niednagel?

Ⓐ ein sehr schmaler Nagel
Ⓑ ein spröder Nagel mit eingerissener Nagelhaut
Ⓒ ein stark gebogener Nagel

210. Warum ist es nicht ratsam, die Nagelhaut zu entfernen?

Ⓐ weil der Nagel mit Nagelhaut schöner aussieht
Ⓑ weil sie dann noch schneller nachwächst
Ⓒ weil das nur die Kosmetikerin darf
Ⓓ weil Sie die Matrix vor dem Eindringen von Schmutz und Bakterien schützt

Entstehung des Haares

1. **Wann entsteht das erste Haarkleid des Menschen?**

   Ⓐ im ersten Monat der Schwangerschaft
   Ⓑ im 3. Schwangerschaftsmonat
   Ⓒ bei der Geburt
   Ⓓ nach dem ersten Lebensjahr
   Ⓔ in der Pubertät

2. **Wie nennt man das erste Haarkleid des Menschen?**

   Ⓐ Lanugohaar
   Ⓑ Vellushaar
   Ⓒ Borstenhaar
   Ⓓ Sekundärhaar
   Ⓔ Terminalhaar

3. **Unter Lanugohaar versteht man:**

   Ⓐ Kopfhaar
   Ⓑ Barthaar
   Ⓒ Achselhaar
   Ⓓ Brusthaar
   Ⓔ Wollhaar

4. **Erklären Sie die Entstehung der Haare des Kindes (Fötus) im Mutterleib.
   Die folgenden Abbildungen sollen Ihnen dabei helfen.**

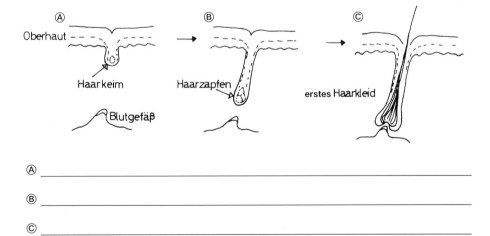

Ⓐ _____

Ⓑ _____

Ⓒ _____

_____

3

5. **Das Haar ist aus drei** Schichten **aufgebaut. Kreuzen Sie die richtigen Bezeichnungen der Schichten des Haares an:**

   Ⓐ   Schuppenschicht, Lederhaut, Mark
   Ⓑ   Cuticula, Corium, Cortex
   Ⓒ   Schuppenschicht, Faserschicht, Markkanal
   Ⓓ   Wurzel, Länge, Spitze
   Ⓔ   Melanozyten, Matrix, Granula

6. **Welche** Schichten **des Haares kennen Sie?**
   Beschriften Sie die Abbildung:

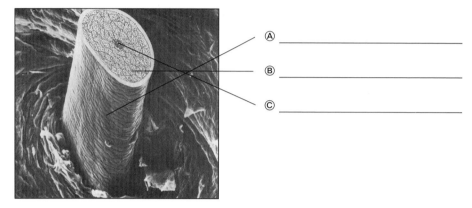

   Ⓐ _____

   Ⓑ _____

   Ⓒ _____

7. **Die** Cuticula **des Haares befindet sich:**

   Ⓐ   im Innern des Haares
   Ⓑ   außen und ist die Schutzschicht des Haares
   Ⓒ   unter der Faserschicht
   Ⓓ   unter der Markschicht des Haares
   Ⓔ   in der Kopfhaut

8. **Welche Aufgabe hat die** Cuticula **des Haares? Sie:**

   Ⓐ   beinhaltet Pigmente
   Ⓑ   schützt das Haar
   Ⓒ   verhindert das Austrocknen
   Ⓓ   gibt dem Haar Elastizität
   Ⓔ   hat keine besonderen Aufgaben

9. **Welche Aussage ist falsch? Beim** Toupieren**:**

   Ⓐ   werden Haare mit dem Kamm in Richtung Ansatz geschoben
   Ⓑ   „verhaken" die Schuppenränder der Cuticula miteinander
   Ⓒ   „verhaken" die Fasern der Cortex miteinander
   Ⓓ   wird der Frisur mehr Volumen und Stand gegeben

Aufbau des Haares – *Schichten des Haares*

10. **Warum nennt man die** Schuppenschicht **auch die Schutzschicht des Haares?**

_____

_____

_____

3

11. **Wie ist der** Faserstamm **aufgebaut?**

Ⓐ aus schwammigen Zellen
Ⓑ aus Schüppchen
Ⓒ aus durchsichtigen Zellen
Ⓓ aus Elastinfasern
Ⓔ aus Längskabeln

12. **Wie nennt man die kleinsten Bestandteile der** Faserschicht**?**

Ⓐ Peptidspirale
Ⓑ Helix
Ⓒ Protofibrillen
Ⓓ Mikrofibrillen
Ⓔ Makrofibrillen

13. **Wodurch wird die** Peptidspirale **in sich gefestigt?**
    Durch:

Ⓐ Fasern
Ⓑ Brücken
Ⓒ Bänder
Ⓓ Kabel
Ⓔ Zapfen

14. **In welcher Haarschicht befinden sich die** Pigmente**?**
    In der:

Ⓐ Schuppenschicht
Ⓑ Faserschicht
Ⓒ Markschicht

15. **Glattes Haar unterscheidet sich in seinem Aufbau von krausem Haar.**
    Welche Schicht **ist bei naturkrausem Haar verändert?**

Ⓐ Cuticula
Ⓑ Medulla
Ⓒ Cortex
Ⓓ Corium
Ⓔ Subcutis

3

16. **Haare wachsen immer wieder nach und erneuern sich. Wie lange kann ein einzelnes Haar im Durchschnitt wachsen?**

   Ⓐ so lange wie der jeweilige Mensch lebt
   Ⓑ in der Pubertät findet ein Wechsel statt
   Ⓒ jeweils sechs Monate, im Frühjahr und im Herbst fallen die Haare aus
   Ⓓ ca. 10–15 Jahre
   Ⓔ ca. fünf Jahre

17. **Beschreiben Sie den Aufbau der Längskabel in der** Faserschicht.

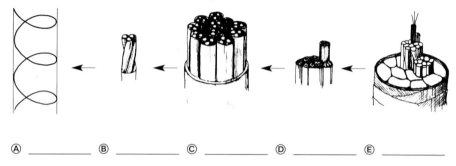

   Ⓐ _____   Ⓑ _____   Ⓒ _____   Ⓓ _____   Ⓔ _____

18. **Nennen Sie die Brücken, die für die Festigung der** Peptidspirale **verantwortlich sind.**

_____

19. **Zeichnen Sie die Brücken, die für die Festigung der** Peptidspirale **verantwortlich sind, in die Abbildung ein.**

20. **Worin liegt der Unterschied zwischen** Primärbehaarung **und** Sekundärbehaarung?

_____

Aufbau des Haares – *Der Haarfollikel*

21. **Das Haar in der Haut: unter dem Mikroskop könnten Sie die Teile wie in der folgenden Zeichnung betrachten. Beschriften Sie die Abbildung.**

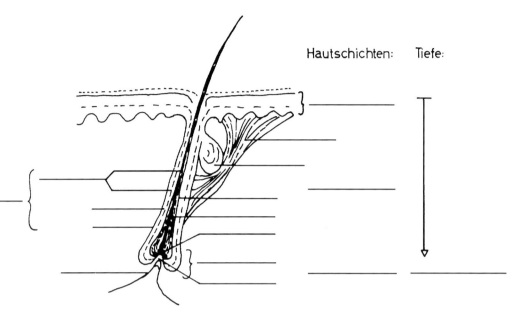

Hautschichten: Tiefe:

3

22. **Aus welchen Schichten setzt sich der Haarfollikel zusammen?**
    - Ⓐ innere und äußere Wurzelscheiden, Glashaut, Haarbalg
    - Ⓑ äußere Wurzelscheide, Glashaut, Haarzwiebel
    - Ⓒ Glashaut, innere Wurzelscheide, Haarpapille, Haaraufrichtemuskel
    - Ⓓ Haarzwiebel, Haarwurzel, Haarbalg
    - Ⓔ Haarbalg, innere und äußere Wurzelscheide, Matrixzellen

23. **Wie nennt man die Zellen oberhalb der Haarpapille?**
    - Ⓐ Epithelzellen
    - Ⓑ Muskelzellen
    - Ⓒ Matrixzellen
    - Ⓓ Basalzellen
    - Ⓔ Nervenzellen

24. **Welche Aufgabe hat der Haaraufrichtemuskel?**
    Kreuzen Sie die zwei richtigen Antworten an:
    - Ⓐ Er richtet das Haar auf.
    - Ⓑ Er beeinflusst den Haarwuchs.
    - Ⓒ Er ist verantwortlich für die Gänsehaut.
    - Ⓓ Er kräftigt das Haar.
    - Ⓔ Er ist für die Beweglichkeit des Haares zuständig.

3

25. **In welche drei Hautschichten ist die Haarwurzel eingebettet?**

   Ⓐ Hornschicht, Lederhaut, Unterhautfettgewebe
   Ⓑ Stachelzellenschicht, Oberhaut, Leuchtschicht
   Ⓒ Oberhaut, Markkanal, Unterhautfettgewebe
   Ⓓ Schuppenschicht, Faserschicht, Mark
   Ⓔ Epidermis, Corium, Subcutis

26. **Eine wesentliche Schutzfunktion der Haut wird durch die Talgdrüsen gewähr-leistet. Wieviel Gramm Talg werden täglich von den Talgdrüsen ausgeschieden?**

   Ⓐ 1 g am Kopf und 1 g am gesamten Körper
   Ⓑ 2 g am Kopf und 3 g am gesamten Körper
   Ⓒ 10 g am gesamten Körper
   Ⓓ 1/100 g Talg auf dem Kopf
   Ⓔ kann nicht gemessen werden

27. **Wie nennt man die Überfunktion der Talgdrüsen?**

   Ⓐ Sebostase   Ⓓ Seborrhoe
   Ⓑ apokrin   Ⓔ Melanozyt
   Ⓒ Seborrin

28. **Bei der Kopfhautanalyse kann die Talgbeschaffenheit wichtige Hinweise geben. Wie ist die Beschaffenheit des Talges bei einer Seborrhoe sicca?**

   Ⓐ ölig   Ⓓ wachsartig
   Ⓑ fest   Ⓔ kristallin
   Ⓒ flüssig

29. **Sebostase ist der Fachbegriff für eine Talgdrüsenunterfunktion. Wie äußert sich die Sebostase?**

   Ⓐ gar nicht
   Ⓑ Haar und Kopfhaut sind fettig.
   Ⓒ Haar und Kopfhaut sind schuppig.
   Ⓓ Haar und Kopfhaut sind trocken.
   Ⓔ führt zu Haarausfall

30. **Welche Aufgaben haben die Schweißdrüsen?**

   Ⓐ fetten Haut und Haar ein
   Ⓑ sorgen für einen Temperaturausgleich des Körpers
   Ⓒ machen Haut und Haare geschmeidig
   Ⓓ verhindern das Austocknen des Körpers

31. **Ab welchem Alter kommt es zum typischen Körpergeruch beim Schwitzen?**

   Ⓐ ab der Pubertät
   Ⓑ ab der Geburt
   Ⓒ nach den Wechseljahren

Aufbau des Haares – *Haar und Kopfhaut*

32. Jeder Mensch riecht anders. Welche Drüse ist dafür verantwortlich?

- Ⓐ Schweißdrüse
- Ⓑ Duftdrüse
- Ⓒ Talgdrüse
- Ⓓ Schilddrüse
- Ⓔ Lymphdrüse

33. Der Haarschaft besteht aus:

- Ⓐ Spitze, Länge, Haarwurzel
- Ⓑ Spitze, Faserschicht, Papille
- Ⓒ Ansatz, Nachwuchs, Länge
- Ⓓ Cuticula, Cortex, Medulla
- Ⓔ Ansatz, Länge, Spitze

34. Welche zwei Arten von Seborrhoe werden unterschieden? Beschreiben Sie die typischen Merkmale.

Fachbegriff	Beschreibung

35. Erklären Sie den Unterschied zwischen Schweißdrüsen und Duftdrüsen. Die Abbildung soll Ihnen behilflich sein.

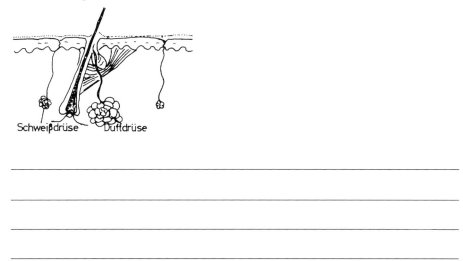

Schweißdrüse   Duftdrüse

_____

_____

_____

_____

_____

3

Aufbau des Haares – *Natürliche Haarfarbe und Ergrauung des Haares*

36. An welchem Ort in der Haut entsteht die natürliche Haarfarbe?

Ⓐ im Haarfollikel
Ⓑ am Haaransatz
Ⓒ in den Matrixzellen
Ⓓ in den Melanozyten
Ⓔ in den Keratinozyten

3

37. Die Pigmentmenge in den Haaren verringert sich mit zunehmendem Alter. Worin liegt die Ursache für eine nachlassende Pigmentbildung im Verlauf des Lebens?

Ⓐ Veränderung der Melanozyten
Ⓑ Verlust von Keratinozyten
Ⓒ Haarwechsel
Ⓓ Durchblutungsstörungen
Ⓔ Haarausfall

38. Erklären Sie, wo die natürliche Haarfarbe entsteht.
Die Abbildung der Haarpapille soll Ihnen helfen.

_____

_____

_____

_____

39. In dieser Abbildung sehen Sie eine Farbbildungszelle zwischen den Mutterzellen, die für die Zellteilung verantwortlich ist. Tragen Sie die Fachbegriffe ein:
Ausläufer der Melanozyten, Granula, Matrixzellen, Melanozyt

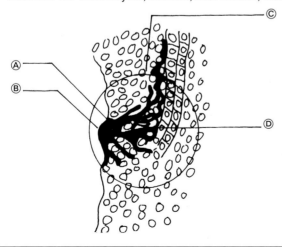

Aufbau des Haares – *Natürliche Haarfarbe und Ergrauung des Haares*

40. Die Haarfarbe **entsteht durch verschiedene** Pigmente.
Welche Pigmentarten befinden sich im Haar?

Ⓐ grau/gelb, rot/violett
Ⓑ grün/braun, orange/rot
Ⓒ grau/schwarz, türkis/blau
Ⓓ grau/rot, braun/gelb
Ⓔ grau/braun, gelb/rot

41. Wie entsteht die Farbrichtung **des Haares?**

Ⓐ durch die Mischung der Eumelanine und Phäomelanine
Ⓑ durch die Anzahl der Pigmente im Haar
Ⓒ durch die Anzahl der Eumelanine
Ⓓ durch die Anzahl der Phäomelanine
Ⓔ durch eine größere Anzahl Eumelanine als Phäomelanine im Haar

42. Sie stellen fest: Eine Kundin hat eine hellblonde Haarfarbe.
Welche Aussage ist richtig?

Ⓐ Es befinden sich sehr viele Pigmente im Haar.
Ⓑ Es befinden sich sehr wenig Pigmente im Haar.
Ⓒ Die Eumelanine sind dafür verantwortlich.
Ⓓ Es befinden sich mehr Phäomelanine als Eumelanine im Haar.
Ⓔ Die Anzahl der Pigmente ist unwesentlich für die Farbrichtung.

43. Die Haarfarbe **wird bestimmt duch die** Farbtiefe **und** Farbrichtung.
Erklären Sie die beiden Fachbegriffe.

Farbtiefe: _____

_____

Farbrichtung: _____

_____

44. Eine Kundin hat eine kupferrote Haarfarbe. **Welche Aussage ist falsch?**

Ⓐ Natürlich vorkommendes kupferrotes Haar ist selten.
Ⓑ Es befinden sich bei Rothaarigen mehr Haare auf dem Kopf.
Ⓒ Eumelanine sind kaum enthalten.
Ⓓ Bei rotem Haar kann man die Farbtiefe nur schwer feststellen.
Ⓔ Es befinden sich sehr viele Pigmente im Haar.

45. Wie setzt sich die natürliche Haarfarbe **zusammen?**
Kreuzen Sie die zwei richtigen Antworten an.

Ⓐ aus der Farbrichtung und Farbtiefe des Haares
Ⓑ nur aus der Anzahl der Pigmente im Haar
Ⓒ durch das Mischungsverhältnis der Pigmente
Ⓓ durch die Anzahl der grau/braunen Pigmente
Ⓔ durch die Anzahl der gelb/roten Pigmente

46. Wie können Sie bandförmiges **Haar feststellen?**

Ⓐ durch längeres Betrachten der Haare
Ⓑ durch Fühlen mit den Händen
Ⓒ durch Feststellen des Durchmessers mit einem Haardickenmessgerät
Ⓓ durch Messungen des Haares, einmal plan und einmal mit einer Schlinge
Ⓔ bandförmiges Haar kann man nur durch eine Haaranalyse feststellen

47. Welchen Vorteil haben Haare **mit einem runden** Durchmesser **gegenüber Haaren mit einem ovalen Durchmesser?**

Ⓐ Sie wachsen schneller als andere.
Ⓑ Man kann sie leichter dauerwellen.
Ⓒ Ihre Widerstandsfähigkeit ist größer als bei ovalem Haar.
Ⓓ Dies sind meist schlichte, glatte Haare.
Ⓔ Ein runder Durchmesser sagt nichts über das Haar aus.

48. Wie kann man stark elektrisch geladene Haare entladen?

Ⓐ durch häufiges Bürsten
Ⓑ durch anionische Shampoos
Ⓒ durch Pflegemittel mit einer negativen Ladung
Ⓓ durch Packungen mit kationischer Wirkung
Ⓔ durch starkes Austrocknen der Haare

49. Welche Durchmesser **können Haare durchschnittlich aufweisen?**

feines Haar   →   _____ mm

normales Haar   →   _____ mm

dickes Haar   →   _____ mm

50. Welchen Vorteil haben Haare mit einem runden Querschnitt und welchen Nachteil haben Bandhaare? Erklären Sie den Unterschied.

_____

_____

_____

_____

Eigenschaften des Haares

51. Die Schuppenschicht ist für den Glanz des Haares verantwortlich. Warum?

Ⓐ weil die Schuppenschicht durchscheinend ist

Ⓑ weil die Schüppchen zur Haarspitze hin angeordnet sind

Ⓒ weil die Schuppenlagen weit auseinander liegen

Ⓓ weil die Schüppchen teilweise abgelöst sind

Ⓔ weil die Schuppenkanten bei gesundem Haar wie Prismen wirken

52. Warum ist es möglich, Haare durch eine Wasserwelle in ihrer Form zu verändern?

Ⓐ Haare werden durch die Wickler gedehnt

Ⓑ durch den Aufbau der Cuticula

Ⓒ weil das Haar reversibel ist

Ⓓ es werden Wasserstoffbrücken beim Anfeuchten gelöst

Ⓔ durch die Trennung der Schwefelbrücken

3

**53. Der Zustand des Haares bestimmt auch, ob es glänzt oder nicht.
Erklären Sie mit Hilfe der Zeichnung den Glanz des Haares.**

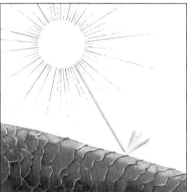

54. Nennen Sie die ungefähre Dehnungslänge eines Haares, bevor es reißt (in Prozent).

maximale Dehnbarkeit bei trockenem Haar (in Prozent):

_____

maximale Dehnbarkeit bei nassem Haar (in Prozent):

_____

maximale Dehnbarkeit bei blondiertem Haar (in Prozent):

_____

_____

3

55. **Wie groß ist die Reißfestigkeit der Haare im Durchschnitt? Geben Sie an, wie schwer ein Gewicht sein muss, damit ein Haar reißt.**

maximale Reißfestigkeit bei gesundem Haar   _____ g

maximale Reißfestigkeit bei dauergewelltem Haar   _____ g

maximale Reißfestigkeit bei blondiertem Haar   _____ g

56. **Das Haar ist hygroskopisch. Welche Aussage ist falsch?**

   Ⓐ   Die Haarstruktur beeinflusst die Hygroskopizität.
   Ⓑ   Es findet eine Verlängerung der Haare um 2% statt.
   Ⓒ   Dadurch quillt das Haar auf.
   Ⓓ   Das Haar ist wasseranziehend.
   Ⓔ   Das Haar leitet Wasser durch seine inneren Hohlräume weiter.

57. **Bei der Dauerwelle ist die Durchfeuchtung mit dem Wellmittel und dem Fixiermittel sehr wichtig. Warum ist es möglich, dass dauerwellgewickeltes Haar bis zur Haarspitze durchgefeuchtet werden kann?**

   Ⓐ   durch die Kapillarwirkung des Haares
   Ⓑ   durch die Hygroskopizität des Haares
   Ⓒ   durch die Plastizität der Haarstruktur
   Ⓓ   das Dauerwellmittel dringt überall ein

58. **Haare können Wasser leiten. Erklären Sie, warum dies möglich ist. Die Abbildung soll Ihnen dabei behilflich sein.**

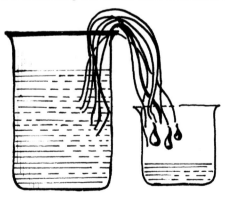

_____

_____

_____

Aufgaben des Haares und Haararten

59. Kreuzen Sie die vier richtigen Antworten an.
Unter Langhaaren versteht man:

Ⓐ Kopfhaar
Ⓑ Barthaar
Ⓒ Achselhaar
Ⓓ Brusthaar
Ⓔ Wollhaar

60. Welche Haare des Körpers sind Borstenhaare?

Ⓐ Barthaar
Ⓑ Wimpern und Augenbrauen
Ⓒ Achselhaar
Ⓓ Beinbehaarung
Ⓔ Kopfhaar

61. Welche Schutzfunktion üben die Augenbrauen und Wimpern aus?

Ⓐ Sie sollen die Augen schöner machen.
Ⓑ Sie verhindern, dass die Augen verletzt werden.
Ⓒ Sie sollen verhindern, dass Schweiß und Staub in die Augen gelangen.
Ⓓ Die Augenbrauen sind nicht unbedingt notwendig, die Wimpern braucht man zum Wimperntuschen.
Ⓔ Durch die dekorative Kosmetik kann man sie verschönern und dadurch von Mängeln des Gesichtes ablenken.

62. Die Kopfhaare des Menschen haben zwei wichtige Funktionen: Zum einem sind sie mitverantwortlich für unser seelisches Gleichgewicht und zum anderen sollen sie Kälte- und Hitzeeinwirkung mildern.
Welche zwei Funktionen sind hier gemeint?

_____

_____

63. Die Zellen oberhalb der Haarpapille sind für das Wachstum des Haares verantwortlich. Die Zellen heißen:

Ⓐ Basalzellen
Ⓑ Stachelzellen
Ⓒ Matrixzellen
Ⓓ Melanozyten
Ⓔ Körnerzellen

64. Warum münden Kapillare (feinste Blutgefäße) in die Haarpapille?

Ⓐ um die Mutterzellen mit Nährstoffen zu versorgen
Ⓑ damit die Papille gut durchblutet ist
Ⓒ um die Papille zu wärmen
Ⓓ sorgen für den Temperaturausgleich
Ⓔ um dort eine Schlinge bilden zu können

3

65. Beschriften Sie die Abbildung der Haarpapille.

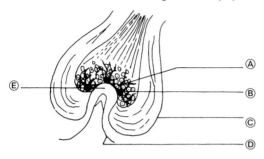

66. Die Haarwurzel hat eine Verdickung am unterem Ende, die man Haarzwiebel nennt. Hat diese Verdickung eine Bedeutung?
Wenn ja, welche?

67. Die Abbildung der Haut und die Begriffe beschreiben die Bestandteile der Haut. Ordnen Sie den nachstehenden Aussagen die richtige Kennziffer und den richtigen Begriff zu.

Nervenenden, Fettzellen, Schweißdrüse, Duftdrüse, Kapillaren, Haarbalgmuskel, Talgdrüse, Oberhaut, Säureschutzmantel

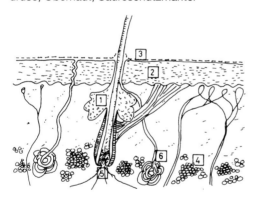

Aussagen	Kennziffer	Begriff
sind in der untersten Hautschicht	=	
schützt die Haut vor Bakterien	=	
äußere Hauptschicht der Haut	=	
fettet Haut und Haar	=	
nähren das Haar	=	
mündet in den Haarbalg	=	

Wachstum des Haares – *Natürlicher Haarwechsel*

68. **Wie lange dauert die Übergangsphase beim** Haarwechsel**?**

   Ⓐ   ca. ein Jahr
   Ⓑ   ca. 2–4 Wochen
   Ⓒ   ca. 3–6 Monate
   Ⓓ   ca. zwei Tage
   Ⓔ   ca. eine Stunde

69. **Warum nennt man das Haar in der** Anagenphase „Papillarhaar"**?**

   Ⓐ   weil es nicht mehr ernährt wird
   Ⓑ   weil sich das Haar ständig erneuert
   Ⓒ   weil das Haar sich von der Papille löst
   Ⓓ   weil sich das Haar aus dem Follikel schiebt
   Ⓔ   weil das Haar von der Papille ernährt wird

70. **Wie sieht das Haar in der** Telogenphase **aus?**

   Ⓐ   Es verjüngt sich zur Wurzel hin.
   Ⓑ   Es sieht aus wie ein Komma.
   Ⓒ   Es befinden sich noch Reste der Haarwurzel daran.
   Ⓓ   Es hat am unteren Ende eine Verdickung.
   Ⓔ   Es hat eine faserige Form.

71. **Wie viele Haare hat ein Mensch durchschnittlich auf dem Kopf?**

   Ⓐ   1 000–2 000
   Ⓑ   1 000 000–2 000 000
   Ⓒ   80 000–120 000
   Ⓓ   3 000–5 000
   Ⓔ   1 000 000 000

72. **Kreuzen Sie die richtige Antwort an. Wenn man dicke Haare hat, dann:**

   Ⓐ   hat man zahlenmäßig mehr Haare auf dem Kopf
   Ⓑ   hat man zahlenmäßig weniger Haare auf dem Kopf und ist meist dunkelhaarig
   Ⓒ   hat man meist helle Haare
   Ⓓ   hat man naturkrauses Haar
   Ⓔ   kommt man aus Nordeuropa

3

73. Das Haar besteht aus dem speziellen Protein (Eiweiß) „Keratin". Nennen Sie die Elemente des Haarkeratins. Schreiben Sie den jeweiligen Prozent-Anteil dazu.

_____ _____ %

_____ _____ %

_____ _____ %

_____ _____ %

_____ _____ %

74. Beim natürlichen Haarwechsel können mehrere Phasen unterschieden werden. In welchen Phasen befinden sich die Haare? Beschriften Sie die Abbildung.

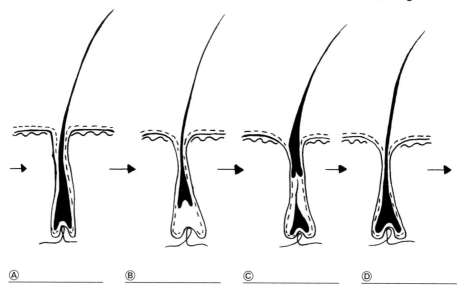

Ⓐ _____   Ⓑ _____   Ⓒ _____   Ⓓ _____

Haarausfall

75. Haarausfall: **Wenn mehr Haare ausfallen als nachwachsen, dann kommt nicht als Ursache in Frage:**

Ⓐ hormonelle Einflüsse
Ⓑ zu viele männliche Hormone
Ⓒ zu viele Östrogene im Körper
Ⓓ Anti-Baby-Pille
Ⓔ Strahlenschäden nach einer Krebsbehandlung

76. Was bedeutet die Bezeichnung „irreversible Veränderung der Haarmenge**"? Erklären Sie den Begriff „irreversibel" und nennen Sie ein Beispiel.**

77. Wie erkennen Sie eine Alopecia areata **bei einem Kunden?**

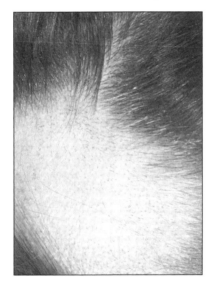

Ⓐ auf dem Kopf sind wenig Haare
Ⓑ durch kreisförmige Kahlstellen auf dem Kopf
Ⓒ Geheimratsecken bilden eine hohe Stirn
Ⓓ der Kunde hat keine Haare mehr

78. Erklären Sie folgende Begriffe zum Thema Haarausfall**.**

– androgenetischer Haarausfall: _____

– diffuser Haarausfall: _____

– Alopecia areata: _____

3

79. **Entscheiden Sie, ob die nachstehenden Behauptungen zum Thema** Haarausfall
jeweils richtig oder falsch sind. Kreuzen Sie an.

Behauptungen	richtig	falsch
Wenn Haare ausfallen, ist dies immer ein Alarm-zeichen dafür, dass man eine Glatze bekommt.		
Ein Haarausfall von täglich rund 40 bis 100 Haaren ist als normal anzusehen.		
Die Glatze wird durch die Kombination von Erbanlagen und einem Übermaß an männlichen Hormonen verursacht.		
Eine Glatzenbildung kündigt sich an durch vermehrten Haarausfall und Lichtung der Haare an Stirn und Schläfen (Geheimratsecken).		
Eine Glatze ist nicht zu verhindern.		
Gegen Glatzenbildung helfen Haarwässer sehr gut.		
Haarausfälle, die durch Einnahme von Medikamen-ten hervorgerufen wurden, bessern sich meist, wenn das Medikament wieder abgesetzt wird.		
Kreisförmiger Haarausfall kann zur völligen Kahlheit führen.		

80. **Eine Kundin kommt zu Ihnen und schildert folgendes Problem: „Ich habe den Ein-druck, dass ich in letzter Zeit vermehrt** Haarausfall **habe! Bekomme ich jetzt eine Glatze?" Welche weiteren Fragen stellen Sie der Kundin, um eine genaue Diagno-se erstellen zu können? Nennen Sie mindestens drei Fragen.**

_____

_____

_____

_____

_____

_____

Haarausfall

81. Erklären Sie der Kundin den Unterschied zwischen Haarausfall **und** Haarwechsel.

_____

_____

_____

_____

3

Haaranomalien

82. Wodurch kann Ihrer Meinung nach kein Haarspliss **entstehen?**

Ⓐ durch eine Dauerwelle
Ⓑ durch häufiges Toupieren der Haare
Ⓒ durch Scheuern von schulterlangem Haar an der Kleidung
Ⓓ durch häufiges Bürsten der Haare
Ⓔ durch die tägliche Haarwäsche

83. Erklären Sie die Ursachen von Haarspliss, Haarknötchen **und** Haarbruch.

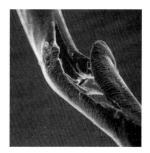

a) Haarspliss   b) Haarknötchen   c) Haarbruch

_____ _____ _____

_____ _____ _____

_____ _____ _____

84. Eine „Haarschaftanomalie" wird verursacht durch eine (krankhafte) Veränderung im Haarwachstum. Beschreiben und zeichnen Sie folgende Haarschaftanomalien.

	Beschreibung	Zeichnung:
gedrehte Haare		
Spindelhaare		
Ringelhaare		

3

85. Um welche Veränderung des Haarschaftes handelt es sich hier?

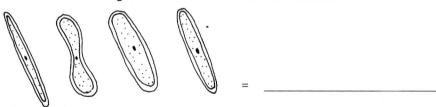

= _____

86. Wenn der Kunde eine ansteckende Pilzerkrankung hat, dann:

- Ⓐ ist das nicht so schlimm
- Ⓑ darf ich ihn nur mit Handschuhen bedienen
- Ⓒ verbietet sich eine Behandlung
- Ⓓ darf eine Behandlung nur in Anwesenheit eines Arztes durchgeführt werden
- Ⓔ verkaufe ich ein gutes Haarwasser

Beratung

1. **Wie sollte die** Atmosphäre **bei der** Beratung von Haarersatz **gestaltet sein? Kreuzen Sie die falschen Antworten an:**

    Ⓐ Die persönliche Beratung sollte möglichst – von außen einsehbar – in der Nähe des offen gestalteten Schaufensters stattfinden.

    Ⓑ Es sollte immer etwas lautere und „rockige" Hintergrundmusik abgespielt werden, damit der Kunde seine persönlichen Bedenken und Vorurteile leichter „über die Lippen bringen" kann.

    Ⓒ Der Beratungsplatz sollte nicht von anderen Kunden eingesehen werden können, weil viele Kunden Haarersatz als einen Teil ihrer Intimsphäre bewerten.

    Ⓓ Dem Kunden sollte, nachdem er Platz genommen hat, zunächst ein Getränk angeboten werden, um eine aufgelockerte Atmosphäre zu schaffen.

    Ⓔ Für einen Kunden mit Interesse an einem Toupet ist die Beratung angenehmer, wenn er zwischen jungen und attraktiven Kundinnen platziert wird.

    Ⓕ Bei der Zielgruppe für Haarersatz handelt es sich meistens nur um jugendliche Kunden.

    Ⓖ Oft ist dem Bedarf an Haarersatz ein schweres persönliches Schicksal, z. B. eine Krebserkrankung mit Chemotherapie vorangegangen. Deshalb sollte man einen abgetrennten Behandlungsplatz wählen, bei dem sichergestellt ist, dass keiner mithören kann.

    Ⓗ Die „Dienstleistung Haarersatz" wird häufiger von vorbeigehenden Passanten nachgefragt, wenn die persönliche Beratung der Kunden immer direkt hinter dem offen gestalteten Schaufenster erfolgt.

2. **Gegenüber** Haarersatz **bestehen häufig** Vorurteile. **Nennen Sie stichwortartig verschiedene Gegenargumente einer Friseurin.**

    _____

    _____

    _____

    _____

3. **Kreuzen Sie die** <u>falsche</u> **Begründung an: Man sollte einem Neukunden die** Vorteile von Haarersatz **nicht nur mündlich mitteilen, sondern ihm den Haarersatz auch in die Hand geben und die Wirkung am eigenen Kopf zeigen, weil:**

    Ⓐ sich der Kunde dann mit mehreren Sinnen mit dem ihm noch fremden Gegenstand „anfreunden" kann

    Ⓑ der Kunde dann den Haarersatz und dessen feinen Aufbau ansehen kann

    Ⓒ der Kunde dann das Toupet mit den Händen fühlen kann (z. B. das Haar und die dünne Montur tasten und das geringe Gewicht in der Hand „wiegen")

    Ⓓ der Wunsch des Kunden nach einer natürlichen und attraktiven Frisur vermindert wird

    Ⓔ sich der Kunde dann von der Qualität des Haarersatzes überzeugen kann

    Ⓕ sich der Kunde dann evtl. an frühere Zeiten mit dem entsprechenden Haarwuchs erinnert und sein attraktiveres und jüngeres Aussehen mit Haarersatz erkennt

    Ⓖ sich der Kunde dann intensiv mit Haarersatz auseinandersetzen und evtl. Vorurteile abbauen kann

4

4. **Kreuzen Sie die falsche Aussage zum** Einsatz von Haarergänzungen **an:**

Ⓐ Haarergänzungen bieten zusätzliche Möglichkeiten der Frisurenvariation, z. B. in Bezug auf die Haarlänge (der Traum von langen Haaren).

Ⓑ Haarergänzungen bieten zusätzliche Möglichkeiten der Frisurenvariation, z. B. in Bezug auf die Haarfarbe durch abwechselndes Einarbeiten hellerer und dunkler Strähnen.

Ⓒ Im Prinzip können alle Kunden bzw. Zielgruppen angesprochen werden.

Ⓓ Kunden mit kurzen Haaren können mit Haarergänzungen Langhaarfrisuren tragen.

Ⓔ Es dürfen nur sehr junge Kunden auf Haarergänzungen angesprochen werden.

Ⓕ Kunden mit schütterem Haar können mit Haarergänzungen voluminöse Frisuren tragen.

4

5. **Welche** Arten von Haarersatz oder Haarergänzungen **dürfen in einem Friseurgeschäft nicht angeboten werden?**

Ⓐ Toupets   Ⓔ Haarergänzungen zur Haarverdichtung

Ⓑ Perücken   Ⓕ Haartransplantationen

Ⓒ Haarersatzteile   Ⓖ Haarteile

Ⓓ Haarimplantationen   Ⓗ Haarergänzungen zur Haarverlängerung

6. **Kreuzen Sie die falsche Antwort an.** Haarersatzteile:

Ⓐ sollen fehlendes Eigenhaar ersetzen, z. B. bei einer Alopezie, nach einer Chemotherapie oder als Zweitfrisur

Ⓑ sollen die Frisur erweitern, z. B. durch mehr Volumen/Haarverdichtung, längeres Haar/Haarverlängerung

Ⓒ werden nur in Friseurgeschäften verkauft, die „von gestern" sind, denn für Haarersatz gibt es keine Kundschaft

Ⓓ haben manchmal eine rein dekorative oder schmückende Funktion, z. B. als Theater- oder Karnevalsperücken

Haarersatzarten

7. **Ordnen Sie durch Linien die** Perückenarten **richtig zu:**

Karnevalsperücken | überdecken das gesamte (ggf. fehlende) Eigenhaar. Sie bestehen aus Echt- oder Synthetikhaar.

Vollperücken | z. B. für die Zeitepoche Barock oder für Richterperücken, bestehen oft aus Tierhaar (Angora- oder Büffelhaar).

Halbperücken | werden bei einem besonderen jahreszeitlichen Anlass in kräftigen Farben getragen.

Theaterperücken | sollen nur einen Teilbereich des Kopfes ersetzen, an dem das Eigenhaar fehlt, z. B. einen hohen Haaransatz im Stirnbereich oder einen lichten Haarbestand am Oberkopfbereich.

4

8. **Welche Aussage ist falsch?** Toupets:

    Ⓐ sind als Haarersatzteile für die männliche Kundschaft bekannt
    Ⓑ sind genau genommen eine haartechnische Lösung mit entsprechender Haarlänge, sodass sie auch Frauen tragen können
    Ⓒ sollen fehlendes Eigenhaar, z. B. Kahlstellen am Oberkopf, ersetzen
    Ⓓ sind vor allem als Haarersatzteile für Kundinnen bekannt
    Ⓔ sollen fehlendes Eigenhaar, z. B. Kahlstellen am Vorderkopf, ersetzen

9. **Nennen Sie Möglichkeiten der Befestigung von Haarersatz und von Haarergänzungen.**

    _____

    _____

    _____

    _____

    _____

    _____

    _____

    _____

    _____

10. Haarersatz **wird nur noch selten im Friseurgeschäft hergestellt. Warum sind trotz-dem Kenntnisse zu den Werkstoffen wichtig? Kreuzen Sie die <u>falsche</u> Antwort an. Eine Friseurin sollte:**

Ⓐ die Vorteile der jeweiligen Werkstoffe des Haarersatzes beurteilen können
Ⓑ in Bezug auf die Haarart und Herstellungstechnik Empfehlungen geben können
Ⓒ Haarteile in Bezug auf die Werkstoffe fachgerecht reinigen und pflegen können
Ⓓ kleine Reparaturen am Haarersatz fachgerecht durchführen können
Ⓔ Kenntnisse zum Überrumpeln des Kunden beim Kauf von Haarersatz nutzen können

11. **Kreuzen Sie die zwei richtigen Antworten an.** Wirrhaar:

Ⓐ ist ausgekämmtes und verknotetes Frauenhaar
Ⓑ ist abgeschnittenes Haar; Spitzen und Kopfenden liegen geordnet
Ⓒ benötigt eine einfache Präparation
Ⓓ muss vor der Verarbeitung präpariert werden
Ⓔ ist das gleiche wie Schnitthaar

12. **Kreuzen Sie die zwei richtigen Antworten an.** Schnitthaar:

Ⓐ ist ausgekämmtes und verknotetes Frauenhaar
Ⓑ ist abgeschnittenes Haar, Spitzen und Kopfenden liegen geordnet
Ⓒ benötigt eine einfache Präparation
Ⓓ muss vor der Verarbeitung präpariert werden
Ⓔ ist das gleiche wie Wirrhaar

13. **In welcher Reihenfolge wird eine** Wirrhaarpräparation **durchgeführt? Ordnen Sie die sechs Arbeitsschritte.**

_____ Bündeln
_____ Entwirren
_____ Hecheln
_____ Längenziehen
_____ Stumpfziehen
_____ Zupfen

14. **In welcher Reihenfolge wird eine** Schnitthaarpräparation **durchgeführt? Ordnen Sie die Arbeitsschritte.**

_____ Bündeln
_____ Hecheln
_____ Langziehen
_____ Stumpfziehen

Werkstoffe für Haarersatz

15. **Ergänzen Sie die Tabelle zu den Haararten aus** Echthaar **(Menschenhaar/Human-haar), die für Haarersatz verwendet werden.**

Haarart	Herkunft	Beschreibung (Struktur, Form-, Farb- und Feuchtigkeitsverhalten)	Besonder-heiten
europäi-sches Haar, naturbelas-sen oder behandelt (Eurohaar)			
asiatisches Haar			

16. **Ergänzen Sie die Tabelle zu den Haararten aus** Tierhaar**, die für Haarersatz ver-wendet werden.**

Haarart	Herkunft	Beschreibung (Struktur, Form-, Farb- und Feuchtigkeitsverhalten)	Besonder-heiten
Büffelhaar			
Angorahaar			

4

17. Ergänzen Sie die Tabelle zu Synthetikhaar**, das für Haarersatz verwendet wird.**

Herkunft	Beschreibung (Struktur, Form-, Farb- und Feuchtigkeitsverhalten)	Besonder-heiten
meistens Acryl-fasern, z. B. Mod-acryl und Polymer-fasern		

18. Welche der folgenden Techniken wird <u>nicht</u> für die Herstellung von Haararbeiten **angewendet?**

- Ⓐ Tressieren
- Ⓑ Dauerwellen
- Ⓒ Knüpfen
- Ⓓ Einstechen und Verkleben der Haare in eine Montur

19. Kreuzen Sie die <u>falsche</u> Aussage an. Folientoupets**:**

- Ⓐ werden mit Hilfe der Klebetechnik hergestellt
- Ⓑ bestehen aus einer feinlöchrigen Montur, in die Haare eingestochen oder einge-knüpft worden sind
- Ⓒ wirken sehr unnatürlich
- Ⓓ wirken sehr natürlich

F 4.4

HAARERSATZ UND HAARERGÄNZUNGEN

Haarersatzpflege

20. Haarersatz **muss unabhängig von der Haarart regelmäßig gereinigt werden. Kreuzen Sie die <u>falsche</u> Begründung an.**

- Ⓐ Haarersatzteile, deren Montur direkt mit der Kopfhaut in Kontakt ist, werden – wie Eigenhaar auch – von Schweiß und Talg verunreinigt.
- Ⓑ Der Haarersatz wird wie natürliches Haar auch von Staub verunreinigt.
- Ⓒ Der Haarersatz wird sehr viel schneller von Schweiß, Talg und von Staub verunrei-nigt als Eigenhaar.
- Ⓓ Es können Klebemittelreste vorhanden sein.

Haarersatzpflege

21. Wie erfolgt die Nassreinigung **eines Haarersatzes aus Synthetikhaar?**

_____

_____

_____

22. Wie erfolgt die Nassreinigung **eines Haarersatzes aus Echthaar?**

_____

_____

_____

4

23. Im Anschluss an die Nassreinigung sollte der Haarersatz mit einer speziellen Pflegeemulsion **behandelt werden. Welche Effekte erreicht man bei Haarersatz aus** Echthaar**?**

Ⓐ   Der Effekt ist mit einer Säurespülung und Pflegepackung vergleichbar.
Ⓑ   Das Echthaar ist anschließend besser kämmbar.
Ⓒ   Das Echthaar ist anschließend schlechter kämmbar.
Ⓓ   Die Gefahr des Verfilzens der Echthaare wird verringert.
Ⓔ   Die Gefahr des Verfilzens der Echthaare wird erhöht.

24. Welche formverändernde Behandlung ist bei Haarersatz aus Echthaar **nicht möglich? Es kann:**

Ⓐ   im nassen Zustand in Form gekämmt werden
Ⓑ   mit Volumenwicklern eingelegt und dann an der Luft oder in Trockenkammern getrocknet werden
Ⓒ   nur mit mindestens 145 °C heißem Wasser in Form gekocht werden
Ⓓ   bei maximal 45 °C in Form getrocknet und dann frisiert werden
Ⓔ   mit Dauerwellmitteln langfristig umgeformt werden

25. Welche formverändernden Behandlungen sind bei Haarersatz aus Synthetikhaar **nicht möglich?**

Ⓐ   Verformen durch Erhitzen mit speziellen Metallwicklern
Ⓑ   eine langfristige Umformung mit Dauerwellmitteln
Ⓒ   Verformen durch Erhitzen mit einem speziellen Lockenstab
Ⓓ   an der Luft trocknen lassen und anschließend in Form frisieren

26. **Für die** Reinigung einer Echthaarperücke **sind sechs Arbeitsschritte auszuführen. Ordnen Sie die** Reihenfolge **der Arbeitsschritte.**

_____ Eine spezielle Pflegeemulsion verbessert die Frisierbarkeit des Haares.

_____ Die Reinigung wird mit einem Spezialshampoo durchgeführt. Vorsicht, nicht reiben oder massieren, sonst verfilzen die Haare!

_____ Klebstoffreste und Fett, die an der Innenseite der Montur haften, werden mit Waschbenzin entfernt.

_____ Lange und ausgiebig mit lauwarmem Wasser klarspülen.

_____ Passgenaues Aufspannen auf einem Styroporkopf.

_____ Ausbürsten der Haare in Fallrichtung.

27. **Eine Kundin bringt ihre** Echthaarperücke **zum Einlegen. Wie gehen Sie vor?**

Ⓐ Die Perücke darf nach dem Waschen nur vorsichtig in Form gekämmt werden.

Ⓑ Die Perücke darf nicht gewaschen werden, sie wird nur mit Festiger besprüht und eingelegt.

Ⓒ Eine Echthaarperücke bleibt immer in Form, sie muss nur gekämmt werden.

Ⓓ Die Perücke darf nach dem Waschen wie gewohnt eingelegt und getrocknet werden, die Trockentemperatur darf aber 45 °C nicht überschreiten.

Ⓔ Die gewaschene und eingelegte Perücke muss umbedingt bei über 45 °C getrocknet werden, damit die Umformung haltbar wird.

28. **Was müssen Sie beim Ausfrisieren von** Synthetikhaarperücken **beachten?**

Ⓐ Man darf nie mit Föhn oder Lockenstab arbeiten.

Ⓑ Bei Bedarf wird die Frisur mit Hilfe des Lockenstabes geformt.

Ⓒ Wenn es notwendig ist, darf allenfalls ein Föhn und eine Rundbürste verwendet werden.

Ⓓ Da die Frisur vor und nach dem Waschen bei Synthetikhaar immer gleich ist, muss nur gebürstet werden.

29. **Der Kunde will wissen, ob es möglich ist,** Haarersatz **farblich zu verändern. Kreuzen Sie die** falsche **Aussage an.**

Ⓐ Haarersatz aus Echthaar kann mit Tönung farblich aufgefrischt werden.

Ⓑ Man kann Haarersatz aus Eurohaar mit Oxidationshaarfarben farblich verändern.

Ⓒ Bei asiatischem Haar ist eine oxidative Färbung sehr zufriedenstellend möglich, denn das Haar ist für die Verarbeitung vorbehandelt worden.

Ⓓ Haarersatz aus Echthaar kann nicht mit Tönungsmitteln farblich aufgefrischt werden.

Ⓔ Der farbliche Effekt bei einer Oxidationshaarfärbung von Haarersatz aus asiatischem Echthaar ist ein scheckiges Farbergebnis; das Ergebnis ist vergleichbar mit sehr stark strapaziertem Naturhaar.

Haarergänzungen

30. Welche Effekte können mit Haarergänzungen erzielt werden?

_____

_____

_____

_____

31. Nennen Sie verschiedene Techniken und Befestigungsmethoden für Haarergänzungen.

4

_____

_____

_____

_____

32. Haarergänzungen: Ordnen Sie die Schritte der Technik, bei der jeweils eine einzelne (etwas dickere) Haarsträhne befestigt und die Verbindungsstelle modelliert wird.

Schritt Nr.	Vorgehen
_____	Nun wird die zu befestigende Haarsträhne ausgewählt.
_____	Anschließend wird die Verbindungsstelle mit den Fingern modelliert.
_____	Abschließend erfolgt die Frisurenerstellung, evtl. mit Haarschnitt.
_____	Durch Erwärmung und einen bestimmten Klebstoff wird die Haarsträhne mit dem Eigenhaar verbunden.
_____	Eine Haarsträhne wird herausgewebt.
_____	Ergebnis: Die Haarsträhne aus Echt- oder Synthetikhaar ist fest mit dem Eigenhaar verbunden.
_____	Zuerst werden die Haare abgeteilt.
_____	Um die Haarsträhne wird in Ansatznähe ein Plättchen (z. B. aus Kunststoff) gelegt. Es schützt die umliegenden Haare und ermöglicht ein sauberes Arbeiten.

33. **Haarergänzungen: Ordnen Sie die Schritte der Technik, bei der mehrere (vorgefertigte), relativ dünne Haarsträhnen am Eigenhaar befestigt werden.**

Schritt Nr.　　**Vorgehen**

_____　　　Das elektrische Gerät übt Druck und Wärme auf die Verbindungsstellen (Bondings) aus, sodass der spezielle Kleber im Folienstreifen aktiviert wird.

_____　　　Das Ergebnis sind flache, kaum sichtbare Verbindungsstellen mit mehreren, dünnen Synthetikhaarsträhnen.

_____　　　Die Haarsträhnen sind durch den speziellen Kleber fest miteinander verbunden. Anschließend wird die restliche Folie von den Haaren abgezogen.

_____　　　Der Folienstreifen wird dann auf einen speziellen Kamm gelegt. Darüber wird ausgewebtes Eigenhaar gekämmt.

_____　　　Ein vorgefertigter Folienstreifen ist mit einzelnen, dünnen Haarsträhnen präpariert. Zuerst wird auf einer Seite die Schutzfolie abgezogen.

_____　　　Anschließend wird der Folienstreifen mit dem Eigenhaar und dem Synthetikhaar zwischen ein spezielles elektrisches Gerät gelegt.

34. **Wie lange „hält" eine Haarergänzung?**

Ⓐ　Die Befestigungsstelle wächst allmählich mit dem Eigenhaar heraus. Deshalb werden Haarergänzungen nach einem viertel bis halben Jahr abgelöst.

Ⓑ　Die Befestigungsstelle wächst allmählich mit dem Eigenhaar heraus. Deshalb werden Haarergänzungen nach ein bis zwei Wochen abgelöst.

Ⓒ　Die Befestigungsstelle wächst allmählich mit dem Eigenhaar heraus. Deshalb werden Haarergänzungen nach ein bis zwei Tagen abgelöst.

35. **Kreuzen Sie die falschen Aussagen zur Haartransplantation an.**

Ⓐ　Bei der Haartransplantation wird ein kleiner Hautbereich mit Haarwurzeln vom Haarkranz am Hinterkopf oder Nacken des Patienten entnommen. In die unbehaarten Kopfhautbezirke, z. B. am Vorder- oder Oberkopf, werden kleine Löcher gestanzt, in welche dann diese vorbereiteten Hautbereiche mit Haarwurzeln eingepflanzt werden. Bei der Wundheilung entstehen neue Blutgefäße, die bis in die verpflanzten Hautbezirke reichen und so deren Haarwachstum gewährleisten.

Ⓑ　Die Haartransplantation darf auch von Friseuren durchgeführt werden.

Ⓒ　Bei dieser Methode werden Synthetikhaare in die unbehaarte Kopfhaut des Patienten implantiert/eingestochen.

Ⓓ　Die Haartransplantation ist ein medizinischer Eingriff, der nur von Ärzten, z. B. Dermatologen, durchgeführt werden darf.

Ⓔ　Bei der Haarlappentechnik werden größere behaarte Hautbezirke transplantiert.

36. **Kreuzen Sie die falsche Aussage zur Haarimplantation an.**

Ⓐ　Die Haarimplantation ist ein medizinischer Eingriff, der nur von Ärzten, z. B. Dermatologen, durchgeführt werden darf.

Ⓑ　Bei dieser Methode werden Synthetikhaare in die unbehaarte Kopfhaut des Patienten implantiert/eingestochen.

Ⓒ　Die Haarimplantation darf auch von Friseuren durchgeführt werden.

Unterscheidung physikalischer und chemischer Vorgänge

1. **Das Schneiden von Haaren ist ein** physikalischer Vorgang. **Woran erkennen Sie physikalische Vorgänge im Allgemeinen?**

2. **Das** Dauerwellen **der Haare mit einem Well- und Fixiermittel ist ein** chemischer Vorgang. **Woran erkennen Sie chemische Vorgänge im Allgemeinen?**

3. **Wasser kann verschiedene** Zustandsformen **annehmen. Diese Zustandsformen werden auch** Aggregatzustände **genannt. Nennen Sie die drei Aggregatzustände des Wassers.**

4. **Wasser kann kondensieren. Als** Kondensieren **bezeichnet man den Übergang:**

    Ⓐ vom festen in den flüssigen Aggregatzustand
    Ⓑ vom gasförmigen in den flüssigen Aggregatzustand
    Ⓒ vom flüssigen in den gasförmigen Aggregatzustand

5. **Wasser kann sublimieren. Als** Sublimieren **bezeichnet man den Übergang:**

    Ⓐ vom festen in den flüssigen Aggregatzustand
    Ⓑ vom flüssigen in den gasförmigen Aggregatzustand
    Ⓒ vom festen in den gasförmigen Aggregatzustand

6. **Ergänzen Sie die Abbildung, indem Sie die folgenden Begriffe richtig zuordnen:**
    verdampfen, erstarren, sublimieren, schmelzen, desublimieren, kondensieren

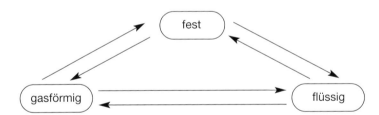

7. **Haarkosmetische Behandlungen sind häufig** physikalische Vorgänge. **Nennen Sie Beispiele.**

    _____

    _____

8. **Haarkosmetische Behandlungen sind häufig** chemische Vorgänge. **Nennen Sie Beispiele.**

    _____

    _____

5

Unterscheidung physikalischer und chemischer Vorgänge

9. **Handelt es sich bei den folgenden Facharbeiten um** physikalische **oder** chemische Vorgänge**? Ergänzen Sie die Tabelle mit folgenden Begriffen:**
Haare bürsten, Haare waschen, Feilen der Fingernägel, Haare färben, Auftragen einer Haarpackung, Anwenden einer Haarentfernungscreme, Haare dauerwellen

physikalische Vorgänge	chemische Vorgänge

10. **Eine Kundin gibt an, ihre Haare mit einer so genannten „Intensivtönung" oder „Coloration" behandelt zu haben. Handelt es sich hier um einen** physikalischen **oder einen** chemischen Vorgang**?**

11. **In der Friseurpraxis spricht man häufig von** vorbehandeltem Haar**. Handelt es sich bei diesen Vorbehandlungen um physikalische oder chemische Vorgänge?**

12. **Nennen Sie Beispiele, wie die** Einwirkzeit **bei einer Dauerwelle** verkürzt **werden kann.**

13. **Die Einwirkzeit eines** Dauerwellmittels **können Sie z. B. mit Hilfe einer Trockenhaube verkürzen. Nennen Sie allgemeine Möglichkeiten, durch die** chemische Reaktionen **beschleunigt werden können.**

14. **Kreuzen Sie an, ob es sich bei den aufgelisteten Vorgängen um einen** chemischen **oder** physikalischen Vorgang **handelt.**

	physikalischer Vorgang	chemischer Vorgang
Haare tönen		
Haare colorieren		
Wasser verdampfen		
Papier zerreißen		
Papier verbrennen		
Haare blondieren		
Haare auszupfen		
Haare mit Haarentfernungscreme beseitigen		
Haare abrasieren		

5

Einteilung und Aufbau der Stoffe

15. **Fast alle Präparate für haut- oder haarkosmetische Behandlungen sind** Stoffgemische**. Welche beiden Arten von** Stoffgemischen **werden allgemein unterschieden?**

16. **In der Abbildung sind vier Behälter mit unterschiedlichen** Stoffgemischen **dargestellt. Ordnen Sie folgende Begriffe dem jeweiligen Behälter zu:**

    Emulsion, fein ineinander verteilte Flüssigkeiten, feinste Verteilungen eines Stoffes in einem Lösungsmittel, Flüssigkeit mit nicht gelösten Feststoffen, gallertartige Stoffe, Gel, Lösung, Suspension

    a)   b)   c)   d)

17. **Ergänzen Sie die folgende Tabelle, indem Sie die aufgelisteten Präparate den jeweiligen Stoffarten zuordnen:**
    Shampoo, Wasserstoffperoxid, flüssiges Make-up, Rasierschaum, Tagescreme, Zahnpasta, Festiger, Haarspray, Reinigungsmilch, Farbcreme

Aerosole	Suspension	Emulsion	Gel	Lösung

18. **Bei welchem** Stoffgemisch **kann man selbst unter dem Mikroskop nicht mehr erkennen, dass es sich um mehrere** Inhaltsstoffe **handelt?**

    Ⓐ Gel, z. B. Haargel
    Ⓑ Emulsion, z. B. Tagescreme
    Ⓒ Lösung, z. B. Haarwasser
    Ⓓ Suspension, z. B. Zahnpasta

19. Tagescreme ist ein heterogenes Stoffgemisch. Der Begriff heterogen bedeutet uneinheitlich. Die zwei heterogenen Stoffgemische sind:

    Ⓐ Gele
    Ⓑ Emulsionen
    Ⓒ Lösungen
    Ⓓ Suspensionen

20. Flüssiges Make-up ist eine Suspension. Suspensionen sind:

    Ⓐ Flüssigkeiten mit ungelösten Feststoffteilchen
    Ⓑ halbflüssige, gallertartige, durchsichtige Substanzen
    Ⓒ fein ineinander verteilte Flüssigkeiten, die sich gegenseitig nicht lösen
    Ⓓ feinste Verteilungen eines Stoffes in einem meist flüssigen Lösungsmittel

21. Haarkuren sind Emulsionen. Emulsionen sind:

    Ⓐ in Luft fein verteilte Feststoff- oder Flüssigkeitsteilchen
    Ⓑ fein ineinander verteilte Flüssigkeiten, die sich gegenseitig nicht lösen
    Ⓒ Flüssigkeiten mit ungelösten Feststoffteilchen
    Ⓓ halbflüssige, gallertartige, durchsichtige Substanzen

22. Sonnenöl ist eine Lösung. Lösungen sind:

    Ⓐ halbflüssige, gallertartige, durchsichtige Substanzen
    Ⓑ feinste Verteilungen eines Stoffes in einem meist flüssigen Lösungsmittel
    Ⓒ in Luft fein zerteilte Feststoff- oder Flüssigkeitsteilchen

23. Shampoos sind Gele. Gele sind:

    Ⓐ fein ineinander verteilte Flüssigkeiten, die sich gegenseitig nicht lösen
    Ⓑ Flüssigkeiten mit ungelösten Feststoffteilchen
    Ⓒ halbflüssige, gallertartige, durchsichtige Substanzen
    Ⓓ feinste Verteilungen eines Stoffes in einem meist flüssigen Lösungsmittel

24. Haarspray zählt zu den Aerosolen. Aerosole sind:

    Ⓐ in Luft fein verteilte Feststoff- oder Flüssigkeitsteilchen
    Ⓑ feinste Verteilungen eines Stoffes in einem meist flüssigen Lösungsmittel
    Ⓒ Flüssigkeiten mit ungelösten Feststoffteilchen
    Ⓓ fein ineinander verteilte Flüssigkeiten, die sich gegenseitig nicht lösen

25. Gesichtswasser ist ein homgenes Stoffgemisch. Der Begriff homogen bedeutet einheitlich. Die zwei homogenen Stoffgemische sind:

    Ⓐ Emulsionen
    Ⓑ Gele
    Ⓒ Lösungen
    Ⓓ Suspensionen

Einteilung und Aufbau der Stoffe

26. Friseurpräparate bestehen aus verschiedenen Elementen. Alle bekannten Elemente sind im Periodensystem der Elemente aufgeführt. Nennen Sie die beiden Elementarten, die im Periodensystem der Elemente unterschieden werden.

27. Haarschneidescheren bestehen aus Metallgemischen. Nennen Sie die typischen Eigenschaften von Metallen.

28. Lockenwickler können aus Metall oder Nichtmetall (Kunststoff) bestehen. Ordnen Sie die folgenden Elemente nach Metallen und Nichtmetallen:
Magnesium, Schwefel, Eisen, Kohlenstoff, Sauerstoff, Natrium, Wasserstoff, Stickstoff, Calcium

Metalle	Nichtmetalle

29. Das menschliche Haar besteht aus fünf Elementen. Welche sind das?

30. Wasserstoff ist ein Element, das z. B. in Wasser und Wasserperoxid vorkommt. Was ist ein Element?

31. Sauerstoff ist ein Element, das z. B. in Wasserperoxid und der Atemluft vorkommt. Jedes Element ist wiederum aus kleinsten Teilchen aufgebaut. Wie heißen diese kleinsten Teilchen?

32. Jedes Element wird im Periodensystem mit einem Symbol aufgeführt, z. B. das Element <u>K</u>alium mit dem Symbol <u>K</u>. Ordnen Sie die folgenden Symbole den Elementen zu: Mg, S, O, Fe, C, Na, N, Ca, H

Sauerstoff	
Stickstoff	
Eisen	
Natrium	
Kohlenstoff	
Wasserstoff	
Calcium	
Magnesium	
Schwefel	

Einteilung und Aufbau der Stoffe

33. Wasserstoffperoxid **ist eine Verbindung aus den Elementen Wasserstoff und Sauerstoff. Erklären Sie den Begriff** Verbindung.

34. **H_2O bezeichnet ein Molekül** Wasser. **Beschreiben Sie den** Aufbau eines Moleküls.

35. **Ordnen Sie die richtigen Aussagen durch Linien zu.**

Ein Atom ist der kleinste Teil   eines Moleküls.

Ein Molekül ist der kleinste Teil   eines Atoms.

Elektronen sind Bestandteile   einer Verbindung.

Protonen sind Bestandteile

36. **Sauerstoff ist der Bestandteil der Atemluft. Ergänzen Sie die Abbildung eines** Sauerstoffatoms **mit folgenden Begriffen:**
Atomkern, Atomhülle, Protonen, Elektronen, Neutronen

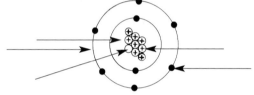

37. **Zwei Wasserstoffatome und zwei Sauerstoffatome bilden ein Molekül** Wasserstoffperoxid. **Atome sind die kleinsten Teile eines Moleküls. Beschreiben Sie den** Aufbau eines Atoms.

Chemische Reaktionen

38. **Die Iontophorese ist eine kosmetische Behandlung, in der Ionen in die Haut geschleust werden sollen. Ionen sind:**
   - Ⓐ   nicht geladene Teilchen
   - Ⓑ   elektrisch geladene Teilchen
   - Ⓒ   nicht geladene Atome

39. Ionen **werden unterschieden nach Anionen und Kationen. Erklären Sie den Unterschied zwischen** Anionen **und** Kationen.

40. **Helium und Neon bezeichnet man als** Edelgase, **weil bei ihnen die Oktettregel erfüllt ist. Erklären Sie die „**Oktettregel**".**

41. **Nennen Sie die drei** Bindungsarten, **die in der Chemie unterschieden werden.**

42. **Bei** Kochsalz **liegt eine Ionenbindung vor. Welche** Elementarten **verbinden sich bei einer** Ionenbindung?

Chemische Reaktionen

43. Ordnen Sie mit Linien die Reaktionspartner den entsprechenden Bindungsarten **zu.**

Metall + Metall   Atombindung

Nichtmetall + Nichtmetall   Ionenbindung

Metall + Nichtmetall   Metallbindung

44. Haarschneidescheren bestehen aus Metallen. Metalle**:**

Ⓐ   geben Elektronen ab
Ⓑ   nehmen Elektronen auf
Ⓒ   geben weder Elektronen ab, noch nehmen sie Elektronen auf

45. Kunststoffkämme bestehen aus Nichtmetallen. Nichtmetalle**:**

Ⓐ   geben Elektronen ab
Ⓑ   nehmen Elektronen auf
Ⓒ   geben weder Elektronen ab, noch nehmen sie Elektronen auf

46. Bei Kochsalz **liegt eine Ionenbindung vor. Ergänzen Sie die folgende Darstellung einer** Ionenbindung**, indem Sie die fehlenden Elektronen und Ladungen einzeichnen. Ladung:**

Na (11)   Cl (17)   NaCl

47. Bei Wasser **liegt eine Atombindung vor. Welche** Elementarten **bilden eine Atombindung?**

48. Bei Wasser **liegt eine Atombindung vor. Erklären Sie die** Atombindung **am Beispiel von Wasserstoff und Sauerstoff.**

49. Wasserstoffmoleküle werden durch eine „Atombindung" zusammengehalten. Ergänzen Sie die folgende Darstellung einer Atombindung**, indem Sie die fehlenden Elektronen einzeichnen.**

Ein Wasserstoffatom (H) + ein Wasserstoffatom (H) = ein Wassermolekül (H_2)

50. **Bei** Kochsalz **liegt eine** Ionenbindung **vor. Bei Wasser liegt eine Atombindung vor. Kreuzen Sie an, ob es sich bei den folgenden Bindungen um eine Ionenbindung oder um eine Atombindung handelt.**

Beispiel	Ionenverbindung	Atombindung
S + O		
H + Cl		
Mg + O		
Na + Cl		
O + O		
H + H		
Fe + O		

5

51. **Beschreiben Sie am Beispiel einer** Blondierung, **wie eine chemische Reaktion beschleunigt werden kann.**

52. **Mit Hilfe des Climazon können Sie die Einwirkung eines Dauerwellmittels auf das Haar beschleunigen. Kreuzen Sie die drei Möglichkeiten an, durch welche** chemische Reaktionen beschleunigt **werden können.**

  Ⓐ Kälte
  Ⓑ Wärme
  Ⓒ Katalysatoren
  Ⓓ Stabilisatoren
  Ⓔ Erhöhung der Konzentration des Mittels

F 5.4   HAARKOSMETISCHE BEHANDLUNGEN: CHEMISCHE GRUNDLAGEN

Laugen und Säuren

53. Nagelhautentferner **enthält eine starke Lauge. Beschreiben Sie die** Wirkung von starken Laugen **auf Haut und Haar.**

54. Seife **reagiert in Wasser als schwache Lauge. Beschreiben Sie die** Wirkung von schwachen Laugen **auf Haut und Haar.**

55. **Warum werden in der Friseurpraxis in der Regel keine starken Säuren eingesetzt? Begründen Sie, indem Sie die** Wirkung von starken Säuren **auf Haut und Haar beschreiben.**

56. Gesichtswässer **enthalten schwache Säuren. Beschreiben Sie die** Wirkung von schwachen Säuren **auf Haut und Haar.**

Laugen und Säuren

57. Ordnen Sie zu: Welche dieser Säuren sind starke und welche sind schwache Säuren?

Weinsäure, Salpetersäure, Zitronensäure, Thioglygolsäure, Salzsäure, Schwefelsäure, Kohlensäure, Essigsäure.

starke Säuren	schwache Säuren

58. Ordnen Sie zu: Welche dieser Laugen sind starke und welche sind schwache Laugen?

Ammoniumhydroxid, Natronlauge, Kalilauge, Calciumhydroxid, Seifenlauge?

5

starke Laugen	schwache Laugen

59. Der pH-Wert eines Dauerwellmittels kann mit Hilfe eines Indikators gemessen werden. Der Begriff „Indikator" bedeutet übersetzt:

Ⓐ   Anzeiger
Ⓑ   Beschleuniger
Ⓒ   Hemmmittel
Ⓓ   Hemmer

60. Kreuzen Sie die zwei richtigen Antworten an. In der Friseurpraxis verwendet man Indikatoren:

Ⓐ   um Laugen nachzuweisen
Ⓑ   um Metalle nachzuweisen
Ⓒ   um Wirkstoffe nachzuweisen
Ⓓ   um Säuren nachzuweisen

61. Gesichtswasser enthält Säuren. Alkalisches Wellmittel enthält Laugen. Durch welche Indikatoren können Sie Säuren oder Laugen nachweisen?

Laugen und Säuren

62. **Lackmuspapier ist ein** Indikator. **Ergänzen Sie:**

    Säuren färben blaues Lackmuspapier _____ .

    Laugen färben rotes Lackmuspapier _____ .

63. **Nennen Sie Friseurpräparate, die** alkalisch reagieren.

64. **Nennen Sie Friseurpräparate, die** sauer **reagieren.**

65. **Kreuzen Sie an, ob die folgenden Friseurpräparate** alkalisch oder sauer **reagieren.**

Friseurpräparat	alkalisch	sauer
Wasserstoffperoxid		
Blondiermittel		
Nagelhautentferner		
Rasierwasser		
Fixierung		
Haarkur		
Seife		
Oxidationshaarfarbe		

66. Blondiermittel **reagieren** alkalisch. **Welche Teilchen verursachen die alkalische Reaktion?**

67. Fixierungen **reagieren sauer. Welche Teilchen verursachen die saure Reaktion einer Lösung?**

68. **Erläutern Sie, warum nach einer alkalischen Behandlung, z. B. nach einer Blondierung, eine** saure Nachbehandlung **erfolgen muss.**

69. Seifenwasser **ist eine Lauge. Beschreiben Sie die** Entstehung **einer** Lauge.

70. **Salzsäure ist eine** <u>anorganische</u> **Säure. Beschreiben Sie die** Entstehung **einer anorganischen** Säure.

71. **Weinsäure ist eine** <u>schwach</u> **sauer reagierende Säure. Salzsäure ist eine** <u>stark</u> **sauer reagierende Säure. Erläutern Sie, wovon die** Stärke **einer** Säure **abhängt.**

Der pH-Wert

72. **Der Maßstab für eine Strecke ist z. B. ein Meter. Der Maßstab für die Zeit ist z. B. eine Stunde. Wofür ist der pH-Wert der Maßstab?**

73. **Erklären Sie, wovon die Stärke einer Säure oder Lauge abhängt.**

    Ⓐ   Je mehr H+ Ionen in der Lösung vorhanden sind, desto stärker ist die Säure.
    Ⓑ   Je mehr H+ Ionen in der Lösung vorhanden sind, desto schwächer ist die Säure.
    Ⓒ   Je weniger H+ Ionen in der Lösung vorhanden sind, desto schwächer ist die Lauge.

74. **Ionen spielen bei allen chemischen Reaktionen in der Friseurpraxis eine Rolle. So z. B. auch bei der Dauerwellbehandlung. Ergänzen Sie den Text, indem Sie die folgenden Begriffe einsetzen:**

    H+-Ionen, H+-Ionen, stärker alkalisch, stärker sauer, OH⁻-Ionen, OH⁻-Ionen

    Die _____ sind für die saure Reaktion einer Lösung verantwortlich.

    Je mehr _____ vorhanden sind, desto _____ reagiert

    eine Säure. Für die alkalische Reaktion einer Lösung, sind die _____

    _____ verantwortlich. Je mehr _____ vorhanden sind, desto

    _____ reagiert eine Lauge.

75. **Erklären Sie, warum Wasser eine <u>neutral</u> reagierende Flüssigkeit ist.**

76. **Der pH-Wert kann über die Wirkung eines Präparates auf Haut und Haar Auskunft geben. Auf der pH-Wert-Skala liegen Werte im Bereich von:**

    Ⓐ   0 bis 7
    Ⓑ   7 bis 14
    Ⓒ   0 bis 14

77. **Auf der pH-Wert-Skala unterscheidet man verschiedene Bereiche. Z. B. liegt der Säureschutzmantel der Haut im schwach sauren Bereich. Beschriften Sie die pH-Wert-Skala mit folgenden Begriffen:**
    Neutralpunkt, schwach alkalischer Bereich, stark saurer Bereich, schwach saurer Bereich, stark alkalischer Bereich

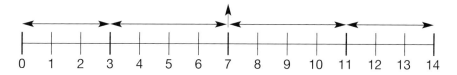

78. **In welchem pH-Wert-Bereich liegen die in der Friseurpraxis verwendeten Präparate?**

79. Ordnen Sie den Präparaten den jeweils richtigen pH-Wert zu:
etwa pH-Wert 10, pH-Wert 7, etwa pH-Wert 3, etwa pH-Wert 9, etwa pH Wert 5, etwa pH-Wert 8, etwa pH-Wert 4

Oxidationshaarfarbe =   Haarkur =

Wasser =   Gesichtswasser =

mildalkalisches Dauerwellmittel =   Nagelhautentferner =

Sauerspülung =

80. Der pH-Wert des Säureschutzmantels der Haut liegt bei etwa:

Ⓐ   pH 7
Ⓑ   pH 5,5
Ⓒ   pH 7,5

81. Warum liegt der pH-Wert eines Gesichtswassers etwa bei pH-Wert 5?

82. Sie können den pH-Wert eines Wellmittels bestimmen. Nennen Sie die Möglichkeiten, wie der pH-Wert bestimmt werden kann.

83. Die hier aufgeführten friseurkosmetischen Präparate und Körperflüssigkeiten liegen in unterschiedlichen pH-Wert-Bereichen. Ordnen Sie diese von oben nach unten nach sinkendem pH-Wert:
Sekret der Bauchspeicheldrüse, Blondiermittel, Waschmittel, Magensaft, Säureschutzmantel, mild-alkalisches Wellmittel, Blut, Haarkur, Haarpackung, Schweiß, Speichel, saure Dauerwelle

körpereigene
Flüssigkeiten

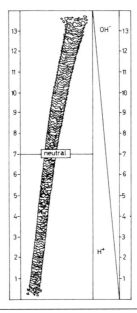

friseurkosmetische
Präparate

Neutralisierung und Salzbildung

84. Die Fixierung **nach einer alkalischen Dauerwelle ist ein Beispiel für eine Neutrali-sationsreaktion im Friseurbereich. Nennen Sie die Reaktionspartner und die Pro-dukte einer** Neutralisation**.**

85. **Durch die** Sauerspülung **nach einer** Blondierung **werden die Restalkalien im Haar neutralisiert. Erklären Sie den chemischen Vorgang bei einer** Neutralisation**.**

86. **Nennen Sie chemische Reaktionen aus der Friseurpraxis, bei denen es sich um** Neutralisationsreaktionen **handelt.**

87. **Keuzen Sie die drei Reaktionen an, bei denen es sich um Neutralisationsvorgänge handelt:**

  Ⓐ   Haare trocknen nach der Haarwäsche
  Ⓑ   Sauerspülung nach einer Oxidationsfärbung
  Ⓒ   Gesichtswasser nach der Hautreinigung mit Seife
  Ⓓ   Kompressen nach der Gesichtsmassage
  Ⓔ   Haarspray nach dem Trocknen der Haare
  Ⓕ   Alkalien im Blondiermittel entstabilisieren Wasserstoffperoxid

88. **Erklären Sie, warum nach einer alkalischen Behandlung, z. B. einer** Oxidations-haarfärbung**, eine saure** Nachbehandlung **erfolgen muss.**

89. **Bei der Neutralisationsreaktion entstehen Salzlösungen und Wasser. Dies ist z. B. bei der Sauerspülung nach der Dauerwellbehandlung der Fall. Nennen Sie die drei möglichen Arten von** Salzlösungen**.**

90. **Eine Kochsalzlösung ist z. B. eine** neutral **reagierende Salzlösung, die aus Salz-säure und Natronlauge entstanden ist. Erklären Sie, in welchem Fall bei einer Neu-tralisation eine** neutral reagierende Salzlösung **entsteht.**

91. **Ergänzen Sie den Text, indem Sie die folgenden Begriffe einsetzen:**
  schwach alkalisch reagierenden, schwach sauer reagierenden, stark alkalisch reagieren-den, stark sauer reagierenden

  Eine alkalisch reagierende Salzlösung entsteht bei einer Neutralisation einer

  _____ Säure mit einer _____ Lauge. Eine sauer reagierende Salzlösung

  entsteht bei einer Neutralisation einer _____ Säure mit

  einer _____ Lauge.

92. **Kreuzen Sie das Präparat an, welches in Wasser gelöst eine** alkalisch reagierende Salzlösung **ergibt.**

  Ⓐ   Haarkur
  Ⓑ   Seife
  Ⓒ   Farbcreme

93. **Erklären Sie, warum in Friseurpräparaten häufiger** Salzlösungen **eingesetzt wer-den als die Säuren oder Laugen, aus denen sie entstanden sind.**

5

94. Kreuzen Sie an, welche Aufgaben Salze in Friseurpräparaten erfüllen? Sie dienen als:

- Ⓐ Pflegestoffe
- Ⓑ Pufferstoffe
- Ⓒ Farbstoffe

95. Erklären Sie die Aufgabe von Pufferstoffen in Haarbehandlungsmitteln.

96. Kreuzen Sie die drei Haarbehandlungsmittel an, in denen Pufferstoffe enthalten sind:

- Ⓐ Sauerspülung
- Ⓑ Dauerwellmittel
- Ⓒ Blondiermittel
- Ⓓ Festiger
- Ⓔ Shampoo
- Ⓕ Färbemittel

5

97. Der Blondiervorgang ist eine Oxidation. Kreuzen Sie die drei richtigen Antworten an. Aus chemischer Sicht ist eine Oxidation:

- Ⓐ eine Anlagerung von Wasserstoff
- Ⓑ eine Abgabe von Sauerstoff
- Ⓒ eine Anlagerung von Elektronen
- Ⓓ eine Anlagerung von Sauerstoff
- Ⓔ eine Abgabe von Wasserstoff
- Ⓕ eine Abgabe von Elektronen

98. Nennen Sie Beispiele für Oxidationsreaktionen aus der Friseurpraxis.

99. Die Wirkung des Dauerwellmittels auf das Haar ist eine Reduktion. Kreuzen Sie die drei richtigen Antworten an. Aus chemischer Sicht ist eine Reduktion:

- Ⓐ eine Anlagerung von Wasserstoff
- Ⓑ eine Abgabe von Sauerstoff
- Ⓒ eine Anlagerung von Elektronen
- Ⓓ eine Anlagerung von Sauerstoff
- Ⓔ eine Abgabe von Wasserstoff
- Ⓕ eine Abgabe von Elektronen

100. Nennen Sie Beispiele für Reduktionsreaktionen aus der Friseurpraxis.

101. Die Fixierung ist ein Oxidationsmittel. Beschreiben Sie die Eigenschaften eines Oxidationsmittels aus chemischer Sicht.

Oxidation und Reduktion

102. **Nennen Sie das am häufigsten eingesetzte** Oxidationsmittel **in der Friseurpraxis.**

103. **Nennen Sie Arbeiten aus der Friseurpraxis, bei denen** Wasserstoffperoxid **als** Oxidationsmittel **eingesetzt wird.**

104. **Ordnen Sie die** Wirkung **von** Wasserstoffperoxid **der jeweiligen Facharbeit durch Linien zu.**

Blondierung   Schließen der Doppelschwefelbrücken im Haar

oxidativer Farbabzug   Unschädlichmachen von Mikroorganismen

Fixierung   Abbau von natürlichen Pigmenten im Haar

Oxidationshaarfärbung   Abbau von künstlichen und natürlichen Pigmen-
                                                          ten im Haar

Desinfizieren   Entwicklung der Farbstoffvorstufen zum
                                                          künstlichen Pigment im Haar

105. **Im** Dauerwellmittel **befindet sich ein** Reduktionsmittel. **Beschreiben Sie die Eigenschaften eines** Reduktionsmittels.

_____

_____

_____

_____

_____

106. **Kreuzen Sie das** Reduktionsmittel **an, das in einem** Dauerwellmittel **vorhanden ist.**

Ⓐ Kaliumbromat
Ⓑ Citronensäure
Ⓒ Thioglykolsäure

107. **Beim** Dauerwellvorgang **findet eine Redoxreaktion statt. Erklären Sie den Begriff** Redoxreaktion.

108. **Viele Arbeiten in der Friseurpraxis wären ohne** Wasser **nicht durchführbar. Wasser ist Verdünnungsmittel, Lösungsmittel und Kosmetikum. Ergänzen Sie die Tabelle, indem Sie Beispiele suchen.**

Funktion von Wasser	Beispiele
Wasser ist ein Reinigungsmittel.	
Wasser ist ein Lösungs- und Verdünnungsmittel.	
Wasser ist ein Kosmetikum.	

5

109. **Wasser hat die** Summenformel**:**

   Ⓐ H_2O
   Ⓑ H_2O_2
   Ⓒ O_2
   Ⓓ CO_2

110. **Die Oberflächenspannung des** Wassers **kommt zustande, weil das Wassermolekül ein** Dipol **ist. Unter einem Dipol versteht man:**

   Ⓐ ein ungeladenes Molekül
   Ⓑ ein Molekül mit gleich geladenen Enden
   Ⓒ ein Molekül mit unterschiedlich geladenen Enden

111. **Zeichnen und beschriften Sie den** Aufbau eines Wassermoleküls**.**

Wasser

112. **Beschreiben Sie den chemischen** Aufbau eines Wassermoleküls**, indem Sie den Lückentext mit Hilfe der folgenden Begriffe ergänzen:**
Elektronen, Wassermolekül, Enden, Sauerstoffatom (2x), Dipol, Elektronegativität, Wasserstoffatome

Ein Wassermolekül besteht aus einem _____ und zwei

_____. Das _____ zieht (aufgrund

seiner höheren _____) die _____ der

beiden Wasserstoffatome stärker zu sich. Dadurch wird das _____

gewinkelt und erhält zwei unterschiedlich geladene _____. Das

Wassermolekül ist ein _____ .

113. **Die „Lebensdauer" von elektrischen Geräten, z. B. von einer Waschmaschine, kann durch hartes Wasser erheblich verkürzt werden. Erklären Sie die Ursache und den Begriff** „hartes Wasser"**.**

114. Leitungswasser **in Meeresnähe ist meistens** weiches **Wasser. Dagegen ist Leitungswasser in Gebirgsgegenden häufig sehr** hart**. Erklären Sie, woran es liegt, ob** Wasser **hart oder weich ist.**

115. **Ein Grauschleier auf der Wäsche und auf dem Haar entsteht durch hartes Wasser. Nennen Sie** Härtebildner **des** Wassers**.**

116. **Die** Maßeinheit **für die** Härte des Wassers **ist der deutsche Härtegrad (°dH). 1° deutscher Härte bedeutet:**

   Ⓐ 1 g Härtebildner auf 10 Liter Wasser
   Ⓑ 1 g Härtebildner auf 100 Liter Wasser
   Ⓒ 1 g Härtebildner auf 1000 Liter Wasser

117. **Man unterscheidet die** bleibende **und die** vorübergehende Wasserhärte**. Ergänzen Sie den Text, indem Sie die folgenden Begriffe richtig zuordnen:**
Magnesium- und Calciumhydrogensulfationen, bleibende Wasserhärte, temporäre Wasserhärte, permanente Wasserhärte, Magnesium- und Calciumhydrogencarbonationen, vorübergehende Wasserhärte.

Die _____ verursachen die Carbonathärte. Sie wird auch als

_____oder_____bezeichnet.

Die _____ verursachen die Sulfathärte. Sie wird auch als

_____ oder _____ bezeichnet.

118. **Ein Nachteil von hartem** Wasser **ist die Kesselsteinbildung. An den Heizspiralen von Wasch- und Kaffeemaschinen setzt sich nach längerem Gebrauch Kesselstein ab. Erklären Sie, wie** Kesselstein **entsteht.**

119. **Grauschleier auf der Wäsche entsteht durch hartes Wasser. Nennen Sie Möglichkeiten, wie die** Wasserhärte **herabgesetzt werden kann.**

5

120. Beschreiben Sie, wodurch Sie beim Händewaschen mit Seife feststellen, ob das Leitungswasser **hart oder weich ist.**

121. **Gibt man etwas Wasser auf Wolle, so bildet das Wasser Tropfen. Erklären Sie, wie diese** Tropfenbildung **zustande kommt.**

_____

_____

_____

_____

_____

5

122. **Erklären Sie, warum** Wasser **ohne Shampoo fettiges Haar nur schlecht benetzen kann.**

123. **Wodurch kann die** Oberflächenspannung **des Wassers aufgehoben werden?**

124. **Wasser ist ein wichtiges** Kosmetikum. **Nennen Sie die jeweiligen** Aggregatzustände **des Wassers bei den folgenden Behandlungen:**

Behandlung	Aggregatzustand
Legen von feuchten Kompressen	
Behandlung mit dem Vapozongerät	
Blutstillung	
Durchblutungsförderung	
Haare waschen	

125. **Nennen Sie Möglichkeiten, wie im Friseurbetrieb** Wasser **gespart werden kann.**

Wasserstoffperoxid

1. **Nennen Sie** Facharbeiten, **bei denen** H_2O_2 **verwendet wird.**

2. **Zum** Blondieren **verwendet man** Wasserstoffperoxid. **Wasserstoffperoxid hat die Summenformel:**

   Ⓐ H_2O
   Ⓑ H_2O_2
   Ⓒ C_2H_6

3. **Beschreiben Sie den Zerfall von** Wasserstoffperoxid, **z. B. beim Blondiervorgang.**

   Wasserstoffperoxid zerfällt in: _____

   H_2O_2 ⟶

4. **Beschreiben Sie, was bei der** Lagerung und Aufbewahrung von H_2O_2 **beachtet werden muss.**

5. **Erklären Sie, warum** H_2O_2 **nicht mit Staub oder metallischen Gegenständen in Berührung kommen darf.**

6. **Erklären Sie, warum** wasserstoffperoxidhaltige Präparate, **z. B.** Fixierungen, **sauer reagieren.**

7. **Erklären Sie, warum beim Gebrauch von** H_2O_2, **z. B. bei** Blondierungen, **die Konzentrationsangabe genau beachtet werden muss.**

8. **Kreuzen Sie die vier handelsüblichen** Konzentrationen von H_2O_2 **an.**

   Ⓐ   3 %
   Ⓑ   36 %
   Ⓒ   6 %
   Ⓓ   50 %
   Ⓔ   12 %
   Ⓕ   9 %
   Ⓖ   10 %

9. **Beschreiben Sie die** Wirkung von H_2O_2 **bei folgenden Facharbeiten:**

   Blondierung = _____

   oxidativer Farbabzug = _____

   Fixierung = _____

   Oxidationshaarfärbung = _____

   Desinfektion = _____

6

Alkohole

10. Gesichtswässer und Rasierwässer enthalten als wichtigen Bestandteil Alkohol. Beschreiben Sie den chemischen Aufbau der Alkohole.

11. Die Alkohole leiten sich chemisch von den Alkanen ab. Zeigen Sie am Beispiel des Methans die Ableitung eines Alkohols von einem Alkan.

Alkan   Alkohol

12. Kreuzen Sie die funktionelle („typische") Gruppe der Alkohole an:

Ⓐ COOH-Gruppe (Carboxygruppe)
Ⓑ OH-Gruppe (Hydroxylgruppe)
Ⓒ OH⁻-Gruppe (Hydroxidgruppe)

13. Bei welchen zwei Formeln handelt es sich um Alkohole?

Ⓐ C_2H_5OH
Ⓑ CH_3COOH
Ⓒ C_2H_6
Ⓓ C_3H_7OH
Ⓔ C_4H_{10}

14. Kreuzen Sie den Alkohol an, der aufgrund seiner Giftigkeit in kosmetischen Präparaten <u>verboten</u> ist:

Ⓐ Ethylalkohol (Ethanol)
Ⓑ Isopropylalkohol (Isopropanol)
Ⓒ Methylalkohol (Methanol)

15. Nennen Sie die beiden Alkohole, die in Gesichtswässern und Haarwässern verwendet werden.

16. Nennen Sie Eigenschaften von Ethyl- und Isopropylalkohol.

17. Kreuzen Sie an, in welchen kosmetischen Präparaten Ethylalkohol (Ethanol) und in welchen Isopropylalkohol (Isopropanol) enthalten ist.

Kosmetische Präparate	Isopropylalkohol/ Isopropanol	Ethylalkohol/ Ethanol
Parfüm		
Gesichtswasser für empfindliche Haut		
Gesichtswasser für fettige Haut		
medizinisches Haar- und Kopfwasser		

Alkohole

18. In Duftwässern wird Ethylalkohol und nicht Isopropylalkohol verwendet. Erklären Sie aufgrund welcher Eigenschaft Ethylalkohol in Duftwässern eingesetzt wird.

19. In medizinischen Haar- und Kopfwässern und in Gesichtswässern für fettige Haut wird nicht Ethylalkohol, sondern Isopropylalkohol verwendet. Erklären Sie, warum in diesen Präparaten Isopropylalkohol eingesetzt wird.

20. Kreuzen Sie den Trinkalkohol an.

   Ⓐ Isopropylalkohol / Isopropanol
   Ⓑ Butylalkohol
   Ⓒ Ethylalkohol / Ethanol
   Ⓓ Methanol

21. Ergänzen Sie die Strukturformeln von Propylalkohol und Isopropylalkohol, indem Sie die Wasserstoffatome und die Hydroxylgruppe (OH-Gruppe) einzeichnen.

         Propylalkohol   **Isopropylalkohol**

22. Kreuzen Sie die zwei kosmetischen Präparate an, in denen Butylalkohol enthalten ist.

   Ⓐ Festiger
   Ⓑ Nagellackentferner
   Ⓒ Haarwasser
   Ⓓ Gesichtswasser für trockene Haut
   Ⓔ Nagellack

23. Wachsalkohol wird in Cremes als Emulgator eingesetzt. Welcher Alkohol ist ein Wachsalkohol?

   Ⓐ Ethylalkohol
   Ⓑ Propylalkohol
   Ⓒ Cetylalkohol

24. **Man unterscheidet einwertige und mehrwertige Alkohole. Kreuzen Sie die richtige Erklärung für den Begriff „Wertigkeit" an. Die Wertigkeit eines Alkohols hängt ab von:**

   Ⓐ der Anzahl der COOH-Gruppen
   Ⓑ der Anzahl der OH-Gruppen
   Ⓒ der Anzahl der H-Atome

6

25. **Ordnen Sie die folgenden Alkohole den einwertigen oder den mehrwertigen Alkoholen zu:**
Butylalkohol, Cetylalkohol, Glyzerin (Propantriol), Methylalkohol, Sorbit, Propylalkohol, Propylglykol (Propandiol)

einwertige Alkohole	mehrwertige Alkohole

26. **Nennen Sie die Einsatzbereiche von mehrwertigen Alkoholen, z. B. Glyzerin in der Kosmetik.**

27. **Fruchtig duftende Shampoos, z. B. Apfelshampoo, enthalten Ester. Ester sind**

   Ⓐ Verbindungen aus Alkoholen und Säuren
   Ⓑ Verbindungen aus Laugen und Fetten
   Ⓒ Verbindungen aus Laugen und Säuren

28. **Kreuzen Sie die drei richtigen Antworten an. Ester werden in Friseurprodukten eingesetzt als:**

   Ⓐ Farbstoffe
   Ⓑ Duftstoffe
   Ⓒ Lösungsmittel
   Ⓓ Reinigungsmittel
   Ⓔ Reduktionsmittel
   Ⓕ Oxidationsmittel

29. **Friseurpräparate enthalten Ester. Kreuzen Sie die drei Präparate an, in denen Ester enthalten sind:**

   Ⓐ saure Dauerwellmittel
   Ⓑ alkalische Dauerwellmittel
   Ⓒ Fixiermittel
   Ⓓ Nagellack
   Ⓔ Nagellackentferner

30. **In Haut- und Haarpflegemitteln sind häufig Ester vorhanden. Bei welchen drei Grundsubstanzen handelt es sich um Ester?**

   Ⓐ Wasser
   Ⓑ Duftstoffe
   Ⓒ Fette
   Ⓓ Wachse
   Ⓔ Alkohole

Fette und fettähnliche Stoffe

31. **Fettstoffe sind wichtige Inhaltsstoffe in Haar- und Hautpflegepräparaten. Nennen Sie die drei in der Kosmetik verwendeten Fettstoffgruppen.**

32. **Die echten Fette werden in zwei Gruppen unterteilt. Nennen Sie diese beiden Gruppen.**

33. **Ordnen Sie folgende echte Fette den tierischen oder pflanzlichen Fetten zu:**
Knochenfett, Pfirsichöl, Kokosfett, Eieröl, Nerzöl, Erdnussöl, Sojaöl, Lebertran

tierische Fette	pflanzliche Fette

34. **Echte Fette werden in vielen Hautcremes verwendet. Nennen Sie die Eigenschaften der echten Fette.**

35. **Nennen Sie kosmetische Präparate, in denen echte Fette verwendet werden.**

36. **Ordnen Sie den Fettstoffen ihren jeweiligen chemischen Aufbau durch Linien zu.**

echte Fette   langkettige Kohlenwasserstoffe

fettähnliche Stoffe (Lipoide)   synthetisch hergestellt oder Ester aus Glyzerin und Fettsäuren

Paraffine   Ester aus höheren Alkoholen und höheren Fettsäuren

37. **Paraffine sind Bestandteil von vielen Hautpflegepräparaten. Beschreiben Sie die Eigenschaften der Paraffine.**

38. **Bei welchem der folgenden Fettstoffe handelt es sich um ein Paraffin?**
   Ⓐ Vaseline
   Ⓑ Lanolin
   Ⓒ Lebertran

39. **Nennen Sie kosmetische Präparate, in denen Paraffine verwendet werden.**

40. **Lipoide ist der Fachausdruck für**
   Ⓐ echte Fette
   Ⓑ fettähnliche Stoffe
   Ⓒ Paraffine

41. Lipoide sind in vielen Haar- und Hautpflegeprodukten enthalten. Beschreiben Sie die Eigenschaften der Lipoide.

42. Nennen Sie die Aufgaben, die Lipoide in kosmetischen Präparaten erfüllen.

43. Ordnen Sie den folgenden Lipoiden ihre jeweilige beabsichtigte Eigenschaft zu.

Lanolin	hat eine hautglättende Wirkung.
Carnaubawachs	hat ein starkes Wasserbindevermögen.
Lecithin	besitzt eine hohe Wärmebeständigkeit.

44. Ordnen Sie die folgenden Präparate der jeweiligen Fettstoffgruppe zu:
Lecithin, Olivenöl, Rindertalg, Bienenwachs, Paraffin, Lanolin, Vaseline, Kakaobutter, Carnaubawachs, Ceresin, Avocadoöl

echte Fette	Paraffine	Lipoide

45. Lipide ist ein Oberbegriff für

Ⓐ alle Fettstoffgruppen
Ⓑ fettähnliche Stoffe und Paraffine
Ⓒ fettähnliche Stoffe und echte Fette

46. Nicht zufällig werden in Sonnenölen Paraffine und in Tagescremes echte Fette verwendet. Ordnen Sie die Eigenschaften den jeweiligen Fettstoffen zu:
wasserabweisend, sollen den Wasserhaushalt der Haut regulieren, werden ranzig, werden <u>nicht</u> ranzig, ziehen schnell in die Haut ein, liegen wie ein Film auf der Haut, wirken emulgierend

echte Fette	Paraffine	Lipoide

Duftstoffe

47. **Duftstoffe** können auf drei verschiedene Arten gewonnen werden. Danach werden sie jeweils benannt. Nennen Sie die drei verschiedenen Arten von Duftstoffen.

48. **Nennen Sie Beispiele für** pflanzliche Duftstoffe.

49. **Kreuzen Sie an, welche Pflanzenteile** <u>nicht</u> **für die** Duftstoffgewinnung **verwendet werden.**

    Ⓐ Früchte
    Ⓑ Wurzeln
    Ⓒ Blätter
    Ⓓ Blüten
    Ⓔ Rinden und Hölzer

50. **Erklären Sie, woher die** tierischen Duftstoffe **stammen.**

51. **Ordnen Sie durch Linien die** tierischen Duftstoffe **den entsprechenden Tieren zu.**

    Moschus   Drüsensekret einer Katzenart

    Castoreum   Drüsensekret einer asiatischen Hirschart

    Zibet   Darmausscheidung des Pottwals

    Ambra   Drüsensekret des Bibers

52. **In fast allen kosmetischen Präparaten werden** synthetische Duftstoffe **verwendet. Nennen Sie Gründe dafür.**

53. **Beschreiben Sie den chemischen Aufbau von** synthetischen Duftstoffen**.**

54. Synthetische Duftstoffe **sind chemisch gesehen:**

    Ⓐ Säuren
    Ⓑ Alkohole
    Ⓒ Ester

55. **Nennen Sie die** Verfahren der Duftstoffgewinnung**, die eingesetzt werden, um etherische Öle aus Pflanzen zu gewinnen.**

    _____

    _____

    _____

56. **Als** Extraktion **bezeichnet man das Verfahren zur Gewinnung der etherischen Öle:**

    Ⓐ durch Wasserdampfdestillation
    Ⓑ durch Herauslösen mit einem Lösungsmittel, z. B. Ether
    Ⓒ durch Herauslösen mit Fetten

57. Als Enfleurage bezeichnet man das Verfahren zur Gewinnung der etherischen Öle:

Ⓐ durch Herauslösen mit Fetten
Ⓑ durch Wasserdampfdestillation
Ⓒ durch Herauslösen mit einem
   Lösungsmittel, z. B. Ether

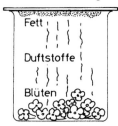

58. Kreuzen Sie an welche zwei Wirkungen für die etherischen Öle zutreffen.

Ⓐ durchblutungsfördernd
Ⓑ reinigend
Ⓒ leicht hautreizend
Ⓓ geruchlos
Ⓔ pflegend

59. Nennen Sie drei Phasen der Duftentwicklung.

1. _____   2. _____   3. _____

60. Fixateure nennt man Stoffe, die:

Ⓐ ein schnelles Verflüchtigen der Duftstoffe verhindern
Ⓑ den Wasserhaushalt der Haut regulieren
Ⓒ das Herausziehen der Duftstoffe aus den Pflanzenteilen bewirken

61. Kreuzen Sie den Alkohol an, der als Lösungsmittel in Duftwässern verwendet wird.

Ⓐ Isopropylalkohol
Ⓑ Ethylalkohol
Ⓒ Sorbit

62. Die Kopfnote wird vorwiegend bestimmt durch:

Ⓐ die leicht flüchtigen etherischen Öle
Ⓑ die synthetischen Duftstoffe
Ⓒ die tierischen Duftstoffe

63. Tierische Duftstoffe bestimmen vorwiegend:

Ⓐ die Kopfnote
Ⓑ die Mittelnote
Ⓒ die Basisnote

64. Folgende Duftstoffe wirken zugleich als Duftstoffe und Fixateure:

Ⓐ die leicht flüchtigen etherischen Öle
Ⓑ die tierischen Duftstoffe
Ⓒ die synthetischen Duftstoffe

Puder

65. Puder werden in der dekorativen Kosmetik zur Teintgrundierung eingesetzt. Nennen Sie unterschiedliche Arten von Pudern.

66. Nennen Sie die Aufgaben von Pudern in der Kosmetik.

67. Kreuzen Sie an, bei welchen vier Stoffen es sich um Pudergrundstoffe handelt.

Ⓐ Talkum
Ⓑ Benzol
Ⓒ Kartoffel- und Maisstärke
Ⓓ Tenside
Ⓔ Zink- und Titanoxid
Ⓕ Antioxidantien
Ⓖ Milchpulver
Ⓗ Kaolin

68. Beschreiben Sie, woran man einen hochwertigen Puder erkennt.

69. Ordnen Sie die folgenden Inhaltsstoffe eines Puders ihren jeweiligen Aufgaben durch Linien zu.

Fette und Wachse	binden Feuchtigkeit, verhindern, dass der Haut Feuchtigkeit durch den Puder entzogen wird.
Konservierungsmittel	lassen die Hautoberfläche farbig (z. B. bräunlich) erscheinen.
Farbpigmente	ermöglichen eine bessere Haftung und erzeugen mehr Glätte auf der Haut.
Sorbit und Glyzerin	schützen vor bakteriellem Verderb.

70. Erklären Sie, welchen Nachteil Stärke als Pudergrundstoff besitzt.

71. Erklären Sie den Unterschied zwischen Kompaktpuder und losem Puder.

72. In kosmetischen Präparaten sind häufig pflanzliche Wirkstoffe enthalten. Nennen Sie Beispiele.

73. Kreuzen Sie an, welchen drei Pflanzenwirkstoffen eine durchblutungsfördernde Wirkung zugeschrieben wird:

Ⓐ Hamamelis
Ⓑ Melisse
Ⓒ Rosskastanie
Ⓓ Arnika
Ⓔ Kamille
Ⓕ Salbei

6

74. **Kreuzen Sie an, welchen drei Pflanzenwirkstoffen eine** adstringierende **(zusammenziehende)** Wirkung **zugeschrieben wird:**

Ⓐ Salbei
Ⓑ Hamamelis
Ⓒ Fenchel
Ⓓ Pfefferminz
Ⓔ Melisse

75. **Kreuzen Sie an, welchen drei Pflanzenwirkstoffen eine** entzündungshemmende Wirkung **zugeschrieben wird:**

Ⓐ Pfefferminz
Ⓑ Kornblume
Ⓒ Hamamelis
Ⓓ Kamille
Ⓔ Salbei

76. **In Hautpflegepräparaten werden häufig** Azulen **und** Allantoin **verwendet. Aus welchen Pflanzen werden sie gewonnen?**

77. **Ordnen Sie die folgenden** Wirkstoffe **aus Hautpflegepräparaten durch Linien ihren jeweiligen Wirkungen zu.**

Allantoin   wirkt kühlend und anregend.

Azulen   wirkt adstringierend auf die Haut.

Hamamelis   wirkt entzündungshemmend, hilft bei Hauterneuerung nach Sonnenbrand.

Pfefferminz   wirkt keratolytisch (hornerweichend) bei Akne und Seborrhoe.

78. **Ergänzen Sie in der Tabelle Verwendungsmöglichkeiten für die folgenden** Wirkstoffe **in kosmetischen Präparaten:**

Wirkstoff	Verwendungsmöglichkeiten/Präparate
Kamille	
Melisse	
Pfefferminz	

Wirkstoffe

79. **Schwefel, Salicylsäure und Resorcin sind als** Wirkstoffe**, z. B. in Haar- und Kopf-hautwässern enthalten. Diese Stoffe wirken:**

   Ⓐ erfrischend und durchblutungsfördernd
   Ⓑ adstringierend und neutralisierend
   Ⓒ desinfizierend und keratolytisch

80. **Ordnen Sie die** Wirkstoffe **aus Haarpflegepräparaten durch Linien ihren jeweiligen Wirkungen zu.**

   Panthenol   mildern Strukturschädigungen des Haares.

   Schwefelverbindungen   bindet Feuchtigkeit im Haar, erhöht die
                                      Geschmeidigkeit und Elastizität des Haares.

   Proteine   wirken antiseborrhoeisch.

Emulsionen und Lösungen

6

81. **Viele Haar- und Hautpflegemittel sind** Emulsionen**. Emulsionen werden ganz all-gemein bezeichnet als:**

   Ⓐ Flüssigkeiten mit ungelösten Feststoffteilchen
   Ⓑ in Luft fein zerteilte Feststoff- oder Flüssigkeitsteilchen
   Ⓒ fein ineinander verteilte Flüssigkeiten, die sich gegenseitig nicht lösen

82. **Nennen Sie die wichtigsten Bestandteile einer** Emulsion**.**

83. Emulgatoren **sind ein notwendiger Bestandteil von Emulsionen. Nennen Sie die Aufgaben von Emulgatoren.**

84. **Beschriften Sie das** Emulgatormolekül **mit folgenden Begriffen:**
   hydrophil, hydrophob, lipophil, lipophob

   oder   oder

85. **Hautcremes sind Emulsionen. Nennen Sie die unterschiedlichen** Emulsionstypen**.**

Emulsionen und Lösungen

86. **In der Kosmetik unterscheidet man mehrere Emulsionstypen. Der Emulsionstyp wird bestimmt durch:**

  Ⓐ das Mischungsverhältnis von Fett und Wasser
  Ⓑ die Fettart
  Ⓒ den Emulgator

87. **In einer Emulsion bilden Fett und Wasser jeweils eine eigene Phase. Wie heißen die beiden Phasen, die in einer Emulsion unterschieden werden?**

88. **Beschriften Sie die folgende Abbildung der beiden Emulsionstypen mit folgenden Begriffen:**
   Emulgatoren, Öl, Öltröpfchen in Wasser, Ö/W-Emulsion, Wasser, Wassertröpfchen in Öl, W/Ö-Emulsion

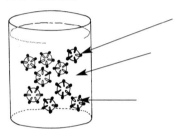 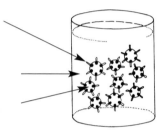

89. **Kreuzen Sie die drei Haar- und Hautpflegemittel an, bei denen es sich meistens um Ö/W-Emulsionen handelt.**

  Ⓐ Tagescreme
  Ⓑ Nachtcreme
  Ⓒ Haarkur
  Ⓓ Haarspray
  Ⓔ Körpermilch

90. **Kreuzen Sie die zwei Haar- und Hautpflegemittel an, bei denen es sich meistens um W/Ö-Emulsionen handelt.**

  Ⓐ Reinigungsmilch
  Ⓑ Nachtcreme
  Ⓒ Babycreme
  Ⓓ Haarspray
  Ⓔ Tagescreme

91. **Tagescremes sind Ö/W-Emulsionen. Nennen Sie die drei wichtigen Eigenschaften von Ö/W-Emulsionen.**

92. **Nachtcremes sind W/Ö-Emulsionen. Nennen Sie die drei wichtigen Eigenschaften von W/Ö-Emulsionen.**

Emulsionen und Lösungen

93. **Ordnen Sie die folgenden Haar- und Hautpflegepräparate ihrem jeweiligen** Emulsionstyp **zu:**
Reinigungsmilch, Nährcreme, Handcreme, Augenfaltencreme, Tagescreme, Haarkur, Körpermilch, Nachtcreme, Massagecreme, Oxidationshaarfarbe, Babywundcreme

W/Ö-Emulsionen	Ö/W-Emulsionen

94. **Einige Haut- und Haarpflegemittel sind** Mischemulsionen. **Erklären Sie, was man unter einer Mischemulsion versteht.**

_____

_____

6

95. **Der Emulsionstyp kann bestimmt werden, indem man der Emulsion Wasser bzw. Öl zumischt** (Verdünnungsmethode). **Erklären Sie diese Nachweismethode und die möglichen Ergebnisse.**

_____

_____

96. **Nennen Sie weitere** Methoden **außer der Verdünnungsmethode, um den Emulsionstyp festzustellen.**

97. **Viele Haut- und Haarpflegemittel sind** Lösungen. **Lösungen werden allgemein bezeichnet als:**

ⓐ fein ineinander verteilte Flüssigkeiten, die sich gegenseitig nicht lösen
ⓑ Flüssigkeiten mit ungelösten Feststoffteilchen
ⓒ feinste Verteilungen eines Stoffes in einem meist flüssigen Lösungsmittel

98. **Kreuzen Sie die zwei Präparate an, bei denen es sich um** Lösungen **handelt.**

ⓐ Zahnpasta
ⓑ Gesichtswasser
ⓒ Haarfestiger
ⓓ Haarspray
ⓔ Reinigungsmilch

Reinigungspräparate: Seifen, Shampoos und andere Tenside

99. **Nennen Sie die beiden Ausgangsstoffe, die zur** Seifenherstellung **benötigt werden.**

100. **Der** pH-Wert einer Seife **ist immer:**

   Ⓐ   neutral
   Ⓑ   stark alkalisch
   Ⓒ   leicht alkalisch
   Ⓓ   stark sauer
   Ⓔ   schwach sauer

101. **Eine** Seife **ist chemisch gesehen ein alkalisch reagierendes** Salz**. Es ist entstanden aus:**

   Ⓐ   einer starken Säure und einer schwachen Lauge
   Ⓑ   aus einer starken Lauge und einer schwachen Säure
   Ⓒ   einer schwachen Lauge und einer schwachen Säure

102. **Kreuzen Sie die richtige** Eigenschaft der Seife **an:**

   Ⓐ   fettet Haar und Haut
   Ⓑ   emulgiert Fettschmutz
   Ⓒ   wirkt adstringierend (zusammenziehend)
   Ⓓ   fördert die Erhaltung des Säureschutzmantels der Haut

103. **Eine nachteilige Wirkung der** Seife **zeigt sich in Verbindung mit hartem Wasser. Was entsteht bei der Verbindung von hartem Wasser mit Seife?**

104. **Nummerieren Sie die Schritte der** Seifenherstellung **in der richtigen Reihenfolge.**

   _____ Dem Seifenkern werden Duft-, Fett-, Wirk- und Farbstoffe zugesetzt.
   _____ Ein echtes Fett und eine Lauge werden zu Seifenleim verkocht.
   _____ Die fertige Seife wird zu Seifenstücken gepresst.
   _____ Der Seifenleim trennt sich in Seifenkern und Unterlauge.

105. **Ein Nebenprodukt, das bei der** Seifenherstellung **gewonnen wird, ist:**

   Ⓐ   Sorbit
   Ⓑ   Wasser
   Ⓒ   Glyzerin

106. **Je nach Verwendungszweck unterscheidet man verschiedene** Seifensorten**. Nennen Sie Beispiele.**

107. **Ordnen Sie durch Linien der jeweiligen** Seifensorte **die** Lauge **zu, mit der sie hergestellt worden ist.**

Rasierseife	Natronlauge
Schmierseife	Gemisch aus Natron- und Kalilauge
Toilettenseife	Kalilauge

Reinigungspräparate: Seifen, Shampoos und andere Tenside

108. Erklären Sie, worin sich Kernseifen und Toilettenseifen unterscheiden.

109. Deoseifen wirken:

    Ⓐ entzündungshemmend und reizmildernd
    Ⓑ schweißhemmend und antibakteriell
    Ⓒ desinfizierend und heilend

110. Kinderseifen zeichnen sich aus durch:

    Ⓐ einen hohen Gehalt an Duft- und Farbstoffen
    Ⓑ eine desinfizierende und heilende Wirkung
    Ⓒ einen hohen Fettgehalt und eine geringe Parfümierung

111. Nennen Sie Qualitätsmerkmale einer guten Seife.

112. Pflege- und Reinigungspräparate werden je nach Eigenschaft und Verwendung unterschiedlich benannt. Tragen Sie die folgenden Begriffe in die Abbildung ein:
Babyseife, Detergentien, Duschgel, Haarkur, Rasierseife, Seifen, Shampoo, Syndets, Tenside, Toilettenseife, WAS

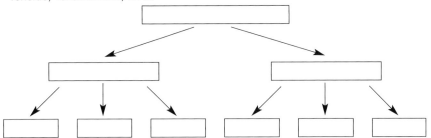

113. Syndets sind z. B. in Shampoos zur schonenden Reinigung der Haare enthalten. Erklären Sie, wofür die Abkürzung Syndet steht.

114. In vielen Präparaten zur Reinigung von Haar und Haut werden Syndets eingesetzt. Nennen Sie Beispiele.

115. Nennen Sie die Aufgabenbereiche der Syndets.

116. Erklären Sie, warum in den meisten Reinigungsmitteln für Haar und Haut, z. B. einem Duschbad, so genannte Rückfettungsmittel enthalten sind.

117. Streichen Sie die in den folgenden vier Sätzen jeweils nicht zutreffenden Aussagen durch.

    Ⓐ Syndets haben eine größere/geringere Reinigungskraft als Seife.
    Ⓑ Syndets/Seife bilden/bildet in hartem Wasser Kalkseife.
    Ⓒ Syndets können alkalisch/neutral/sauer eingestellt sein.
    Ⓓ Seife ist alkalisch/neutral/sauer eingestellt.

Reinigungspräparate: Seifen, Shampoos und andere Tenside

118. Nennen Sie die vier verschiedenen Arten von Syndets.

119. Ordnen Sie durch Linien den jeweiligen Syndetarten ihre Wirkungen zu.

Anionische Syndets

sind gute Netzmittel und Emulgatoren in Kosmetika.

Kationische Syndets

besitzen eine hohe Reinigungskraft und eine hohe Beständigkeit gegenüber hartem Wasser.

Nichtionische Syndets

sind besonders milde Reinigungsmittel, auch Pflegestoffe in Haarkuren.

Amphotere Syndets

geringe Waschwirkung, beseitigen „das Fliegen" der Haare, haben desinfizierende Eigenschaften.

120. Ordnen Sie die folgenden Präparate den jeweiligen Tensidarten zu:
Cremes, Shampoo, Haarkur, Babyshampoo, Badezusatz, Desinfektionsmittel, Spülung, Fußduschen in Hallenbädern, Duschzusatz

anionische Tenside	kationische Tenside	amphotere Tenside	nichtionische Tenside

121. Shampoos dienen zur Reinigung von Haar und Kopfhaut. Ordnen Sie den möglichen Inhaltsstoffen eines Shampoos ihre richtige Wirkung durch Linien zu.

Anionische Tenside

machen das Shampoo dickflüssig.

Konservierungsmittel

geben dem Präparat einen angenehmen Duft.

Pufferstoffe

besitzen eine hohe Reinigungskraft.

Farbstoffe

machen das Shampoo haltbar.

Verdickungsmittel

halten den pH-Wert konstant.

Duftstoffe

färben das Präparat an.

122. Neben den Shampoos können zur Haarreinigung noch weitere spezielle Reinigungspräparate verwendet werden. Nennen Sie Beispiele.

123. Trockenshampoos werden vorzugsweise bei fettigen Haaren verwendet. Erklären Sie die Wirkungsweise von Trockenshampoos.

Reinigungspräparate: Seifen, Shampoos und andere Tenside

124. **Zur Haarreinigung werden je nach Haar- und Kopfhautbeschaffenheit unterschiedliche** Shampoos **angeboten. Ordnen Sie den folgenden Shampooarten ihre jeweiligen** Wirkstoffe **zu.**

Shampoo gegen trockenes Haar	enthält stark entfettende Tenside und Wirkstoffe, die beruhigend auf die Kopfhaut wirken.
Shampoo gegen Schuppen	enthält sehr milde Tenside und rückfettende Stoffe, z. B. Fettalkohole und Lecithin.
Shampoo gegen fettiges Haar	enthält u.a. desinfizierende und keratolytische (hornerweichende) Wirkstoffe, z. B. Schwefelverbindungen.

Hautreinigungsmittel

125. **Zur täglichen Reinigung der Haut werden verschiedene Präparate angeboten. Nennen Sie Beispiele für** Hautreinigungspräparate.

126. **Kreuzen Sie die drei Inhaltsstoffe an, die in einem** Schaumbad **enthalten sein können.**

Ⓐ   Duftstoffe
Ⓑ   Geschmacksstoffe
Ⓒ   Farbstoffe
Ⓓ   Tenside
Ⓔ   Säuren

6

127. **Erklären Sie, warum** Schaumbäder **nicht direkt auf die Haut gegeben, sondern mit Wasser verdünnt werden sollen.**

128. **Die Gesichtshaut bedarf einer besonderen Pflege. Aus diesem Grund werden für die Reinigung des Gesichtes spezielle Präparate angeboten. Nennen Sie Präparate zur** Gesichtsreinigung.

129. Reinigungsmilch **gehört zur Stoffgruppe der** Emulsionen. **Kreuzen Sie an, zu welchem** Emulsionstyp **Reinigungsmilch gehört.**

Ⓐ   Mischemulsion
Ⓑ   W/Ö-Emulsion
Ⓒ   Ö/W-Emulsion

130. Reinigungsmilch **ist besonders für die Reinigung von trockener und empfindlicher Haut geeignet. Erklären Sie, warum.**

131. Reinigungscremes **sind** Emulsionen. **Kreuzen Sie an, zu welchem** Emulsionstyp **Reinigungscremes gehören.**

Ⓐ   W/Ö-Emulsion
Ⓑ   Ö/W-Emulsion
Ⓒ   Mischemulsion

Hautreinigungsmittel

132. **Erklären Sie die Wirkungsweise von** Reinigungscremes.

133. Reinigungscremes **sind besonders geeignet für die Reinigung von:**

    Ⓐ   normaler Haut
    Ⓑ   trockener Haut
    Ⓒ   fettiger Haut

134. Waschcremes **lassen sich gut mit Wasser von der Haut abwaschen. Erklären Sie, warum.**

135. **Ordnen Sie den folgenden** Reinigungspräparaten **durch Linien die jeweiligen Eigenschaften und Wirkungsweisen zu.**

Öl- oder fetthaltige Reinigungspräparate	sind sehr milde Reinigungsmittel, gemischt aus Öl und einem Emulgator.
Peelingpräparate	sind hautschonend, machen allerdings eine Nachreinigung erforderlich, weil ein fettiger Film auf der Haut bleibt.
Hydrophile Öle	sollen die oberen, abgestorbenen Hautschüppchen entfernen, können Schleifkörper oder Enzyme enthalten.

136. Augen-Make-up-Entferner **sollen Lidschatten mild von den Augenlidern entfernen. Kreuzen Sie den** Emulsionstyp **an, zu dem Augen-Make-up-Entferner zählen:**

    Ⓐ   W/Ö-Emulsion
    Ⓑ   Mischemulsion
    Ⓒ   Ö/W-Emulsion

Gesichtswasser und Rasierwasser

137. **Nach der Hautreinigung sollte ein** Gesichtswasser **verwendet werden. Beschreiben Sie die allgemeine Wirkung eines Gesichtswassers.**

138. Gesichtswässer **sind sauer eingestellt. Der** pH-Wert **eines Gesichtswassers liegt bei:**

    Ⓐ   ca. pH 7
    Ⓑ   ca. pH 5,5
    Ⓒ   ca. pH 3
    Ⓓ   ca. pH 7,5

139. **In einem** Gesichtswasser **für empfindliche Haut verwendet man einen bestimmten** Alkohol. **Kreuzen Sie den Alkohol an.**

    Ⓐ   Isopropylalkohol
    Ⓑ   Cetylalkohol
    Ⓒ   Ethylalkohol

6

Gesichtswasser und Rasierwasser

140. **Isopropylalkohol wird vorzugsweise in Gesichtswässern für einen bestimmten Hauttyp eingesetzt. Kreuzen Sie den** Hauttyp **an.**

Ⓐ fettige Haut
Ⓑ trockene Haut
Ⓒ normale Haut

141. **Erklären Sie, warum in Gesichtswässern für fettige Haut vorzugsweise** Isopropylalkohol **verwendet wird.**

142. **Kreuzen Sie den** Inhaltsstoff **an, der für die saure Reaktion eines** Gesichtswassers **verantwortlich ist.**

Ⓐ Glyzerin
Ⓑ Melisse
Ⓒ Zitronensäure
Ⓓ Salzsäure

143. **Je nach Verwendung unterscheidet man zwei Arten von** Rasierwässern. **Nennen Sie die beiden Arten.**

144. **Erklären Sie die Verwendung und die Aufgaben eines** Preshaves.

145. **Erklären Sie die Verwendung und die Aufgaben eines** Aftershaves.

6

Hautcremes

146. Hautcremes **können unterschiedlichen Emulsionstypen zugeordnet werden. Nennen Sie diese** Emulsionstypen.

147. **Eine** Tagescreme **ist meistens eine:**

Ⓐ Mischemulsion
Ⓑ W/Ö-Emulsion
Ⓒ Ö/W-Emulsion

148. **Eine** Nachtcreme **ist meistens eine:**

Ⓐ Ö/W-Emulsion
Ⓑ W/Ö-Emulsion
Ⓒ Mischemulsion

149. **In den Technischen Regeln zum sicheren Umgang mit kosmetischen Mitteln im Friseurhandwerk (TRGS 530) werden verschiedene Situationen im Betrieb genannt, in denen Sie eine** Handcreme **auftragen sollen. Zählen Sie solche Situationen auf.**

150. **Das Auftragen einer Handcreme gehört zu den im Friseurbetrieb notwendigen** Hautschutzmaßnahmen. **Worauf sollten Sie achten, wenn Sie im Betrieb eine Handcreme auftragen?**

151. Bei der Entfernung von unerwünschtem Haarwuchs unterscheidet man die dauerhafte und die nicht dauerhafte Haarentfernung. Der Fachausdruck für die nicht dauerhafte Haarentfernung lautet:

Ⓐ Depilation
Ⓑ Epilation
Ⓒ Reduktion

152. Der Fachausdruck für die dauerhafte Haarentfernung ist:

Ⓐ Oxidation
Ⓑ Depilation
Ⓒ Epilation

153. Bei der nicht dauerhaften Haarentfernung gibt es mehrere Möglichkeiten. Nennen Sie diese Möglichkeiten.

154. Die Anwendung einer Enthaarungscreme ist eine Möglichkeit der nicht dauerhaften Haarentfernung. Kreuzen Sie den Inhaltsstoff an, der für die Zerstörung der Haare in Enthaarungscremes verantwortlich ist.

Ⓐ Thioglykolsäure oder ihre Salze
Ⓑ Kunstharze
Ⓒ Bienenwachs

155. Erklären Sie das Wirkprinzip einer Enthaarungscreme.

156. Enthaarungscreme reagiert stark alkalisch. Kreuzen Sie an, welchen pH-Wert eine Enthaarungscreme aufweist.

Ⓐ ca. pH 8–9
Ⓑ ca. pH 10–12
Ⓒ ca. pH 12–13
Ⓓ ca. pH 5,5–7

157. Der Enthaarungswachs ist ein Mittel zur nicht dauerhaften Haarentfernung. Nennen Sie die beiden zur Haarentfernung gebräuchlichen Wachsarten.

158. Erklären Sie das Wirkprinzip bei der Haarentfernung mit Wachs.

159. Die Entscheidung für ein Enthaarungsmittel hängt u. a. davon ab, wie lange es dauert, bis die Haare wieder nachwachsen. Die Haarentfernung mit Wachs hält:

Ⓐ ca. 5–6 Wochen
Ⓑ ca. 2–3 Wochen
Ⓒ ca. 1–2 Wochen
Ⓓ ca. drei Monate

6

Lichtschutzmittel und Bräunungsmittel

160. **Vor jedem Sonnenbaden sollte ein** Sonnenschutzmittel **angewendet werden. In welchen** Handelsformen **sind Sonnenschutzmittel erhältlich?**

161. Sonnenschutzmittel **sind heute unerlässlich geworden. Nennen Sie die Aufgaben eines Sonnenschutzmittels.**

162. **Die** Wirksamkeit **eines** Sonnenschutzmittels **hängt vom** Lichtschutzfaktor **ab. Was sagt der Lichtschutzfaktor aus? Zwei Antworten sind richtig:**

    Ⓐ   Der Lichtschutzfaktor gibt den Faktor an, der die Zeit bis zur Rötung der Haut verlängert.

    Ⓑ   Der Lichtschutzfaktor gibt an, wie viel Stunden man in der Sonne bleiben kann.

    Ⓒ   Der Lichtschutzfaktor gibt an, wie viel Stunden länger man in der Sonne bleiben kann als ohne Sonnenschutzmittel.

    Ⓓ   Der Lichtschutzfaktor gibt an, wie viel länger man sich in der Sonne aufhalten kann als ohne Lichtschutzmittel.

163. **Neben den üblichen** Sonnenschutzmitteln **gibt es noch die so genannten** Sunblocker**. Erklären Sie den Unterschied zwischen einem normalen Sonnenschutzmittel und einem Sunblocker.**

164. **Damit ein** Sonnenschutzmittel **optimal schützen kann, muss es einige Zeit vor dem Sonnenbaden aufgetragen werden. Kreuzen Sie an, wie lange vor dem Sonnenbad das Sonnenschutzmittel aufgetragen werden soll.**

    Ⓐ   ca. 30 Minuten vor dem Sonnenbad

    Ⓑ   ca. 15 Minuten vor dem Sonnenbad

    Ⓒ   ca. 10 Minuten vor dem Sonnenbad

    Ⓓ   ca.   5 Minuten vor dem Sonnenbad

6

165. **Ordnen Sie den** Inhaltsstoffen **von** Lichtschutzmitteln **ihre entsprechenden Wirkungen zu.**

Lichtschutzfiltersubstanz	hilft die Wirkstoffe zu transportieren, sie auf die Haut aufzubringen und zu verteilen.
Trägersubstanz	verhindern die Austrocknung der Haut und des Präparates.
Emulgatoren	filtert oder reflektiert schädigende UV-Strahlung.
Feuchthaltemittel	machen das Präparat relativ unempfindlich gegen Kälte und Hitze.

166. After-Sun-Präparate **werden nach dem Sonnenbaden aufgetragen. Nennen Sie die Aufgaben eines After-Sun-Präparates.**

Lichtschutzmittel und Bräunungsmittel

167. **Kreuzen Sie drei Inhaltsstoffe an, die in einem After-Sun-Präparat enthalten sein können.**

  Ⓐ Melisse
  Ⓑ Glyzerin
  Ⓒ Hamamelis
  Ⓓ Allantoin
  Ⓔ Kollagen

168. **Der Wirkstoff in Selbstbräunungsmitteln ist eine zuckerähnliche Substanz. Kreuzen Sie den Namen dieses Wirkstoffes an.**

  Ⓐ Fettsäureglyzerinester
  Ⓑ Dihydroxyaceton (DHA)
  Ⓒ Ammoniumthioglykolat

169. **Bräunungsmittel verleihen der Haut eine natürliche Bräune. Erklären Sie das Wirkprinzip von Selbstbräunungsmitteln.**

170. **Zur Verbesserung des Farbtons wird den Selbstbräunungsmitteln ein Wirkstoff zugesetzt. Kreuzen Sie den Wirkstoff an, der eine tiefere Braunfärbung bewirkt.**

  Ⓐ Walnussextrakt
  Ⓑ Kamillenextrakt
  Ⓒ Salbei

171. **Bei der Anwendung eines Selbstbräunungsmittels ist unbedingt auf die Gebrauchsanweisung zu achten. Beschreiben Sie die Anwendung eines Selbstbräuners.**

Deodorantien

172. **Deodorantien gehören zur täglichen Körperpflege. Nennen Sie die Aufgaben der Deodorantien.**

173. **In welchen Handelsformen werden Deodorantien angeboten?**

174. **In Deodorantien gibt es unterschiedliche Wirkstoffe, um unangenehmen Körpergeruch zu hemmen. Ordnen Sie den folgenden Mitteln ihre richtigen Wirkungen durch Linien zu.**

Enzymblocker	hemmen das Wachstum der Bakterien, die für die Zersetzung des Schweißes verantwortlich sind.
Bakterizide Wirkstoffe	hemmen die Wirkung der schweißzersetzenden Enzyme.
Bakteriostatische Wirkstoffe	machen die Bakterien unschädlich, die für die Zersetzung des Schweißes verantwortlich sind.

Deodorantien

175. Eine besondere Art von Deodorantien sind die Antitranspirantien. Erklären Sie den Unterschied zwischen einem Deodorant und einem Antitranspirant.

176. Bakterizide Wirkstoffe in Deodorantien können Hautreizungen hervorrufen. Erklären Sie die Ursache.

177. Deodorantien werden in verschiedenen Handelsformen angeboten. Kreuzen Sie den Inhaltsstoff an, der in Deo-Sprays bei trockener, empfindlicher Haut zu Hautreizungen führen kann.

   Ⓐ Glyzerin
   Ⓑ Ethanol
   Ⓒ Glykol

Lippenpflegemittel und Make-up-Präparate

178. Die Lippenpflege ist ein Teil der Gesichtspflege. Nennen Sie die Aufgaben eines Lippenpflegestiftes.

179. Kreuzen Sie die drei Stoffe an, die in einem Lippenpflegestift enthalten sein können.

   Ⓐ Farbstoffe
   Ⓑ Lanolin
   Ⓒ Kamillenöl
   Ⓓ Menthol
   Ⓔ Melisse

6

180. Gute Lippenstifte zeichnen sich durch bestimmte Qualitätsmerkmale aus. Nennen Sie diese Merkmale.

181. Die drei möglichen Inhaltsstoffe eines Lippenstiftes sind:

   Ⓐ Fettstoffe
   Ⓑ Oxidationshaarfarben
   Ⓒ Farbstoffe (Pigmente)
   Ⓓ Reinigungsmittel
   Ⓔ Konservierungsstoffe

182. Ordnen Sie den folgenden Inhaltsstoffen eines Lippenstiftes die richtigen Wirkungen durch Linen zu.

Bienenwachs	soll die Lippen pflegen.
Vitamin E	färbt die Lippenhaut an.
Panthenol	verhindert das Ranzigwerden.
Farbstoff	ist verantwortlich für die Bruchfestigkeit des Stiftes und wirkt begünstigend auf die Haftung der Pigmente.

Lippenpflegemittel und Make-up-Präparate

183. **Lipgloss-Präparate verleihen den Lippen einen besonderen Glanz. Kreuzen Sie den Inhaltsstoff an, der für den Glanzeffekt verantwortlich ist.**

Ⓐ Silikonöl
Ⓑ Farbstoffe
Ⓒ Cetylalkohol

184. **Wimperntusche wird benutzt, um die Wimpern optisch länger erscheinen zu lassen. Zu welcher Stoffgruppe zählt Wimperntusche?**

Ⓐ Emulsionen
Ⓑ Suspensionen
Ⓒ Gele
Ⓓ Lösungen
Ⓔ Aerosole

185. **Nennen Sie Qualitätsmerkmale von Wimperntuschen.**

186. **Nennen Sie die unterschiedlichen Handelsformen von Lidschatten.**

187. **Zur Grundierung des Gesichts werden Make-up-Präparate verwendet. Nennen Sie verschiedene Handelsformen von Make-up-Präparaten.**

188. **Zu welcher Stoffgruppe gehört flüssiges Make-up?**

Ⓐ Lösung
Ⓑ Emulsion
Ⓒ Suspension
Ⓓ Aerosol
Ⓔ Gel

Frisiermittel

189. **In der Friseurpraxis werden verschiedene Stylingprodukte zum Modellieren der Haare verwendet. Nennen Sie verschiedene Stylingprodukte.**

190. **Frisiercremes werden hauptsächlich zum Modellieren von Herrenfrisuren verwendet. Nennen Sie die Aufgaben von Frisiercremes.**

191. **Haarwachs ist ein häufig verwendetes Stylingprodukt. Beschreiben Sie die Anwendung von Haarwachs.**

192. **Nennen Sie Qualitätsmerkmale von Haarwachs.**

193. **Der Haarfestiger ist ein Stylingprodukt, das häufig verwendet wird. Nennen Sie unterschiedliche Arten von Festigern.**

194. **Haarfestiger werden unmittelbar vor dem Einlegen der Frisur auf das Haar aufgetragen. Nennen Sie die Aufgabe eines Haarfestigers.**

Frisiermittel

195. **Kreuzen Sie die drei** Inhaltsstoffe **an, die in einem** Haarfestiger **vorhanden sein können.**

Ⓐ Alkohol
Ⓑ oxidative Farbstoffe
Ⓒ direktziehende Farbstoffe
Ⓓ Kunstharze
Ⓔ Antioxidantien

196. Haarfestiger **schützen die Frisur vor Witterungseinflüssen. Erläutern Sie die** Wirkungsweise **eines Haarfestigers.**

Kopfwasser und Haarwasser

197. **Nennen Sie die** Wirkungen **von** Haar-und Kopfhautwässern **in Verbindung mit einer Kopfmassage.**

198. **Kreuzen Sie den** Alkohol **an, der in** Dufthaarwässern **enthalten ist.**

Ⓐ Isopropylalkohol
Ⓑ Butylalkohol
Ⓒ Ethylalkohol

6

199. **Kreuzen Sie den** Alkohol **an, der in medizinischen** Haar- und Kopfhautwässern **enthalten ist.**

Ⓐ Butylalkohol
Ⓑ Isopropylalkohol
Ⓒ Ethylalkohol

200. **Ordnen Sie durch Linien den jeweiligen** Haar- und Kopfhautwässern **ihre** Wirkungen **zu.**

Duftwässer	wirken keratolytisch gegen Schuppen, fettige Kopfhaut und gegen Juckreiz.
Frisierwässer	verleihen dem Haar einen angenehmen Duft und bewirken das Gefühl von Frische.
Medizinische Haar- und Kopfhautwasser	haben leicht haarfestigende Eigenschaften.

201. **Kreuzen Sie den Inhaltsstoff an, der in einem medizinischen** Haar- und Kopfhautwasser **gegen** Schuppenbildung **enthalten ist.**

Ⓐ Schwefel
Ⓑ Panthenol
Ⓒ Lanolin

202. Ordnen Sie durch Linien den Massagegriffen ihre beabsichtigte Wirkung zu.

Plissieren   beruhigende Wirkung

Ausstreichen des vorderen   anregende, durchblutungsfördernde
Haaransatzes   Wirkung

Bindegewebsmassage   intensive Lockerung der Kopfhaut

203. Ordnen Sie den folgenden Abbildungen einer Haar- und Kopfhautmassage folgende Beschreibungen zu:
Massage im Bindegewebe der Kopfhaut, Massage im Bindegewebe der Kopfhaut, Ausstreichen mit Daumen und Handballen vom Ohr bis zur Halswirbelsäule, Ausstreichen mit Daumen und Handballen vom Ohr bis zur Halswirbelsäule, Friktionen mit den Handballen in den Nackenkuhlen, Kopfhaut verschieben, Kopfhaut verschieben

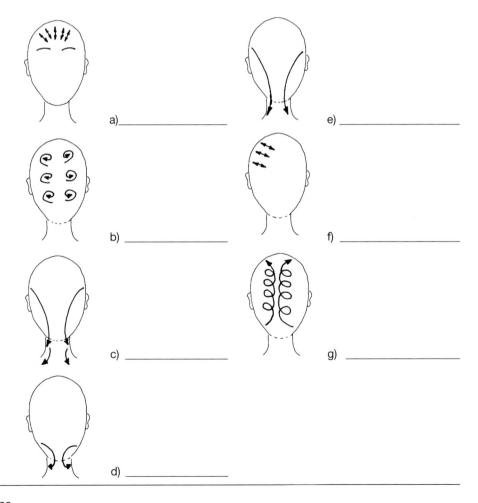

a)_____

b) _____

c) _____

d) _____

e) _____

f) _____

g) _____

Sprays/Aerosole

204. **Aerosole sind eine Stoffgruppe von Friseurpräparaten. Allgemein versteht man unter Aerosolen:**

Ⓐ feinste Verteilungen eines Stoffes in einem meist flüssigen Lösungsmittel

Ⓑ in Luft fein verteilte Feststoff- oder Flüssigkeitsteilchen

Ⓒ halbflüssige, gallertartige, durchsichtige Substanzen

205. **Viele Friseurpräparate liegen in Aerosolform vor. Nennen Sie Beispiele für Aerosole aus der Friseurpraxis.**

206. **Haarspray ist ein Aerosol. Nennen Sie die Aufgaben von Haarspray.**

_____

_____

_____

207. **Um die Ozonschicht nicht weiter zu schädigen, ist ein Wirkstoff aus Haarsprayflaschen „verbannt" worden. Wie heißt der Wirkstoff? Kreuzen Sie die zwei richtigen Bezeichnungen an.**

Ⓐ H_2O_2

Ⓑ Wasserstoffperoxid

Ⓒ HCl

Ⓓ Salzsäure

Ⓔ FCKW

Ⓕ Fluorchlorkohlenwasserstoff

Ⓖ H_2O

208. **Haarspray wird in verschiedenen Handelsformen angeboten. Kreuzen Sie die umweltfreundlichste Form an.**

Ⓐ Pumpsprays

Ⓑ FCKW-haltige Haarsprays

Ⓒ Aerosoldosen mit Treibgas

209. **Haarspray ist ein Finishprodukt, d. h., es wird auf die fertige Frisur aufgesprüht. Erklären Sie die Wirkung von Haarspray.**

_____

_____

_____

_____

1. Benennen Sie die folgenden Formlinien und Schmucklinien:

a) _____ = _____

b) --- = _____

c) = _____

d) = _____

e) .... = _____

f) = _____

g) = _____

h) = _____

i) = _____

2. Wie heißen diese geometrischen Grundformen?

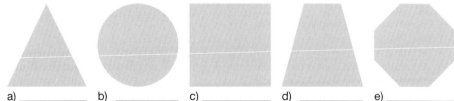

a) _____ b) _____ c) _____ d) _____ e) _____

3. Was versteht man unter Rhythmus in Formelementen?

Ⓐ Gleiche Formteile reihen sich stets spiegelbildlich aneinander.
Ⓑ Eine regelmäßige Wiederkehr von Formteilfolgen.
Ⓒ Einfache Formteile wiederholen sich in ungleichen Abständen.
Ⓓ Rhythmus entsteht durch das Nebeneinanderfügen von Gegensätzen.

4. Bei welcher Frisur ist Rhythmus das prägende Formgestaltungselement?

Ⓐ Steckfrisur
Ⓑ Frisur mit Mittelscheitel und Außenrolle
Ⓒ Wellenfrisur

Formenlehre

5. **Die Reihung von Formelementen ist:**
   - Ⓐ das Gegenteil von Symmetrie
   - Ⓑ die Aneinanderreihung gleicher Formelemente
   - Ⓒ die spiegelbildliche Zusammenordnung einer Formenfolge

6. **Kontrast als Wirkungselement ist:**
   - Ⓐ die spiegelbildliche Zusammenordnung einer Formenfolge
   - Ⓑ das Nebeneinander von Gegensätzen
   - Ⓒ die Wiederholung einer Form in steigend immer größeren Ausmaßen
   - Ⓓ das Aneinanderreihen gleicher Formelemente

7. **Nennen Sie verschiedene Kammführungslinien bei Frisuren.**

   _____

   _____

8. **Für welches Gestaltungsprinzip ist meistens der Mittelscheitel typisch?**
   - Ⓐ Asymmetrie
   - Ⓑ Kontrast
   - Ⓒ Reihung
   - Ⓓ Steigerung
   - Ⓔ Symmetrie

9. **Erklären Sie die Begriffe Symmetrie und Asymmetrie.**

   Symmetrie: _____

   _____

   Asymmetrie: _____

   _____

10. **Welche der Behandlungen beruht auf Kontrastwirkung?**
    - Ⓐ Ton-in-Ton-Färbung
    - Ⓑ Pagenkopf mit Seitenscheitel
    - Ⓒ glatte Strähnen in krausem Haar
    - Ⓓ Föhnfrisur mit Mittelscheitel
    - Ⓔ Wellenfrisur ohne Locken

11. **Welche Bedeutung hat der „goldene Schnitt" für den Friseur?**

   _____

   _____

7

12. **Wie nennt man diese vier** Grundschnitt-Techniken**? Beschriften Sie die Abbildungen.**

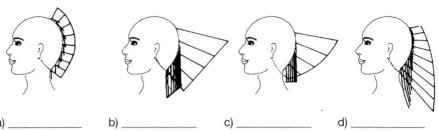

a) _____ b) _____ c) _____ d) _____

13. **Wie nennt man die** Frisurengestaltung **nach dem** Haarschnitt**?**

Ⓐ pointen
Ⓑ slicen
Ⓒ stylen
Ⓓ Spliss-Schnitt
Ⓔ effilieren

14. **Sie möchten durch den** Haarschnitt **ein spitzes Kinn kaschieren. Wie können Sie das erreichen?**

Ⓐ großes Hinterkopfvolumen
Ⓑ waagerechte Ponylinie
Ⓒ harte, zum Kinn weisende Schnittlinie im Courrège-Stil
Ⓓ durch eine im Bereich der Wangen weich verlaufende innere Silhouette
Ⓔ extrem kurz gehaltene Seiten- und Nackenpartie

15. Symmetrische Frisuren **sind:**

Ⓐ Frisuren mit Seitenscheitel
Ⓑ Frisuren mit beidseitig gleichem Haarvolumen
Ⓒ unruhig wirkende Frisuren
Ⓓ glatte Frisuren

16. **Welche** Frisur **wird** asymmetrisch **geschnitten?**

Ⓐ Bob
Ⓑ Engelfrisur
Ⓒ Popper
Ⓓ Bürstenhaarschnitt
Ⓔ Carré-Schnitt

17. Tampeln **sind:**

Ⓐ Wuchsrichtungen der Haare aus der Kopfhaut
Ⓑ Hinterkopfwirbel
Ⓒ Haaransätze im Nacken
Ⓓ Haarpartie von der Schläfe zum Ohr
Ⓔ Verbindungslinien vom Ohrenbogen zum Nacken

Haarschnitt

18. **Neben dem Kamm ist die** Haarschneideschere **das wichtigste Werkzeug für den Haarschnitt. Beschriften Sie die Scherenteile mit folgenden Begriffen:**
Auge, Blatt, Einsatz, Gang, Gewerbe, Gewerbeschor, Halm, Nagel, Riemen, Rücken, Wate

Ⓐ _____

Ⓑ _____

Ⓒ _____

Ⓓ _____

Ⓔ _____

Ⓕ _____

Ⓖ _____

Ⓗ _____

Ⓘ _____

Ⓙ _____

Ⓚ _____

7

19. **Woran erkennen Sie die richtige** Scherenhaltung **?**
   Ⓐ Daumen und Zeigefinger bewegen die Schere.
   Ⓑ Daumen und Mittelfinger bewegen die Schere.
   Ⓒ Die Finger bewegen sich beim Schließen der Schere gleichmäßig aufeinander zu.
   Ⓓ Der Schraubenkopf muss auf der von sich abgewandten Seite sein.
   Ⓔ Daumen und Ringfinger fassen die Schere, nur der Daumen bewegt sich.

20. **Eine Effilierschere eignet sich besonders gut für zwei Tätigkeiten:**
   Ⓐ Übergangsschneiden
   Ⓑ Slicen
   Ⓒ Schneiden einer Gradation
   Ⓓ Längeneffilation
   Ⓔ Ansatzeffilation

21. **Nach jeder Benutzung sollte man die** Haarschneideschere**:**
   Ⓐ auf der gesamten Blattlänge ölen
   Ⓑ nachschleifen
   Ⓒ mit Shampoolösung reinigen
   Ⓓ desinfizieren
   Ⓔ zerlegen

22. **Kreuzen Sie die zwei richtigen Antworten an. Die „Lebensdauer" einer Haarschneideschere kann wesentlich verlängert werden durch:**

    Ⓐ Ölen des Schlosses nach etwa einwöchiger Benutzung
    Ⓑ regelmäßiges Nachschleifen
    Ⓒ regelmäßiges Zerlegen
    Ⓓ Entfernen von Haaren nach jedem Haarschnitt
    Ⓔ Ölen der gesamten Blattlänge einmal im Jahr

23. **Für eine fachlich gute Beratung reicht es nicht aus, nur die Haarbeschaffenheit einer Kundin zu beachten. Vor dem Haarschnitt sollten Sie auf die Proportionen einer Kundin achten. Nennen Sie die wichtigsten Punkte. Die Abbildungen sollen Ihnen dabei behilflich sein.**

_____

_____

_____

_____

24. **Um welche Schnitttechniken handelt es sich hier? Schreiben Sie die Technik unter die Abbildungen.**

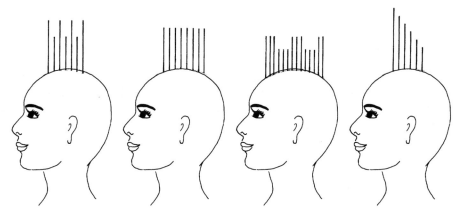

a) _____ b) _____ c) _____ d) _____

Haarschnitt

25. Welche Aussage zu Haarschneidetechniken ist richtig?

Ⓐ Besser zu kurz schneiden als zu lang lassen!

Ⓑ Ponyschneiden ist einfach!

Ⓒ Nackenwirbel müssen wegrasiert werden!

Ⓓ Immer so stehen oder sitzen, dass man die zu schneidende Partie genau in Augen-höhe hat!

Ⓔ Kürzeste Haare müssen immer am Hinterkopfwirbel sein!

26. Unter Pointen versteht man:

Ⓐ einen Maschinenhaarschnitt

Ⓑ die Haare vom Ansatz bis zur Spitze ausdünnen

Ⓒ eine Spitzeneffilation mit dem Messer

Ⓓ Zwischenlängen schneiden

Ⓔ einen Messerhaarschnitt

27. Einlängenhaarschnitte sind:

Ⓐ Messerhaarschnitte

Ⓑ Punk-Frisuren

Ⓒ Bürstenhaarschnitte

Ⓓ Rundschnitte

Ⓔ Popper-Frisuren

28. Die millimetergenaue Haarschneidetechnik ist bekannt geworden durch:

Ⓐ Marcel Grateau

Ⓑ Karl Neßler

Ⓒ Vidal Sassoon

Ⓓ Georg Kramer

Ⓔ Josef Mayer

7

29. Um einer Kundin eine volumige Frisur zu erstellen, hat man mehrere Möglichkei-ten. Durch welche Schnitttechniken kann man das Volumen der Frisur günstig be-einflussen?

_____

_____

_____

_____

_____

_____

_____

30. Ordnen Sie die jeweilige Schnitttechnik den entsprechenden Frisuren zu.

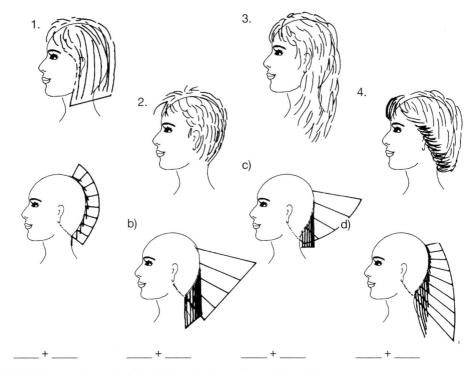

___ + ___   ___ + ___   ___ + ___   ___ + ___

31. Wie kann ein rundes Gesicht optisch oval erscheinen?

Ⓐ durch einen Kurzhaarschnitt
Ⓑ indem die Stirn- und Seitenpartie aus dem Gesicht frisiert wird
Ⓒ indem eine innere Silhouette seitlich ins Gesicht frisiert wird
Ⓓ durch großes Seitenvolumen
Ⓔ durch einen tiefen Scheitel

32. Mit welcher Frisur kann man eine trapezförmige Gesichtsform ausgleichen?

Ⓐ Volumen am Oberkopf, z. B. mit einer Hochsteckfrisur
Ⓑ Frisur mit Haarpartie im Wangenbereich
Ⓒ Volumenreduzierung im Nackenbereich
Ⓓ Volumenverlagerung

33. Der äußere Umriss ist die:

Ⓐ Linie, die das Volumen der Frisur kennzeichnet
Ⓑ Linie, die Stirn-, Nacken- und Seitenpartien einer
   Frisur miteinander verbindet
Ⓒ Trennlinie zwischen Frisur und Gesicht
Ⓓ Ponylinie
Ⓔ Linie, zwischen Frisur und Hals

7

Haarschnitt

34. Der innere Umriss ist die:

Ⓐ Linie, die das Volumen der Frisur kennzeichnet
Ⓑ Linie, die Stirn-, Nacken- und Seitenpartien einer Frisur miteinander verbindet
Ⓒ Trennlinie zwischen Frisur und Gesicht
Ⓓ Ponylinie
Ⓔ Linie zwischen Frisur und Hals

35. Eine besondere Schnittform ist das Slicen. Darunter versteht man:

Ⓐ das Schneiden der Nackenkontur
Ⓑ das Einschneiden von pinselartigen Stützhaaren
Ⓒ das Schneiden eines Überganges mit Kamm und Schere
Ⓓ die Möglichkeit zur Längeneffilation
Ⓔ das Ausdünnen mit der Effilierschere

36. Wie werden gespaltene Haarspitzen am besten entfernt? Durch:

Ⓐ Sengen mit der Kerze
Ⓑ Slicen der Haare
Ⓒ einen Spliss-Cut, also Haare kordeln und abstehende Haarspitzen schneiden
Ⓓ starkes Effilieren der Haare

37. Soften ist:

Ⓐ eine Ansatzeffilation
Ⓑ eine Spitzeneffilation
Ⓒ ein kompakter Schnitt
Ⓓ eine Gradation
Ⓔ ein Uniformschnitt

38. Wie wird eine Gradation der Haare erreicht?

Ⓐ Haare am Wirbel mit dem Kamm anheben und mit der Haarschneidemaschine schneiden.
Ⓑ Es wird ein Übergangshaarschnitt mit der Effilierschere durchgeführt.
Ⓒ Es wird eine Designlinie übertragen, wobei sich der Steigwinkel von Abteilung zu Abteilung vergrößert.
Ⓓ Indem man eine Haarpartie unterschneidet.
Ⓔ Es muss eine starke Längen- und Spitzeneffilation durchgeführt werden.

7

39. Wenn Sie einen Haarschnitt anfertigen, dann verwenden Sie meist mehrere Schnitttechniken in einer Frisur. Beispiel: Oberkopfhaar bleibt länger – der Nacken wird kurz geschnitten. Sehr selten wird nur eine Technik auf dem gesamten Kopf geschnitten. Beispiel: Die Haare sind auf dem gesamten Kopf gleich lang. Bei welcher der vorgegebenen Schnitttechniken kommt es zu Volumen?

a)   b) 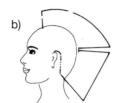 c)  d)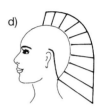

40. In welchem Fall empfehlen Sie eine Stützeffilation?

Ⓐ bei schütterem Haarwuchs
Ⓑ wenn sich der Haardurchmesser unter 0,04 mm befindet
Ⓒ vor einer Dauerwellbehandlung
Ⓓ bei sehr flach aus der Kopfhaut herauswachsenden Haaren
Ⓔ wenn die Kundin sehr dickes Haar hat

41. Welchen Haarschnitt würden Sie als Stumpfschnitt bezeichnen?

Ⓐ kompakte Form
Ⓑ Umkehrstufung
Ⓒ erweiternd verlaufende Stufung

42. Welche Hilfsmittel verwenden Sie zum Abteilen der Haare?

43. Welchen Einfluss hat die Hutlinie auf den Haarwuchs und damit auf den Haarschnitt?

Ⓐ Oberhalb der Hutlinie befinden sich viele Wirbel.
Ⓑ Auf der Hutlinie wächst das Haar nach vorne.
Ⓒ Unterhalb der Hutlinie wächst das Haar gerade nach unten.
Ⓓ Unterhalb der Hutlinie entsteht nach dem Haarschnitt und dem Trocknen ein Polster.
Ⓔ Die Hutlinie hat keinerlei Bedeutung in Bezug auf den Haarschnitt.

44. Beschriften Sie die abgebildeten Haarschneidegeräte.

a) _____ b) _____ c) _____

Haarschnitt

45. Welche der oben abgebildeten Haarschneidegeräte **erzeugen am Haar die folgenden Schnittflächen?**

Schnittfläche am Haar: Haarschneidegeräte:

a) _____

_____

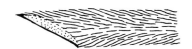

b) _____

_____

Bedingt dauerhafte Umformung des Haares

46. Wie wird die Haarpapillote **auch genannt?**

  Ⓐ   Sechserlocke
  Ⓑ   Schwunglocke
  Ⓒ   Kordellocke
  Ⓓ   Ringellocke
  Ⓔ   Lockwelle

47. Wie nennt man nachfolgende Papilloten **?**

7

 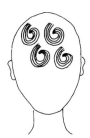 

a) _____   b) _____   c) _____

48. Wie sollte die Haarspitze beim Papillotieren fachgerecht zum Liegen kommen?

Ⓐ auf der Papillote
Ⓑ neben dem Papillotenhals
Ⓒ unter dem Papillotenring
Ⓓ es ist unwesentlich, wo sich die Spitze befindet

49. Welche Bedeutung hat das Vorbetten beim Papillotieren?

Ⓐ Die Haare werden dadurch vom Kopf weggezogen.
Ⓑ Dies gibt die Richtung der Papillote an und bestimmt damit die Fallrichtung des Haares.
Ⓒ Dadurch bekommt das Haar eine Wellung.
Ⓓ Dies bestimmt das spätere Volumen.
Ⓔ Dadurch wird die Sprungkraft des Haares beeinflusst.

50. An welcher Stelle wird der Clips bei der Papillote befestigt?

Ⓐ am Papillotenring auf der rechten Seite
Ⓑ auf dem Papillotenring
Ⓒ er wird von der offenen Seite eingesteckt
Ⓓ er wird von der geschlossenen Seite eingesteckt

51. Welche Papillotenart gibt es <u>nicht</u>?

Ⓐ stehende Papillote
Ⓑ rechte Papillote
Ⓒ linke Papillote
Ⓓ Abwärtspapillote
Ⓔ Kantenpapillote

52. Die Welle besteht aus einem Wellental, aus einer Wellenkante, aus der Wellenbreite, einer offenen und einer geschlossenen Seite. Setzen Sie diese Begriffe richtig ein.

Bedingt dauerhafte Umformung des Haares

53. Warum ist es wichtig, beim Einlegen mit Volumenwicklern auf die Winkelstellung der Wickler zur Kopfhaut zu achten?

Ⓐ Ein spitzer Winkel beeinflusst die Sprungkraft beim Ausfrisieren.
Ⓑ Der rechte Winkel wird nur am Vorderkopf gelegt.
Ⓒ Die Wickler werden immer im 90°-Winkel gewickelt.
Ⓓ Ein stumpfer Winkel beim Aufwickeln ergibt viel Volumen beim Ausfrisieren.
Ⓔ Oberhalb der Hutlinie werden die Wickler im 45°-Winkel zur Kopfhaut gewickelt.

54. Sie föhnen das Haar Ihrer Kundin zu einer Innenrolle. Welche Aussage ist richtig?

Ⓐ Die Bürste auf dem Haar ansetzen, der Föhn trocknet von unten zum Haaransatz
Ⓑ Die Bürste unter dem Haar ansetzen, der Föhn trocknet von oben in Richtung der Haarspitzen
Ⓒ Bürsten immer senkrecht in das Haar setzen, der Föhn trocknet von der Seite

55. Das Ergebnis des Haareföhnens hängt vom Durchmesser und von der Winkelstellung der Bürste ab. Ergänzen Sie die Abhängigkeiten in Bezug auf die Sprungkraft und das Volumen.

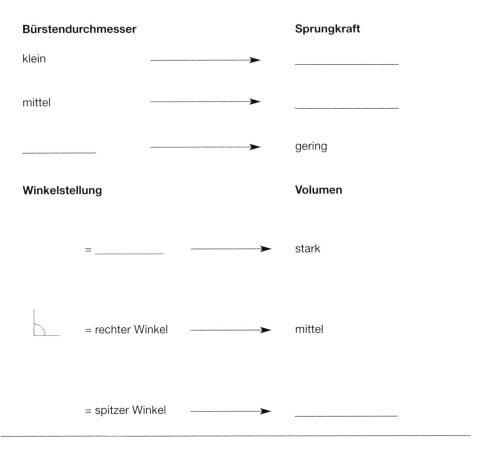

Bürstendurchmesser   **Sprungkraft**

klein   ⟶   _____

mittel   ⟶   _____

_____   ⟶   gering

Winkelstellung   **Volumen**

= _____   ⟶   stark

⌐ = rechter Winkel   ⟶   mittel

= spitzer Winkel   ⟶   _____

7

56. Gewelltes Haar ist nicht nur der Wunsch vieler Menschen der Gegenwart. Wodurch krausten Griechen und Römer ihr Haar?

Ⓐ mit erhitzten Tonwicklern
Ⓑ mit erhitzten Bronzestäbchen
Ⓒ mit einem Lockenholz
Ⓓ durch die Ondulationswelle
Ⓔ durch die Heißdauerwelle

57. Anfang des 20. Jahrhunderts wurde die Heißdauerwelle erfunden. Wie heißt der Erfinder der Heißdauerwelle?

Ⓐ Georg Kramer
Ⓑ Georg Hardy
Ⓒ Karl Neßler
Ⓓ Everett Mac Donough
Ⓔ Josef Mayer

58. Wann wurde die erste Dauerwelle auf den Markt gebracht? Im Jahr

Ⓐ 1901
Ⓑ 1906
Ⓒ 1921
Ⓓ 1937
Ⓔ 1951

59. Wie nannte man die erste Dauerwelle?

Ⓐ Kalamistrumwelle
Ⓑ Ondulationswelle
Ⓒ Heißwelle
Ⓓ Kaltwelle
Ⓔ Enzymwelle

Dauerwelle

60. Beschreiben Sie die Durchführung der ersten Dauerwellen. Die Abbildungen zeigen einen Friseur, der gerade diese erste dauerhafte Umformung anfertigt.

61. Josef Mayer verbesserte die Heißwelle. Wie nannte und nennt man die Wicklung, die auch heute noch durchgeführt wird?

Ⓐ Spiralwicklung
Ⓑ Pyramidenwicklung
Ⓒ Tandemwicklung
Ⓓ Flachwellwicklung
Ⓔ Huckepackwicklung

62. Wie konnte man bei der Heißwelle eine Spitzenkrause und eine Ansatzkrause erreichen? Durch

Ⓐ eine Innen- und Außenheizung
Ⓑ erhitzte Tonstäbchen
Ⓒ Kochen des Haares in einer alkalischen Flüssigkeit
Ⓓ eine Thermwelle
Ⓔ eine Schaumdauerwelle

63. In welcher Zeit wurde die Kaltdauerwelle in Europa bekannt?

Ⓐ nach dem 1. Weltkrieg
Ⓑ nach dem 2. Weltkrieg
Ⓒ nach dem 3. Weltkrieg
Ⓓ nach dem Niedergang des Römischen Reiches
Ⓔ nach der Pop- und Rockzeit

64. Durch welchen Inhaltsstoff wurde die Kaltdauerwelle möglich?

Ⓐ Monoglykolester
Ⓑ Enzyme
Ⓒ Ammoniumsulfit
Ⓓ Ammoniumthioglykolat
Ⓔ Natronlauge

7

65. Zählen Sie die Ihnen bekannten Dauerwellarten auf und nennen Sie deren Wirkungsprinzip.

Name	Wirkungsprinzip

66. Welchen pH-Wert hat ein Dauerwellmittel für schwer wellbares Haar?

Ⓐ pH 8–9
Ⓑ pH 7–8
Ⓒ pH 6–7
Ⓓ pH 7
Ⓔ pH 5–6

67. Warum sind saure Dauerwellmittel vom Markt genommen worden?

Ⓐ Die Umformungen werden zu stark.
Ⓑ Die Dauerwelle hält nicht lange.
Ⓒ Die Haare werden zu stark strukturgeschädigt.
Ⓓ Sie haben einen zu unangenehmen Geruch.
Ⓔ Sie führen häufig zu Allergien bei Friseuren.

68. Wellmittel haben je nach Haarbeschaffenheit unterschiedliche pH-Werte. Begründen Sie die verschiedenen pH-Werte bei der Dauerwelle mit Hilfe der Abbildung

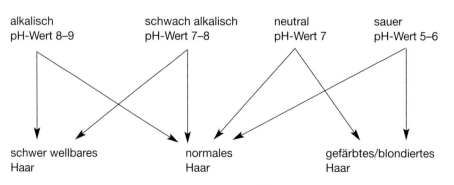

Dauerwelle

69. Die Wirkung des Wellmittels hängt von der Temperatur ab.
Kreuzen Sie die richtige Aussage an.

Ⓐ   Bei niedriger Temperatur darf der pH-Wert 7 betragen.
Ⓑ   Bei hoher Temperatur sollte die Konzentration des Wellmittels schwächer sein.
Ⓒ   Bei niedriger Temperatur sollte man mehr Flüssigkeit verwenden.
Ⓓ   Das Wellmittel wirkt unabhängig von der Temperatur.
Ⓔ   Bei den neuen Dauerwellmitteln gibt man keine Wärme dazu.

70. Welchen Vorteil hat die Wärmezugabe bei der Dauerwelle?

Ⓐ   Der pH-Wert ist gleichbleibend.
Ⓑ   Die Haarstruktur wird stärker beansprucht.
Ⓒ   Die Schuppenschicht wird stärker abgespreizt.
Ⓓ   Die Kundin friert nicht.
Ⓔ   Dies beschleunigt den chemischen Prozess.

71. Eine Kaltwell-Lösung enthält verschiedene Bestandteile. Erklären Sie die Aufgabe
der einzelnen Bestandteile.

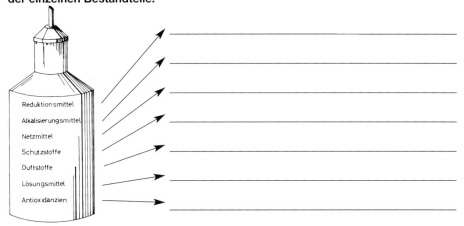

72. Welcher Inhaltsstoff ist _nicht_ in Fixiermitteln enthalten?

Ⓐ   Oxidationsmittel
Ⓑ   organische Säure
Ⓒ   Netzmittel
Ⓓ   Reduktionsmittel
Ⓔ   Verdickungsmittel

73. Welches ist der eigentliche Wirkstoff in Fixiermitteln?

Ⓐ   Oxidationsmittel
Ⓑ   organische Säure
Ⓒ   Duftstoff
Ⓓ   Pflegestoff
Ⓔ   Lösungsmittel

74. Wodurch werden die Schwefelbrücken des Haares gelöst? Durch das:

- Ⓐ Alkalisierungsmittel
- Ⓑ Quellmittel
- Ⓒ Oxidationsmittel
- Ⓓ Reduktionsmittel
- Ⓔ Netzmittel

75. Weshalb sind in Kaltwellpräparaten Antioxidantien enthalten? Sie:

- Ⓐ verhindern eine vorzeitige Oxidation des Reduktionsmittels
- Ⓑ setzen die Oberflächenspannung herab
- Ⓒ schützen das Haar
- Ⓓ unterstützen das Eindringen des Wellmittels
- Ⓔ sollen den unangenehmen Geruch mildern

76. Welches ist <u>kein</u> Reduktionsmittel?

- Ⓐ Ammoniumthioglykolat
- Ⓑ Monoglykolester
- Ⓒ Ammoniumsulfit
- Ⓓ Thioglykolsäure
- Ⓔ Paratoluylendiamin

77. Welche Aufgabe hat das Alkalisierungsmittel bei der Dauerwelle?

- Ⓐ Es trennt die Disulfidbrücken.
- Ⓑ Es wirkt als Emulgator.
- Ⓒ Salz- und Wasserstoffbrücken werden gelöst.
- Ⓓ Es wirkt pflegend auf das Haar.
- Ⓔ Es setzt die Oberflächenspannung herab.

78. Welche Inhaltsstoffe sollen das Ablaufen der Fixierung verhindern?

- Ⓐ Tenside bzw. Gelbildner
- Ⓑ organische Säuren
- Ⓒ Lanolin und Cholesterin
- Ⓓ destilliertes Wasser
- Ⓔ Persalze

79. Die Doppelschwefelbrücken werden auch Disulfildbrücken genannt. Sie werden wieder geschlossen durch das:

- Ⓐ Reduktionsmittel
- Ⓑ Alkalisierungsmittel
- Ⓒ Oxidationsmittel
- Ⓓ Verdickungsmittel
- Ⓔ Lösungsmittel

7

Dauerwelle

80. **Erklären Sie den Vorgang bei der** Dauerwelle **aus chemischer Sicht.**
    Die Zeichnungen sollen Ihre Erklärung erleichtern.

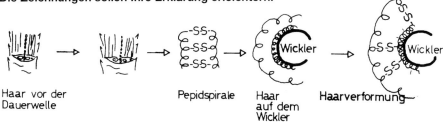

Haar vor der Dauerwelle   Pepidspirale   Haar auf dem Wickler   Haarverformung

81. **Welcher Bestandteil des Haares ist bei der** Dauerwelle **wesentlich an der Verformung des Haares beteiligt?**
    - Ⓐ Interzellularsubstanz („Kitt")
    - Ⓑ Schuppenspangen
    - Ⓒ Wasserstoffbrücken
    - Ⓓ Spindelzellen

82. **Wie viel Prozent der** Doppelschwefelbrücken **(Disulfidbrücken) werden nach einem Dauerwellprozess etwa wieder geschlossen?**
    - Ⓐ ca. 10 %
    - Ⓑ ca. 25 %
    - Ⓒ ca. 40 %
    - Ⓓ ca. 70 %
    - Ⓔ 100 %

83. **Durch welches „**Element**" werden die** Doppelschwefelbrücken **(Disulfidbrücken) wieder geschlossen?**
    - Ⓐ Wasserstoff
    - Ⓑ Sauerstoff
    - Ⓒ Stickstoff
    - Ⓓ Kohlenstoff

84. **Nach der** Einwirkzeit **der Dauerwellflüssigkeit und vor dem Fixieren bieten Hersteller ein Produkt als Zwischenbehandlung zum Entquellen der Haare an. Warum ist es wichtig, die Haare vor der** Fixierung **zu entquellen?**
    - Ⓐ Damit Haare hinterher nicht aufgeladen sind.
    - Ⓑ Damit die Schuppenschicht absteht.
    - Ⓒ Haare können dadurch besser Licht reflektieren.
    - Ⓓ Die Haarquellung durch die Dauerwellflüssigkeit wirkt schädigend auf die Haarstruktur.
    - Ⓔ Bandhaar kann dadurch besser umgeformt werden.

7

85. **Das Fixiermittel soll, wie der Name schon sagt, die Welle fixieren (d. h. festigen). Erklären Sie, wie die Doppelschwefelbrücken an neuer Stelle durch die Fixierung geschlossen werden können.**

Haarstruktur vor   + Sauerstofff   Haarstruktur nach   + Wasser
der Fixierung   der Fixierung

86. **Warum muss die Einwirkzeit bei der Fixierung genau eingehalten werden?**

    Ⓐ Die Einwirkzeit kann beliebig lange sein.
    Ⓑ Es kann zur Haarschädigung und zum schlechteren Wellergebnis kommen.
    Ⓒ Es könnten vorhandene künstliche Pigmente oxidiert werden.
    Ⓓ Die Schwefelbrücken werden wieder geöffnet.
    Ⓔ Das Dauerwellergebnis wird dadurch nicht beeinflusst.

87. **Wie kann man naturkrauses Haar entkrausen?**

    Ⓐ Man macht eine Dauerwelle wie immer.
    Ⓑ Die Haare werden während des Dauerwellvorgangs nicht gewickelt, sondern glatt gekämmt oder auf große Wickler gedreht.
    Ⓒ Man führt eine Dauerwelle durch, das Fixieren entfällt.
    Ⓓ Eine Entkrausung der Haare ist nicht möglich.

88. **Das Ergebnis einer Dauerwelle hängt von mehreren Faktoren ab, die Sie bei der Behandlung berücksichtigen müssen. Nennen Sie die Faktoren, die das Dauerwellergebnis beeinflussen.**

89. **Worauf müssen Sie bei der Haardiagnose und Hautdiagnose vor der Dauerwelle achten? Nennen Sie die wichtigsten Faktoren in Bezug auf die**

    – Haarqualität: _____

    – Haarstärke: _____

    – Kopfhaut: _____

Dauerwelle

90. Haare sollen vor der Dauerwelle:

- Ⓐ nicht gewaschen werden
- Ⓑ nur einmal durchgewaschen und nicht massiert werden
- Ⓒ zweimal gewaschen werden, um Schmutzpartikel zu entfernen
- Ⓓ mit einer Spülung vorbehandelt werden
- Ⓔ mit einem Spezialshampoo völlig entfettet werden

91. Erklären Sie: Welche Ursache könnten folgende Dauerwellergebnisse haben?

a) zu krauses Dauerwellergebnis	b) zu schwaches Dauerwellergebnis	c) ungleichmäßiges Dauerwellergebnis

_____   _____   _____

_____   _____   _____

92. Wie kommt es zum ungewollten „chemischen Haarschnitt"?

- Ⓐ Wenn die Einwirkzeit bei der Dauerwelle zu kurz ist.
- Ⓑ Wenn der Wattestreifen nicht erneuert wurde.
- Ⓒ Wenn eine starke Kopfmassage vor der Haarwäsche durchgeführt worden ist.
- Ⓓ Wellmittel ist verstärkt auf die Kopfhaut gekommen.

93. Das Umformungsergebnis bei einer Kundin hat keine Sprungkraft. Welcher Fehler liegt vor?

- Ⓐ zu kleine Wickler gewählt
- Ⓑ mangelhafte Fixierung durchgeführt
- Ⓒ Schlaufen haben sich beim Wickeln gebildet
- Ⓓ Spitzen nicht sorgfältig aufgewickelt
- Ⓔ Haltegummi falsch befestigt

94. Wodurch lässt sich die Einwirkzeit der Dauerwelle verkürzen?

- Ⓐ durch die Verwendung einer neutralen Dauerwelle
- Ⓑ durch Zugabe von Wärme
- Ⓒ durch Verdünnen der Dauerwelle mit Wasser
- Ⓓ indem eine besondere Dauerwellwicklung angewendet wird
- Ⓔ indem verschiedene Wickler benutzt werden

7

95. Wodurch werden Haare beim Umformungsprozess aufgequellt und porös?

Ⓐ durch die Wirkung der Alkalizusätze
Ⓑ daran sind die sauer reagierenden Salze des Wellmittels wesentlich beteiligt
Ⓒ durch die Abdeckung der Haare mit einer Plastikhaube
Ⓓ durch falsches Waschen vor der Dauerwelle
Ⓔ durch die Verdickungsmittel in der Wellflüssigkeit

96. Beim Dauerwellen stellen Sie bei einer Kundin Hautrötungen am Haaransatz fest. Welche Ursachen können diese Reizungen haben?

Ⓐ Die Kundin reibt sich zu oft im Gesicht.
Ⓑ Die Kundin transpiriert zu stark.
Ⓒ Die Wirkung saurer Bestandteile der Dauerwellen in Verbindung mit Wärme sind verantwortlich.
Ⓓ Wärme und Alkalieinflüsse reizen die Haut.

97. Wie nennt man die nachfolgenden Dauerwellwicklungen? Notieren Sie die jeweilige Wickeltechnik unter der entsprechenden Zeichnung.

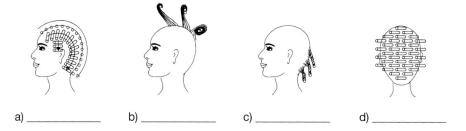

a) _____ b) _____ c) _____ d) _____

98. Welche Grundsätze müssen beim Dauerwellwickeln beachtet werden? Schreiben Sie den jeweiligen Grundsatz unter die entsprechende Zeichnung.

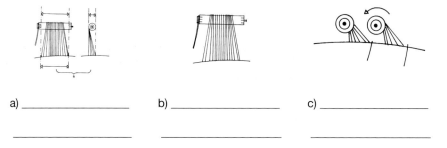

a) _____ b) _____ c) _____

_____ _____ _____

99. Warum werden Wellmittel mit unterschiedlichen pH-Werten angeboten?

Ⓐ Damit der Friseur unterschiedlich starke Wellen erzeugen kann.
Ⓑ Damit der Friseur das für die jeweilige Haarqualität geeignete Mittel verwende kann.
Ⓒ Damit die Einwirkzeit verkürzt werden kann.
Ⓓ Damit die Belastung für die Haut möglichst gering gehalten werden kann.
Ⓔ Damit Bandhaar umgeformt werden kann.

Dauerwelle

100. Glasig harte Haare nehmen die Dauerwelle **schlechter an. Welche Maßnahmen sind zu ergreifen?**

Ⓐ   Haare mit alkalischem Shampoo waschen
Ⓑ   Haare bei der Wäsche besser massieren
Ⓒ   Kurbehandlung vor der Dauerwelle
Ⓓ   stärkere Wellmittel und höhere Wärmezufuhr wählen
Ⓔ   eine saure oder neutrale Dauerwell-Flüssigkeit verwenden

101. Welche Voraussetzungen muss ein Kaltwellmittel **für blondiertes Haar haben?**

Ⓐ   stark alkalisch sein
Ⓑ   konzentrierte Reduktionsmittel enthalten
Ⓒ   schwach alkalisch sein und verminderten Reduktionsmittel-Gehalt besitzen
Ⓓ   Netzmittel sollen ausreichend vorhanden sein
Ⓔ   es darf keine Pufferstoffe enthalten

102. Schreiben Sie unter die jeweilige Abbildungen, ob es sich um eine richtige oder falsche Arbeitsweise beim Dauerwellwickeln **handelt.**

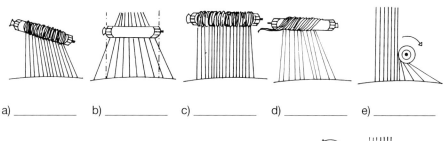

a) _____   b) _____   c) _____   d) _____   e) _____

f) _____   g) _____   h) _____   i) _____   j) _____

103. Eine Kundin mit sehr dickem Haar (0,09 mm) war mit der vorausgegangenen Dauerwelle **nicht zufrieden. Die Welle war zu stark, das Haar überstrapaziert. Welche Ursachen können für dieses unbefriedigende** Dauerwellergebnis **verantwortlich sein? Nennen Sie mindestens drei zutreffende Möglickeiten.**

_____

_____

_____

_____

_____

7

1. **Nicht farbiges, weißes Licht enthält die verschiedenen Spektralfarben des Regenbogens. Wie kann man diese Farben sichtbar machen?**

   Ⓐ durch eine Sammellinse
   Ⓑ durch ein Prisma
   Ⓒ mit Hilfe von Eiskristallen
   Ⓓ durch Absorption von Wellenlängen
   Ⓔ durch Reflektion von Wellenlängen

2. **Sortieren Sie folgende Spektralfarben des Lichtes auf der Skala nach ihrer Wellenlänge:**

   gelb, rot, violett, orange, blau, grün

   kurzwellig   **langwellig**

   ◄───►

   Farbe: _____   _____   _____   _____   _____   _____

3. **Wie wird Farbe vom Menschen wahrgenommen?**

   Ⓐ durch Selektion von farbigen Wellenlängen
   Ⓑ das Auge reflektiert das Licht
   Ⓒ durch die Zerlegung der Lichtstrahlen in Wellenlängen
   Ⓓ mit dem Auge kann das Licht in Farbe umgewandelt werden
   Ⓔ Lichtstrahlen werden von einem Gegenstand reflektiert, „fallen" in das Auge und reizen dort Rezeptoren, die ihrerseits Nervenimpulse an das Gehirn weiterleiten.

4. **Erklären Sie wie Weiß und Schwarz zustande kommen, bzw. vom Auge wahrgenommen werden.**

   Weiß: _____

   Schwarz: _____

5. **Welche Aussage zu Lichtfarben ist richtig?**

   Ⓐ werden alle Lichtfarben gemischt, so entsteht Schwarz
   Ⓑ werden alle Lichtfarben gemischt, so entsteht Weiß
   Ⓒ werden alle Körperfarben gemischt, so entstehen bunte Farben
   Ⓓ werden alle Körperfarben gemischt, so nimmt die Helligkeit zu
   Ⓔ werden alle Lichtfarben gemischt, so nimmt die Helligkeit ab

8

Farblehre

6. **Bei der <u>additiven</u> Farbmischung:**

   Ⓐ entsteht der Eindruck von Schwarz
   Ⓑ entstehen bunte Körperfarben
   Ⓒ werden Körperfarben gemischt
   Ⓓ nimmt die Helligkeit ab
   Ⓔ nimmt die Helligkeit zu

7. **Bei der <u>subtraktiven</u> Farbmischung:**

   Ⓐ entsteht der Eindruck von Weiß
   Ⓑ entsteht buntes Licht
   Ⓒ werden Lichtfarben gemischt
   Ⓓ nimmt die Helligkeit ab
   Ⓔ nimmt die Helligkeit zu

8. **Wie nennt man die Farben, aus denen man alle anderen Farben mischen kann?**

   Ⓐ Mischfarben 1. Ordnung
   Ⓑ Mischfarben 2. Ordnung
   Ⓒ Spektralfarben
   Ⓓ Regenbogenfarben
   Ⓔ Grundfarben

9. **Kreuzen Sie die drei Grundfarben an:**

   Ⓐ gelb, orange, rot
   Ⓑ rot, blau, violett
   Ⓒ gelb, orange, grün
   Ⓓ violett, orange, grün
   Ⓔ gelb, rot, blau

10. **Mischfarben 1. Ordnung sind:**

    Ⓐ gelb, orange, rot
    Ⓑ rot, blau, violett
    Ⓒ gelb, orange, grün
    Ⓓ violett, orange, grün
    Ⓔ gelb, rot, blau

11. **Die farbliche Veränderung der Haare ist eine häufige Tätigkeit des Friseurs.**
    Der 6-teilige Farbstern ist eine Grundlage für die Bestimmung von Ausgangsfarbe und Zielfarbe.
    Tragen Sie die Grundfarben und die Mischfarben 1. Ordnung in den Farbstern ein.

8

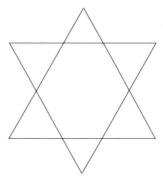

207

12. **Aus welchen** Grundfarben **können Sie die Farbe Grün mischen?**

Ⓐ   gelb und rot
Ⓑ   gelb und blau
Ⓒ   violett und rot
Ⓓ   blau und orange
Ⓔ   rot und blau

13. **Aus welchen** Grundfarben **können Sie die Farbe Orange mischen?**

Ⓐ   gelb und rot
Ⓑ   gelb und blau
Ⓒ   violett und rot
Ⓓ   blau und orange
Ⓔ   rot und blau

14. **Aus welchen** Grundfarben **können Sie die Farbe Violett mischen?**

Ⓐ   gelb und rot
Ⓑ   gelb und blau
Ⓒ   violett und rot
Ⓓ   blau und orange
Ⓔ   rot und blau

15. **Durch die Mischung aller** Lichtfarben **entsteht:**

Ⓐ   buntes Licht
Ⓑ   farbiges Licht
Ⓒ   Komplementärfarben
Ⓓ   schwarz
Ⓔ   weiß

8

16. **Durch die Mischung aller** Körperfarben **entsteht:**

Ⓐ   buntes Licht
Ⓑ   farbiges Licht
Ⓒ   Komplementärfarben
Ⓓ   schwarz
Ⓔ   weiß

17. **Wie nennt man die** Farben, **die sich im** Farbstern **oder** Farbkreis **gegenüber liegen?**

Ⓐ   Spektralfarben
Ⓑ   Grundfarben
Ⓒ   Mischfarben 1. Ordnung
Ⓓ   Komplementärfarben oder Gegenfarben
Ⓔ   Regenbogenfarben

Farblehre

18. Die Gegenfarbe (Komplementärfarbe) der Farbe Gelb ist:

   Ⓐ   violett
   Ⓑ   grün
   Ⓒ   orange
   Ⓓ   blau
   Ⓔ   rot

19. Die Gegenfarbe (Komplementärfarbe) der Farbe Orange ist:

   Ⓐ   violett
   Ⓑ   grün
   Ⓒ   orange
   Ⓓ   blau
   Ⓔ   rot

20. Die Gegenfarbe (Komplementärfarbe) der Farbe Rot ist:

   Ⓐ   violett
   Ⓑ   grün
   Ⓒ   orange
   Ⓓ   blau
   Ⓔ   gelb

21. Haarfarben werden nicht mit den herkömmlichen Farbbegriffen benannt: Übersetzen Sie die unten aufgeführten Farben in die „Fachsprache des Friseurs".

Violett = _____   Gelb   = _____

Blau   = _____   Orange = _____

Grün   = _____   Rot   = _____

8

22. Wählen Sie aus den vorgegebenen Farbrichtungen: Asch – Matt – Gold – Purpur – Silber – Rotgold diejenigen aus, die ihrem Farbton entsprechend an die Stelle a, b und c des Farbkreises passen!

Farbkreis:

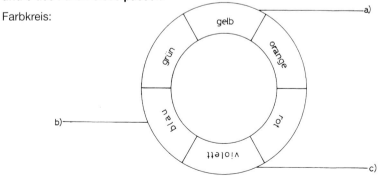

23. Komplentärfarben **sind:**

Ⓐ gelb und grün
Ⓑ rot und blau
Ⓒ orange und grün
Ⓓ blau und grün
Ⓔ orange und blau

24. Trübe Farben **sind:**

Ⓐ Klarfarben
Ⓑ Klarfarben mit Grauanteil
Ⓒ Grundfarben
Ⓓ Grundfarben mit Weißanteil
Ⓔ Mischfarben

25. Pastellfarben **sind:**

Ⓐ Klarfarben
Ⓑ Klarfarben mit Grauanteil
Ⓒ Grundfarben
Ⓓ Grundfarben mit Weißanteil
Ⓔ Mischfarben

26. **Aus welchen Farben setzt sich die** Haarfarbe **zusammen?**
Aus den:

Ⓐ Komplementärfarben
Ⓑ Grundfarben
Ⓒ Mischfarben
Ⓓ getrübten Farben
Ⓔ Spektralfarben

8

27. **Die** Farbtiefe **gibt an, wie hell oder dunkel eine Farbe ist (Farbtöne).**
Nennen Sie die Farbtöne der Reihe nach.

_____

_____

_____

28. **Die** Farbrichtung **ist das, was die Farbe „bunt macht".**
Nennen Sie die Farbtöne der Farbrichtung.

_____

_____

_____

Farblehre

29. **Für die Bestimmung der Zielhaarfarbe werden Farbkarten verwendet.**
    Erklären Sie anhand der Farbkarte wie Mittelaschblond gemischt wird.

	Silber	Matt	Gold	Purpur	Asch	Rotgold
Schwarz						
Dunkelbraun						
Mittelbraun						
Hellbraun						
Dunkelblond						
Mittelblond						
Hellblond						
Lichtblond						
Weißblond						

30. **Welche Farben wirken auf den Menschen warm und aktiv?**

   Ⓐ blau und rot
   Ⓑ grün und gelb
   Ⓒ blau und violett
   Ⓓ violett und orange
   Ⓔ rot und orange

31. **Welche Farben wirken auf den Menschen kalt und passiv?**

   Ⓐ blau und rot
   Ⓑ grün und gelb
   Ⓒ blau und violett
   Ⓓ violett und orange
   Ⓔ rot und orange

8

32. **Wie kann man Augen optisch größer erscheinen lassen? Dies erreicht man durch:**

   Ⓐ dunklen Lidschatten
   Ⓑ hellen Lidschatten
   Ⓒ dunkle Lidränder
   Ⓓ Lidschatten bis zu den Augenbrauen
   Ⓔ Kajal rund ums Auge

33. **Die Wirkung von Komplementärfarben wird verstärkt, wenn sie nebeneinander**
    liegen. In welchem Fall trifft das zu?

   Ⓐ blonde Haare, blaue Augen
   Ⓑ schwarze Haare, dunkle Augen
   Ⓒ rote Haare, grüne Augen
   Ⓓ braune Haare, blaue Augen
   Ⓔ dunkle Haare, graue Augen

34. **Um Kunden eine Haarfarbe und ein Make-up empfehlen zu können, können Sie diese verschiedenen „Farbtypen" zuordnen. Eine Zuordnungsmöglichkeit sind die vier Jahreszeiten. Um welchen Farbtyp handelt es sich beim Herbst?**

  Ⓐ   kalte Farbtöne
  Ⓑ   helle Farbtöne
  Ⓒ   frische Farbtöne
  Ⓓ   kühle Farbtöne
  Ⓔ   warme Farbtöne

35. **Kühle Farbtöne können nach der Einteilung in „Farbtypen" folgenden Jahreszeiten zugeordnet werden:**

  Ⓐ   Sommer – Herbst
  Ⓑ   Winter – Sommer
  Ⓒ   Herbst – Frühling
  Ⓓ   Herbst – Winter
  Ⓔ   Frühling – Sommer

36. **Manchmal spricht man von „wasserstoffblondem Haar". Welches Element hat die Pigmente in diesem Fall aufgehellt?**

  Ⓐ   Wasserstoff
  Ⓑ   Sauerstoff
  Ⓒ   Kohlenstoff
  Ⓓ   Stickstoff
  Ⓔ   Natrium

8

37. **Worin liegt der Unterschied zwischen Wasserstoffoxid und Wasserstoffperoxid? Notieren Sie dazu auch die Summenformeln**

	Wasserstoffoxid	Wasserstoffperoxid
Summenformel		
Verwendung bei Friseurfacharbeiten		
Wirkung		

Blondierung

38. Ergänzen Sie im Lückentext den Begriff Wasser <u>oder</u> Wasserstoffperoxid.

_____ enthält ein Sauerstoffatom.

_____ enthält zwei Sauerstoffatome.

Die Strukturformel von _____ ist H–O–H.

Die Strukturformel von _____ ist H–O–O–H.

39. In welche Bestandteile zerfällt Wasserstoffperoxid beim Blondiervorgang?

_____

40. Nennen Sie die Inhaltsstoffe von Blondiermitteln und ihre Aufgaben.

Aufgaben der Inhaltsstoffe:

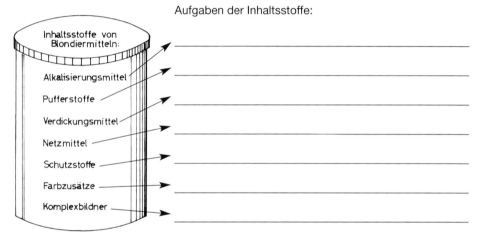

Inhaltsstoffe von Blondiermitteln:
- Alkalisierungsmittel
- Pufferstoffe
- Verdickungsmittel
- Netzmittel
- Schutzstoffe
- Farbzusätze
- Komplexbildner

41. Erklären Sie die Wirkung von Wasserstoffperoxid in Abhängigkeit von der Konzentration bei der Blondierung.

3%   6%   9%   12%   18%

42. Welche Aufgabe hat ein Blondierverstärker? Er:

Ⓐ setzt die Oberflächenspannung herab
Ⓑ verstärkt den Reduktionsvorgang
Ⓒ liefert zusätzlich Sauerstoff nach
Ⓓ enthält Puderstoffe und verhindert das Ablaufen
Ⓔ gibt Komplexbildner ab, um Metallionen zu binden

8

43. **Warum gibt man einen Blondierverstärker in den Blondierbrei?**

    Ⓐ　Damit das Haar keinen Gelbstich bekommt.
    Ⓑ　Das Haar ist hinterher nicht so stark angegriffen.
    Ⓒ　Es ergibt eine größere Menge an Blondierbrei.
    Ⓓ　Es verhindert das Ablaufen.
    Ⓔ　Es ermöglicht eine stärkere Aufhellung der Haare.

44. **Welche Pigmente werden bei der Blondierung im Haar zerstört?**

    Ⓐ　nur die künstlichen Pigmente
    Ⓑ　nur die natürlichen Pigmente
    Ⓒ　gar keine Pigmente
    Ⓓ　künstliche und natürliche Pigmente
    Ⓔ　die Nuancierungsfarbstoffe

45. **Welche Aufgabe hat das Alkalisierungsmittel beim Oxidationsvorgang? Es:**

    Ⓐ　neutralisiert die Stabilisierungssäure des H_2O_2
    Ⓑ　schließt die Schuppenschicht
    Ⓒ　entquellt die Faserschicht
    Ⓓ　bindet den Sauerstoff
    Ⓔ　verhindert einen Gelbstich im Haar

46. **Erklären Sie die Vorgänge im Haar beim Blondiervorgang. Die nachfolgende Zeichnung soll Ihnen dabei behilflich sein.**

1. Quellung　　　　　　　　　2. Oxidation　　　　　　　3. blondiertes Haar

47. **Bei welchem Haar ist ein Gelb/Orangestich nach der Blondierung zu erwarten?**

    Ⓐ　helles Haar mit einer schwachen Aufhellung
    Ⓑ　dickes mittelblondes Haar
    Ⓒ　dunkelblondes Haar, das ein bis zwei Stufen aufgehellt wird
    Ⓓ　dunkles Haar mit vielen Pigmenten
    Ⓔ　dauergewelltes Haar

8

Blondierung

48. **Weshalb ist eine** Absäuerung **der Haare nach der** Blondierung **notwendig?**

Ⓐ zum Neutralisieren der Alkalireste
Ⓑ zum Adstringieren der Haut
Ⓒ Das macht Wasserstoffperoxid-Reste unwirksam.
Ⓓ Es verhindert eine Haarschädigung.
Ⓔ Es verhindert Gelbstich im Haar.

49. **Neben den Wirkstoffen (Alkalisierungsmittel und Oxidationsmittel) sind im hochwertigen** Blondiermittelbrei **z. B. außerdem enthalten:**

Ⓐ **Mittel, die das Ablaufen des Blondierbreis vom Haar verhindern sollen**
Ⓑ **Mittel, die dem Entstehen eines unerwünschten Gelbstiches beim Aufhellen vorbeugen sollen**
Ⓒ **Mittel, die das gleichmäßige Benetzen des Haares ermöglichen und das Eindringen des Blondiermittels fördern sollen**

Nennen Sie die gesuchten Begriffe zur oben genannten Beschreibung.

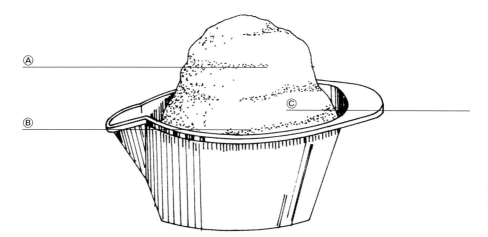

Ⓐ
Ⓑ
Ⓒ

8

50. **Warum ist eine** Haarpackung **nach der** Blondierung **empfehlenswert?**

Ⓐ Antioxidantien machen H_2O_2-Reste unwirksam.
Ⓑ Sie quillt das Haar auf und macht es damit kämmbar.
Ⓒ Es entlädt die Haare und gibt Glanz.
Ⓓ Alkalireste werden adstringiert.
Ⓔ Es ermöglicht eine schleichende Oxidation.

51. Farbstoffe in Oxidationshaarfarben werden hergestellt aus:

Ⓐ dem Benzolring
Ⓑ Kohlenwasserstoffketten
Ⓒ Wasserstoffverbindungen
Ⓓ Säureverbindungen
Ⓔ Pflanzenresten

52. Wo findet der Färbevorgang im Haar statt?

Ⓐ in der Cuticula
Ⓑ im Corium
Ⓒ in der Medulla
Ⓓ in der Cortex
Ⓔ auf der Epidermis

53. Die künstlichen (synthetischen) Farbstoffe werden beim Färbevorgang:

Ⓐ aneinander gereiht
Ⓑ zusammengeklebt
Ⓒ gekuppelt
Ⓓ verkleinert
Ⓔ an das natürliche Pigment angebunden

54. Nennen Sie die Aufgabe der Inhaltsstoffe von Oxidationshaarfarben.

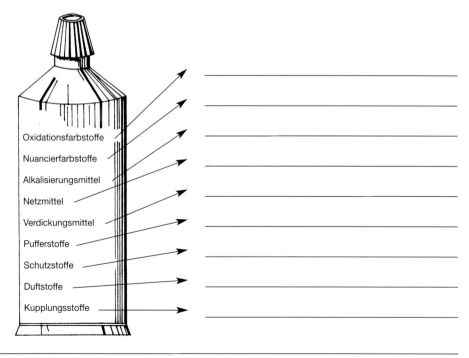

Oxidationsfarbstoffe

Nuancierfarbstoffe

Alkalisierungsmittel

Netzmittel

Verdickungsmittel

Pufferstoffe

Schutzstoffe

Duftstoffe

Kupplungsstoffe

Oxidationshaarfarbe

55. Welcher Inhaltsstoff hilft beim Emulgieren des Färbemittels?

- Ⓐ Alkalisierungsmittel
- Ⓑ Netzmittel
- Ⓒ Resorcin
- Ⓓ Wasserstoffperoxid
- Ⓔ Verdickungsmittel

56. Welche Aufgabe hat Wasserstoffperoxid beim Färben? Es:

- Ⓐ löst Keratin aus dem Haar
- Ⓑ verhindert den Kupplungsvorgang
- Ⓒ ermöglicht die Reduktion
- Ⓓ bildet den Farbbildner zur Farbe
- Ⓔ öffnet die Schuppenschicht

57. Erklären Sie das Ausgleichsvermögen von Haarfärbemitteln in Bezug auf die Farbüberlagerung und Einwirkzeit.

58. Welches „Element" ermöglicht die Veränderung der farblosen Farbbildner zu farbigen Molekülen?

- Ⓐ Wasserstoff
- Ⓑ Sauerstoff
- Ⓒ Stickstoff
- Ⓓ Schwefel
- Ⓔ Kohlenstoff

59. Durch die Kupplung der Farbbildner werden daraus große Moleküle, die nicht mehr aus dem Haar heraus können. Dies nennt man:

- Ⓐ Käfigwirkung
- Ⓑ Einsperrung
- Ⓒ Ausklammerung
- Ⓓ Überlistung
- Ⓔ Einlagerung

8

60. Welche Wasserstoffperoxid-Konzentration verwenden Sie bei einer Dunklerfärbung?

- Ⓐ 1 bis 3 %
- Ⓑ 3 bis 6 %
- Ⓒ 6 bis 9 %
- Ⓓ 9 bis 12 %
- Ⓔ 12 bis 18 %

61. Welche Wasserstoffperoxid-Konzentration verwenden Sie bei einer Hellerfärbung?

- Ⓐ 1 bis 3 %
- Ⓑ 3 bis 6 %
- Ⓒ 6 bis 9 %
- Ⓓ 9 bis 12 %
- Ⓔ 12 bis 18 %

62. An welcher Stelle beginnen Sie beim Auftragen einer Ansatzfärbung?

Ⓐ am Kreuzungspunkt des Kreuzscheitels

Ⓑ dort, wo die Farbe die meiste „Arbeit" hat, z. B. an den Konturen bei Weißanteil

Ⓒ Man fängt im Nacken an und arbeitet sich langsam und sorgfältig zum Oberkopf vor, die Konturen werden zum Schluss eingestrichen.

Ⓓ bei Rottönen immer an den Konturen beginnen, weil diese nur sehr schwer Farbe annehmen

Ⓔ Es ist egal wo man anfängt, das Ergebnis wird dadurch nicht beeinflusst.

63. Einer Kundin wird zum ersten Mal das gesamte Haar in einem Naturton eingefärbt. Wo beginnen Sie mit dem Auftragen der Farbe?

Ⓐ die Farbe wird vom Ansatz bis zur Spitze in einem Zug aufgetragen

Ⓑ zuerst die Spitze, dann die Längen, zuletzt der Ansatz

Ⓒ am Ansatz beginnen, dann die Länge und Spitze

Ⓓ zuerst die Länge, dann der Ansatz und zuletzt die Spitze

Ⓔ Längen zuerst, dann die Spitze, zuletzt den Ansatz

64. Benennen Sie die Reihenfolge des Auftragens der verschiedenen Färbemittel in der Zeichnung. Erklären Sie auch, warum Sie so vorgehen.

Färbemittel	1. Modeton	2. Asch- oder Mattton	3. Hellerfärbung
Reihenfolge des Auftragens			
Begründung für die Reihenfolge des Auftragens			

8

Oxidationshaarfarbe

65. Oxidationshaarfärbemittel **enthalten Farbbildner. Wie nennt man den** Farbbildner
in der „Fachsprache der Chemie"?

- Ⓐ Paratoluylendiamin
- Ⓑ Hexachlorophen
- Ⓒ Resorcin
- Ⓓ Redoxreaktion
- Ⓔ Monoglykolester

**66. Welche Vorsichtsmaßnahmen sind zu ergreifen, wenn eine Kundin eine sehr
trockene und gereizte Kopfhaut hat und eine** Ansatzfärbung **wünscht?**

- Ⓐ Konturen gründlich eincremen
- Ⓑ die Farbe nicht bis zur Kopfhaut einstreichen
- Ⓒ Vorsichtsmaßnahmen sind leider nicht zu ergreifen, da sonst die Farbe nicht
   vollständig deckt.
- Ⓓ die Kopfhaut mit einer Schutzcreme auf einem Wattestäbchen eincremen

67. Warum kann eine Hellerfärbung **bis zu 60 Minuten dauern? Erklären Sie, warum
das Ergebnis von der Zeit abhängt.**

68. Ihre Kundin möchte eine Dauerwelle **und eine** Färbung **an einem Tag.**

Welche Folgen können auftreten, wenn Sie zuerst die Dauerwelle anfertigen? Welche Folgen können auftreten, wenn Sie zuerst die Färbung anfertigen? Sollen beide Behandlungen überhaupt an einem Tag durchgeführt werden? Begründen Sie Ihre Antwort.

69. Nennen Sie die Aufgaben der Inhaltsstoffe eines gebrauchsfertigen Farbbreis.

Inhaltsstoffe: Aufgaben:

70. **Ihre Kundin hat einen** Weißanteil **von 50%. Sie wollen das Haar in einem modischen Ton färben. Sie mischen dazu:**

   Ⓐ   Modeton und Grundton 1:1
   Ⓑ   Modeton und Grundton 2:1
   Ⓒ   Modeton und Grundton 1:2
   Ⓓ   Modeton und Grundton 3:1
   Ⓔ   nur Modeton

71. **Ihre Kundin hat einen** Weißanteil **von 70%. Sie wollen das Haar in einem modischen Ton färben. Sie mischen dazu:**

   Ⓐ   Modeton und Grundton 1:1
   Ⓑ   Modeton und Grundton 2:1
   Ⓒ   Modeton und Grundton 1:2
   Ⓓ   Modeton und Grundton 3:1
   Ⓔ   nur Modeton

72. **Warum ist es wichtig bei der** Haarbeurteilung **vor dem Färben die** Haarstärke **festzustellen?**

   Ⓐ   Bei dünnem Haar kann das Farbergebnis heller werden.
   Ⓑ   Bei normalem Haar benötigt man mehr Modeton.
   Ⓒ   Dickes Haar benötigt mehr Farbe.
   Ⓓ   Die Haarstärke beeinflusst die Haltbarkeit der Farbe.
   Ⓔ   Dickes Haar sollte grundsätzlich vorpigmentiert werden.

73. **Die** Haarstruktur **hat einen Einfluss auf das** Farbergebnis. **Welche Aussage ist richtig?**

   Ⓐ   Glasig hartes Haar nimmt die Farbe schlechter an.
   Ⓑ   In blondiertem Haar hält die Farbe besser.
   Ⓒ   Poröses Haar hat immer einen grünlichen Schimmer.
   Ⓓ   Gesundes Haar nimmt die Farbe schlechter an.
   Ⓔ   Strukturgeschädigtes Haar benötigt mehr Farbe.

74. **Für welche Zielfärbung verwenden Sie beim** Färben **folgende** Wasserstoffperoxid-Konzentrationen?

   Ⓐ   3%iges H_2O_2: _____

   Ⓑ   6%iges H_2O_2: _____

   Ⓒ   9%iges H_2O_2: _____

   Ⓓ   12%iges H_2O_2: _____

8

Pflanzenhaarfarbe

75. Welchen Vorteil haben Pflanzenfarben gegenüber den Oxidationshaarfarben?

Ⓐ Sie haben eine adstringierende Wirkung.
Ⓑ Sie haften besser am Haar.
Ⓒ Man hat eine größere Auswahl an Rottönen.
Ⓓ Der Grauanteil lässt sich besser überdecken.
Ⓔ Der Farbbrei duftet angenehmer.

76. Warum ist oft Vorsicht geboten, wenn Pflanzenfarben in Naturtönen angeboten werden?

Ⓐ Sie werden immer zu dunkel.
Ⓑ Der Grauanteil wird nicht abgedeckt.
Ⓒ Es könnte ein Gemisch aus Pflanzen- und Metallsalzfarben sein.
Ⓓ Das sind keine Pflanzenfarben, sondern Oxidationshaarfarben.
Ⓔ Die Haare könnten geschädigt werden.

77. Wie wird der Pflanzenfarbenbrei angerührt?

Ⓐ mit H_2O_2
Ⓑ mit Ammoniaklösungen
Ⓒ mit Alkohol
Ⓓ mit heißem Wasser
Ⓔ mit einer organischen Säure

78. Aus welcher Pflanze wird Henna gewonnen? Aus dem:

Ⓐ Indiostrauch
Ⓑ Cypernstrauch
Ⓒ Ackerschachtelhalm
Ⓓ Rosenbusch

79. Welche Farbtöne entstehen immer, wenn es sich um eine Hennafärbung handelt?

Ⓐ Blautöne
Ⓑ Violettöne
Ⓒ Gelbtöne
Ⓓ Brauntöne
Ⓔ Rottöne

8

Pflanzenhaarfarbe

80. Welche Farbtöne werden aus den nachfolgenden Pflanzen gewonnen?

Pflanze	Farbton
Kamille	—>
Muskat	—>
Sandelholz	—>
Nussschale	—>
Cypernstrauch	—>
Palisander	—>
Tabak	—>
Haselnuss	—>

FARBVERÄNDERNDE HAARBEHANDLUNGEN Tönung   **F 8.4**

81. Welches farbverändernde Mittel enthält kein Wasserstoffperoxid?

Ⓐ Coloration
Ⓑ Mittel zur Hellerfärbung
Ⓒ Tönungsmittel
Ⓓ Oxidationshaarfarbenbrei
Ⓔ Blondierbrei

82. Welches farbverändernde Mittel verändert vorwiegend die Nuancierung des Haares?

Ⓐ Metallsalzfarben
Ⓑ Oxidationshaarfarbe
Ⓒ Coloration
Ⓓ Pflanzenfarben
Ⓔ Mittel zur Hellerfärbung

83. Welches Haarfärbemittel enthält teilweise Farbbildner und teilweise Nuancierfarbstoffe? Hier wird nur 1–3%iges Wasserstoffperoxid zugegeben.

Ⓐ Mittel zur Hellerfärbung
Ⓑ Coloration
Ⓒ Oxidationshaarfarbe
Ⓓ Blondiermittel
Ⓔ Tönungsmittel

84. Es gibt „Haarfarbenwiederhersteller", die ergrautem Haar durch mehrmaliges Auftragen die Haarfarbe wieder „zurückgeben". Dahinter verbergen sich:

- Ⓐ Pflanzenfarben
- Ⓑ Oxidationshaarfarben
- Ⓒ Nuancierfarbstoffe
- Ⓓ physikalische Farbstoffe
- Ⓔ Metallsalzfarben

85. Erklären Sie den Unterschied der nachfolgenden farbverändernden Haarbehandlungsmittel in Bezug auf Inhaltsstoffe und Wasserstoffperoxidzugabe.

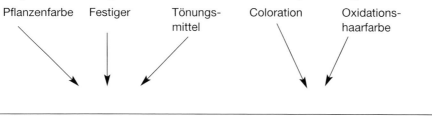

Pflanzenfarbe   Festiger   Tönungs-mittel   Coloration   Oxidations-haarfarbe

86. Warum darf nach einer Färbung mit Metallsalzen das Haar nicht mit Wasserstoffperoxid-Präparaten in Berührung kommen?

- Ⓐ Die Haare werden dadurch grün.
- Ⓑ Die Haare verbrennen durch den „schlagartig" frei werdenden Sauerstoff.
- Ⓒ Die Haare fallen aus, weil der Wasserstoff die Kopfhaut verätzt.
- Ⓓ Die Metallsalze verursachen eine starke Allergie.
- Ⓔ Es entsteht eine chemische Reaktion, die sehr unangenehm riecht.

87. Welche Farbstoffe sind überwiegend in Oxidationshaarfärbemitteln enthalten?

- Ⓐ direktziehende Farbstoffe
- Ⓑ physikalische Farbstoffe
- Ⓒ fertige Farbstoffe
- Ⓓ Nuancierfarbstoffe
- Ⓔ Farbbildner

88. Welche Farbstoffe sind überwiegend in klassischen Tönungsmitteln enthalten?

- Ⓐ Metallsalze
- Ⓑ Farbbildner
- Ⓒ Oxidationshaarfarben
- Ⓓ Nuancierfarbstoffe
- Ⓔ künstliche Pigmente

8

89. Erklären Sie, warum zu einer klassischen Tönung kein Wasserstoffperoxid verwenden werden muss.

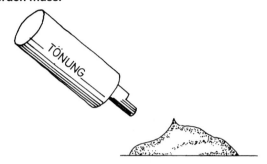

90. Erklären Sie, aufgrund welcher Eigenschaften Tönungsmittel am Haar haften können.

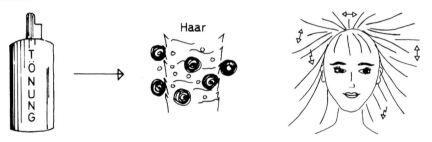

91. Nennen Sie fertige Farbstoffe, die in die Cortex des Haares eindringen können. Erklären Sie, wodurch diese Farbstoffe im Haar verbleiben können.

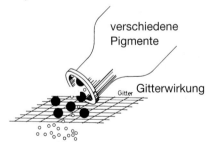

Modell für die Durchlässigkeit der Schuppenschicht

92. Tönungsmittel können nicht:

Ⓐ die Farbrichtung des Haares verändern
Ⓑ die Farbe des Haares auffrischen
Ⓒ hellere Farbtöne erzielen
Ⓓ wieder herausgewaschen werden
Ⓔ teilweise weiße Haare abdecken

Farbabzug

93. Der saure Farbabzug **ist „chemisch gesehen" eine:**
- Ⓐ Oxidation
- Ⓑ Reduktion
- Ⓒ Redoxreaktion
- Ⓓ Polymerisation
- Ⓔ Pufferung

94. Warum muss nach dem Abziehen der Haarfarbe **das Haar lange und gründlich gespült werden?**
- Ⓐ um die Chemikalien aus dem Haar zu waschen
- Ⓑ damit das Haar wieder entquollen wird
- Ⓒ um die „zurückentwickelten" künstlichen Pigmente herauszuspülen
- Ⓓ um das Haar von den aufgetragenen Flüssigkeiten zu säubern
- Ⓔ um ein Nachdunkeln der künstlichen Pigmente zu verhindern

95. Welche Pigmente **werden durch den** sauren Farbabzug **aus dem Haar entfernt?**
- Ⓐ nur die künstlichen
- Ⓑ nur die natürlichen
- Ⓒ künstliche und natürliche
- Ⓓ die Nuancierfarbstoffe

96. Welche Pigmente **werden durch den** alkalischen Farbabzug **aus dem Haar entfernt?**
- Ⓐ nur die künstlichen Pigmente
- Ⓑ nur die natürlichen Pigmente
- Ⓒ alle Metallsalzfarben
- Ⓓ künstliche und natürliche Pigmente
- Ⓔ die Nuancierfarbstoffe

97. Worin liegt der Unterschied zwischen dem sauren Farbabzug **und dem** alkalischen Farbabzug**?**

98. Erklären Sie den chemischen Vorgang des sauren Farbabzugs **mit Hilfe der folgenden Zeichnung.**

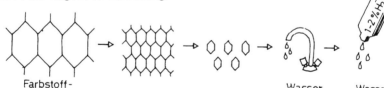

Farbstoff-moleküle   Wasser   Wasserstoff-peroxid

_____ _____ _____ _____ _____

_____ _____ _____ _____ _____

99. Wann ist ein alkalischer Farbabzug **dem** sauren Farbabzug **vorzuziehen?**
- Ⓐ wenn die Färbung der Kundin zu dunkel geworden ist
- Ⓑ wenn der Kundin unmittelbar nach dem Färben die Haarfarbe nicht gefällt
- Ⓒ wenn die Färbung ungleichmäßig angenommen wurde
- Ⓓ wenn beachtliche Haarschäden nach dem Färben festgestellt worden sind
- Ⓔ wenn die Färbung längere Zeit zurückliegt

8

Farbabzug

100. Es ist ratsam, nach dem sauren Farbabzug **eine** Sauerstoffprobe **durchzuführen. Warum?**

    Ⓐ   um das Haar zu entlüften
    Ⓑ   um evtl. noch vorhandene künstliche Pigmente sichtbar zu machen
    Ⓒ   um das Haar zu neutralisieren und zu adstringieren
    Ⓓ   Das ist nur nach einer sehr starken Behandlung notwendig.
    Ⓔ   Die Haare werden dadurch lockerer und glänzen besser.

101. Welchen Vorteil hat der alkalische Farbabzug **gegenüber dem** sauren Farbabzug?

    Ⓐ   Es ist eine Aufhellung über die Farbtiefe der Färbung hinaus möglich.
    Ⓑ   Das Haar wird nicht so stark in seiner Struktur geschädigt.
    Ⓒ   Es entsteht kein Gelb/Rotstich im Haar.
    Ⓓ   Das Haar muss anschließend nicht nuanciert werden.
    Ⓔ   Der alkalische Farbabzug hat keinen Vorteil gegenüber dem sauren Farbabzug.

FARBVERÄNDERNDE HAARBEHANDLUNGEN Farbkorrektur   **F 8.5.2**

Fehler bei der Färbung

102. Welche Ursache könnte vorliegen, wenn nach der Farbbehandlung **das Haar zu dunkel geworden ist?**

    Ⓐ   sehr feines Haar   Ⓓ   unsaubere Arbeitstechnik
    Ⓑ   zu kurze Einwirkzeit   Ⓔ   glasiges Haar
    Ⓒ   Weißanteil bei Modetönen wurde nicht berücksichtigt

103. Welche Ursache könnte vorliegen, wenn nach der Farbbehandlung **das Haar zu hell geworden ist?**

    Ⓐ   sehr feines Haar   Ⓓ   unsaubere Arbeitstechnik
    Ⓑ   zu kurze Einwirkzeit   Ⓔ   glasiges Haar
    Ⓒ   Weißanteil bei Modetönen wurde nicht berücksichtigt

104. Welche Ursache könnte vorliegen, wenn nach der Farbbehandlung **das Haar zu leuchtend geworden ist?**

    Ⓐ   sehr feines Haar   Ⓓ   unsaubere Arbeitstechnik
    Ⓑ   zu kurze Einwirkzeit   Ⓔ   glasiges Haar
    Ⓒ   Weißanteil bei Modetönen wurde nicht berücksichtigt

105. Welche Ursache könnte vorliegen, wenn nach der Farbbehandlung **das Haar die Farbe ungleichmäßig angenommen hat?**

    Ⓐ   sehr feines Haar
    Ⓑ   zu kurze Einwirkzeit
    Ⓒ   Weißanteil bei Modetönen wurde nicht berücksichtigt
    Ⓓ   unsaubere Arbeitstechnik
    Ⓔ   stark rotpigmentiertes Haar

8

Aufgabenbereiche der Kosmetik

1. **Das Wort „Kosmetik" bedeutet:**

   Ⓐ   allgemein Schönheits- und Körperpflege
   Ⓑ   allgemein das Beherrschen von Schminktechniken
   Ⓒ   die Pflege des Gesichtes
   Ⓓ   Kenntnis und richtige Anwendung aller auf dem Markt befindlichen Kosmetikartikel

2. **Der Aufgabenbereich der Kosmetik ist die:**

   Ⓐ   Pflege, Gestaltung und Gesunderhaltung der Gesichtshaut
   Ⓑ   Gesunderhaltung des gesamten menschlichen Körpers
   Ⓒ   Pflege, Gestaltung und Gesunderhaltung des Hautorgans

3. **Worin besteht die Aufgabe der dekorativen Kosmetik? Kreuzen Sie die zwei richtigen Antworten an.**

   Ⓐ   Sie soll die Persönlichkeit der Kundin verändern.
   Ⓑ   Sie soll gestalterischen Einfluss auf Gesichtsform sowie Augen-, Mund- und Nasenform nehmen.
   Ⓒ   Sie soll der Kundin das Gefühl geben, „wie ein neuer Mensch" auszusehen.
   Ⓓ   Sie soll durch farbliche Veränderungen abdecken oder ausgleichen, z. B. durch Make-up Röte abdecken.

4. **Der Begriff Maniküre bedeutet:**

   Ⓐ   Handmassage
   Ⓑ   Fußmassage
   Ⓒ   Handpflege
   Ⓓ   Fußpflege
   Ⓔ   Lacken der Finger- und Fußnägel

5. **Der Begriff Pediküre bedeutet:**

   Ⓐ   Handmassage
   Ⓑ   Fußmassage
   Ⓒ   Handpflege
   Ⓓ   Fußpflege
   Ⓔ   Lacken der Finger- und Fußnägel

9

6. **Welche** Behandlungen in der Kosmetik **zählen zum friseurkosmetischen Aufgabenbereich und welche zum medizinischen Aufgabenbereich? Ordnen Sie folgende Begriffe zu:**
   apparative Kosmetik, Behandlung allergischer Hauterkrankungen, Behandlung schwerer
   Akne, dekorative Kosmetik, Entfernen von Komedonen, medizinische Kosmetik, reini-
   gende Kosmetik, pflegende Kosmetik, plastische Chirurgie

Friseur/in und Kosmetiker/in	
Arzt/Ärztin	

7. **Eine qualifizierte Fachkraft zeichnet sich auch dadurch aus, dass sie** Begriffe aus
dem Kosmetikbereich **nennen und erläutern kann. Erklären Sie die folgenden
Begriffe in Bezug auf kosmetische Behandlungen:**
   Hygiene, Prophylaxe, Ästhetik, Therapie

8. **Die** fachgerechte Hautdiagnose **ist für eine erfolgreiche kosmetische Behandlung
besonders wichtig. Was ist der Grund?**
   Ⓐ Nur so hat die Kundin das Gefühl, von einem kompetenten Fachmann beraten zu
   werden und kann Vertrauen zu ihm entwickeln.
   Ⓑ Erst durch die Feststellung des Hauttyps und durch die Prüfung des Hautzustandes
   kann eine gezielte Behandlung durchgeführt und können geeignete Präparate eingesetzt werden.
   Ⓒ Bei der Hautdiagnose wird nur festgestellt, ob die Kundin an Hautkrankheiten lei-
   det. Ist dies der Fall, muss sie vor der Behandlung einen Arzt aufsuchen.
   Ⓓ Eine erfolgreiche Behandlung schließt den Verkauf von Produkten mit ein. Bei der
   Hautdiagnose wird der Kundin erklärt, warum sie die entsprechenden Produkte
   kaufen sollte.

9

Pflegende Kosmetik

9. **In welche wichtigen Schritte gliedert sich die** Hautdiagnose (Hautbeurteilung)**?
   Ordnen Sie von 1 bis 3.**

   _____ Untersuchung der Haut

   _____ Befragung der Kundin (Anamnese)

   _____ Betrachtung der Haut

10. **Nennen Sie die** Hauttypen **und die Fachbegriffe dazu.**

Name	Fachbegriff
1.	
2.	
3.	
4.	

11. **Wie erklären Sie den Unterschied zwischen** Hauttyp und Hautzustand**? Kreuzen
    Sie die fünf richtigen Antworten an.**

    Ⓐ Die Anlagen für den Hauttyp werden vererbt.
    Ⓑ Der Hauttyp kann sich durch entsprechende Behandlung verändern.
    Ⓒ Der Hautzustand kann sich durch dauerhafte Anwendung ungeeigneter
        kosmetischer Präparate verändern.
    Ⓓ Der Hautzustand ist durch Vererbung festgelegt.
    Ⓔ Der Hautzustand kann sich durch hormonelle Einflüsse verändern.
    Ⓕ Der Hautzustand kann sich durch Krankheiten und Medikamente verändern.
    Ⓖ Der Hautzustand kann sich durch Umwelteinflüsse und Witterungseinflüsse verändern.
    Ⓗ Der Hauttyp kann sich bereits durch eine einmalige falsche kosmetische Behand-
        lung verändern.

12. **Welche Informationen können Sie durch die** Kundenbefragung (Anamnese) **erhalten?**

13. **Zu welchem Zweck wird die** Lupenleuchte **eingesetzt? Nennen Sie die vorberei-
    tenden Maßnahmen und die Beobachtungen, die Sie machen können.**

14. **Nennen Sie fünf spezielle Untersuchungsmaßnahmen zur Feststellung des** Haut-
    typs**.**

15. **Mit welcher Methode werden** Talg- und Schweißabsonderungen **geprüft?**

9

Pflegende Kosmetik

16. **Wie kann die** Hauteigenfarbe **bestimmt werden (Diaskopie)?**

17. **Welches Untersuchungsergebnis zeigt die** Dermografie**?**

18. **Der Begriff** Vorreinigung **bedeutet:**

    Ⓐ Entfernen des Augen Make-ups, Entfernen des Lippenstiftes mit speziellen ölhaltigen Reinigungsmitteln
    Ⓑ Auswaschen der Kompressen vor dem Gebrauch
    Ⓒ Reinigen der Hände vor der kosmetischen Behandlung
    Ⓓ Reinigen der Arbeitsgeräte (Spatel, Pinsel etc.) vor der kosmetischen Behandlung

19. **Der Begriff** Hauptreinigung **bedeutet:**

    Ⓐ Entfernen von Komedonen
    Ⓑ Reinigung der Gesamtheit von Hals, Dekolleté und Gesicht
    Ⓒ Abstimmen des Reinigungspräparates auf den speziellen Hauttyp, Anwendung der Reinigungsmassagen, Abnahme durch warme Kompressen
    Ⓓ Entfernen des gesamten Make-ups in einem Arbeitsschritt

20. **Der Begriff** Nachreinigung **bedeutet:**

    Ⓐ abschließende Reinigung nach der kosmetischen Behandlung, um Rückstände von Cremes oder Masken zu entfernen
    Ⓑ Benutzen von Gesichtswässern, die auf den Hauttyp abgestimmt sind
    Ⓒ Reinigen und Desinfizieren aller Arbeitsgeräte nach der Behandlung
    Ⓓ Entfernen von Make-up-Rückständen, die bei den vorangegangenen Arbeitsschritten übersehen wurden

21. **Mit welchen Massagegriffen wird die** Reinigungsmassage **durchgeführt?**

    Ⓐ mit kräftigen Massagen im Bindegewebe
    Ⓑ Die Reihenfolge der Massagegriffe bleibt der behandelnden Fachkraft überlassen.
    Ⓒ mit leichten Streichmassagen und Friktionen
    Ⓓ Leichte Klopfbewegungen lassen die Inhaltsstoffe des Reinigungspräparates besser eindringen.

22. **Wie wirken alkoholhaltige** Gesichtswässer **auf die Haut? Kreuzen Sie die** <u>falsche</u> **Antwort an.**

    Ⓐ fettlösend
    Ⓑ adstringierend
    Ⓒ erfrischend
    Ⓓ rückfettend
    Ⓔ desinfizierend

9

Pflegende Kosmetik

23. **Die drei verschiedenen Zustandsformen von Wasser werden auch Aggregat-
    zustände genannt. In welchem** Aggregatzustand **kommt** Wasser **in der Kosmetik
    zur Anwendung? Ordnen Sie zu:**
    flüssig, gasförmig, fest

spezielle Bedampfungsgeräte	
kalte Kompressen	
Eiswürfel	
warme Kompressen	
Reinigung mit Wasser und Syndet	
Gesichtssauna	

24. **Mit der Hautreinigung werden oftmals zusätzliche Wirkungen beabsichtigt.
    Wie wirken die genannten** Reinigungsmethoden**? Wie werden Sie durchgeführt?**

Methode	Prinzip	beabsichtigte Wirkung
Tiefenreinigung		
Reinigungsmaske		
Peeling		

9

25. Welche Wirkung wird mit kosmetischen Massagen beabsichtigt?
Kreuzen Sie die vier richtigen Antworten an.

Ⓐ   Unterstützung der Reinigung, die Talgdrüsen werden zum Teil entleert.
Ⓑ   Das Porenbild der Haut wird verfeinert.
Ⓒ   Unterstützung der Blut- und Lymphzirkulation, der Stoffwechsel wird angeregt.
Ⓓ   Training des elastischen und kollagenen Fasergeflechts.
Ⓔ   Der Hauttyp kann dadurch verändert werden.
Ⓕ   Falten können auf Dauer entfernt werden.
Ⓖ   Durch die Massagereize wird nachhaltig das Nervensystem beeinflusst.
      Die Massage wirkt entspannend oder aktivierend.

26. Nach welchen Kriterien entscheiden Sie sich für eine bestimmte Massageart?

Ⓐ   Jede Massageart hat eine spezielle Wirkung. Die Reihenfolge der Griffe ist deshalb
      festgelegt.
Ⓑ   Es darf immer nur eine Massageart angewendet werden.
Ⓒ   Die Auswahl der einzelnen Griffe wird durch den Hauttyp und den Hautzustand be-
      stimmt.

27. Nennen und beschreiben Sie die dargestellten Massagegriffe der Gesichtsmassage.

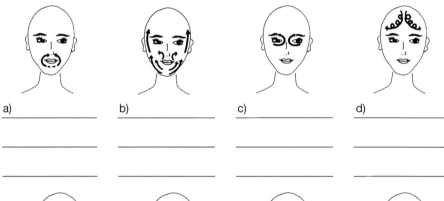

a) _____   b) _____   c) _____   d) _____

   _____   _____   _____   _____

   _____   _____   _____   _____

      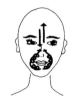

e) _____   f) _____   g) _____   h) _____

   _____   _____   _____   _____

   _____   _____   _____   _____

9

Pflegende Kosmetik

28. **Wodurch wird die** Massagerichtung **bestimmt?**

_____

_____

_____

_____

29. **Nennen Sie die jeweils beabsichtigte Wirkung einer fachgerechten** Abschluss-behandlung **nach einer** Gesichtsmassage.

Art der Abschlussbehandlung	beabsichtigte Wirkung
Anlegen von kalten Kompressen	
kühlende Packungen	
Gesichtswässer	

30. **Unterscheiden Sie zwischen einer** Maske **und einer** Packung. **Wie wirken die Präparate und welche Wirkung wird jeweils beabsichtigt?**

Maske	Packung

31. **Beschreiben Sie die beabsichtigte** Wirkung von Kompressen. **Unterscheiden Sie dabei:**
warme Kompressen, kalte Kompressen und Wechselkompressen

32. **Eine** Tagescreme **wird nach der morgendlichen Gesichtsreinigung aufgetragen. Nennen Sie die Aufgaben einer Tagescreme.**

33. Nachtcremes **werden nach der abendlichen Gesichtsreinigung aufgetragen. Nennen Sie die Aufgaben einer Nachtcreme.**

34. **Im Anschluss an die Behandlung mit einer** Enthaarungscreme **muss die Haut gepflegt werden. Erklären Sie, warum Pflegemaßnahmen notwendig sind.**

9

35. Welche elektrischen Geräte werden in der apparativen Kosmetik nicht angewendet? Kreuzen Sie die drei falschen Antworten an.

Ⓐ Sterilisationsgeräte
Ⓑ Bedampfungsgeräte und Ozongeräte
Ⓒ Epilationsgeräte
Ⓓ Iontophoresegeräte (Gleichstromanwendung)
Ⓔ Trockenhauben
Ⓕ Massagegeräte
Ⓖ Impulsstromgeräte (Gleichstromanwendung)
Ⓗ Wechselstromgeräte (Interferenzstromanwendung)
Ⓘ Föhne

36. In der apparativen Kosmetik werden Gleich- und Wechselstrombehandlungen durchgeführt. Gleichstrom bedeutet:

Ⓐ Der Strom fließt gleichmäßig in das Gerät.
Ⓑ Der Strom fließt nur in eine Richtung.
Ⓒ Der Strom wechselt ständig seine Richtung.
Ⓓ Die Stromstärke wird gleich dem Hautwiderstand eingestellt.

37. Welche Behandlung ist <u>keine</u> Gleichstrombehandlung?

Ⓐ Desincrustation
Ⓑ Iontophorese
Ⓒ Reizstrombehandlung
Ⓓ Elektrophorese
Ⓔ Behandlung mit galvanischem Strom

38. Der Fachausdruck für die dauerhafte Haarentfernung ist:

Ⓐ Oxidation
Ⓑ Depilation
Ⓒ Epilation
Ⓓ Reduktion

39. Erklären Sie die Vorgehensweise bei einer Epilation.

_____

_____

_____

_____

_____

_____

9

Dekorative Kosmetik

40. Der Lippenstift ist fester Bestandteil eines Make-ups.
    Nennen Sie die Aufgaben eines Lippenstiftes.

41. Durch das Festlegen der Lippenkonturen kann die Lippenform korrigiert werden.
    Korrigieren Sie in die vorgegebenen Lippenformen, indem Sie die Lippenkonturen
    neu festlegen.

    a) Korrekturmöglichkeit bei vollen Lippen:

    b) Korrekturmöglichkeit bei schmalen Lippen:

    c) Korrekturmöglichkeit, wenn die Unterlippe größer als die Oberlippe ist:

    d) Korrekturmöglichkeit, wenn die Oberlippe größer als die Unterlippe ist:

42. Das Augen-Make-up unterstreicht das Gesamtbild des Gesichts. Ordnen Sie den
    folgenden Augen-Make-up-Präparaten ihre jeweiligen Aufgaben zu.

Eye-Liner	betonen die Augen, indem sie die Augenwimpern anfärben und verlängern.
Augenbrauenstifte	heben durch Umrandung das Auge plastisch hervor und geben ihm die gewünschte Note.
Wimperntuschen	sollen das Auge hervorheben und es größer erscheinen lassen.
Lidschatten	sollen die Unregelmäßigkeiten der Brauen verdecken.

43. Der Lidschatten ist ein wichtiger Teil des Augen-Make-ups. Nennen Sie die Aufgaben des Lidschattens.

9

44. **Zur Behandlung der Augenbrauen werden** Augenbrauenstifte **verwendet. Nennen Sie die Aufgaben der Augenbrauenstifte.**

45. **Durch das Auftragen von** Lidschatten **können Augenformen korrigiert werden. Benennen und korrigieren Sie die folgenden Augenstellungen durch Einzeichnen.**

a) _____

_____

_____

b) _____

_____

_____

c) _____

_____

_____

d) _____

_____

_____

9

Ägyptische Hochkultur

1. Wie werden die Zeiträume während folgender Hochkulturen genannt?

    a) Ägypter, Perser, Babylonier und Assyer: _____

    b) Griechen und Römer: _____

    c) Germanen während der Romanik und Gotik: _____

    d) Renaissance bis in unsere Zeit: _____

2. Die Pflege und Gesunderhaltung des Körpers war bereits im alten Ägypten ein wichtiger Bestandteil im Leben der Menschen. Welchen Zeitraum bezeichnet man als die ägyptische Hochkultur?

    Ⓐ 6000–3000 v. Chr.
    Ⓑ 3000–300 v. Chr.
    Ⓒ   500 v. Chr.–500 n. Chr.
    Ⓓ 1600 v. Chr.–800 n. Chr.
    Ⓔ 2230–600 v. Chr.

3. Wie frisierten die Pharaoninnen im alten Ägypten ihr Haar oder welche Haarersatzteile verwendeten sie? Sie trugen:

    Ⓐ viele Locken bis zur Schulter
    Ⓑ Langhaarperücken
    Ⓒ pagenkopfartige Perücken
    Ⓓ gekräuselte Haarlocken
    Ⓔ aufgesteckte Knoten

4. Warum rasierten die Ägypter während der ägyptischen Hochkultur ihr Haupthaar?

    Ⓐ damit sie zu religiösen Anlässen ihr Haupt bemalen konnten
    Ⓑ kahlgeschorenes Haupt war modern
    Ⓒ aus hygienischen Gründen
    Ⓓ damit die Perücken besser passten

10

5. Warum trug man im alten Ägypten auf dem Kopf einen Balsamkegel?

    Ⓐ Man trug ihn als Schmuck.
    Ⓑ Damit das Haar fettig glänzte.
    Ⓒ Er sollte die Frau größer erscheinen lassen.
    Ⓓ Er schmolz in der Sonne und pflegte das Haar mit einer wohlriechenden Essenz.
    Ⓔ Um die Haare beim Baden zu schützen.

6. Nennen Sie die Zeichen königlicher Würde alter Ägypter.

7. **Wie heißen die abgebildeten Persönlichkeiten aus dem alten Ägypten?**

a) _____ b) _____

8. **Welche Haarfarbe wurde im alten Ägypten vorwiegend getragen?**

9. **Woher ist in der Gegenwart bekannt, wie die Ägypter früher gelebt haben und wie sie sich gekleidet und frisiert haben?**

10. **Ein typischer Kopfschmuck der Männer während der ägyptischen Hochkultur war oder waren:**

Ⓐ ein Stirnband
Ⓑ Leder- oder Filzkappen
Ⓒ ein Lorbeerkranz
Ⓓ der Swebenknoten

11. **Die Pharaonen (-innen) des alten Ägypten verbrachten viel Zeit mit der Körperpflege. Sie:**

Ⓐ wuschen sich mit einer unparfümierten Seife
Ⓑ badeten in Eselsmilch und rasierten sich alle Körperhaare
Ⓒ gingen regelmäßig zum Barbier
Ⓓ trafen sich einmal wöchentlich beim Bader
Ⓔ gingen in Thermen und in große Badehallen

10

12. **Die Kleidung der ägyptischen Hochkultur bestand aus:**

Ⓐ einem leinenen Unterkleid (Chiton) und einem farbigen Oberkleid
Ⓑ einer Tunika und Toga
Ⓒ einem gewebten Wollrock mit Goldfaden
Ⓓ Brokat, Samt und Seide
Ⓔ einem durchsichtigen hemdartigen, weißen Leinengewand (Kalasiris)

Ägyptische Hochkultur

13. Ein bekanntes Bauwerk der ägyptischen Hochkultur **ist:**

- Ⓐ ein Säulentempel in Athen, die Akropolis
- Ⓑ der Triumphbogen, der zu Ehren der Pharaone gebaut wurde
- Ⓒ das Viadukt, die Brücke über den Nil
- Ⓓ die Cheopspyramide in Gizeh
- Ⓔ eine überlange Wasserleitung (Aquädukt) von Kairo nach Sakkara

14. In welcher Kultur trugen die Menschen keine sorgfältig gekräuselten Haarlocken und drehten sich nicht das Barthaar in auffallende „Etagen"? In der Kultur der:

- Ⓐ Sumerer
- Ⓑ Assyrer
- Ⓒ Ägypter
- Ⓓ Akkader
- Ⓔ Babylonier

Griechische Hochkultur

15. Für welche Zeitepoche sind die Abbildungen typisch?

16. Eine typische Frauenfrisur der griechischen Hochkultur **zeigt:**

Ⓐ   Ⓑ   Ⓒ   Ⓓ

17. Womit konnten die Griechinnen **früher ihr Haar krausen? Mit:**

- Ⓐ einem Onduliereisen
- Ⓑ erhitzten Tonwickeln
- Ⓒ Papilloten
- Ⓓ einem Kalamistrum
- Ⓔ einem Lockenstab

10

18. Die Griechinnen behandelten ihr Haar mit Safran. Welche Farbe hatte das Haar anschließend?

    Ⓐ tizianrot
    Ⓑ germanisch blond
    Ⓒ blauschwarz
    Ⓓ weiß
    Ⓔ gold-orange

19. Welche unterschiedlichen Frisuren gab es bei den griechischen Männern?

20. Wie schminkten die Griechinnen früher ihr Gesicht? Sie hatten eine:

    Ⓐ gelbe Gesichtsfarbe, grüne Augenlider, rote Lippen
    Ⓑ braune Haut, dunkle Augenränder, leuchtende Lippenfarbe
    Ⓒ schneeweiße matte Haut und mennigrote Lippen
    Ⓓ gepuderte Haut, rosa Wangen und rosa Lippen
    Ⓔ natürliche unauffällige Schminke

21. Die griechische Kleidung bestand früher aus:

    Ⓐ einem leinernem Unterkleid (Chiton) und einem farbigem Oberkleid (Himation)
    Ⓑ einer Tunika und Toga
    Ⓒ einem gewebten Wollrock mit Goldfaden
    Ⓓ Brokat, Samt und Seide

22. Eines der dargestellten Bauwerke ist typisch griechisch.
    Kreuzen Sie dieses an.

  Ⓐ Pyramiden   Ⓑ Viadukt   Ⓒ Bauernhaus

  Ⓓ Triumphbogen   Ⓔ Akropolis

10

Griechische Hochkultur

23. **Je zwei der dargestellten Personen können der römischen, griechischen und ägyptischen Epoche zugeordnet werden. Ordnen Sie zu: Welche Frau gehört zu welchem Mann?**

24. **Die Weisheit „Schönheit kommt von innen" ist bereits etwa 3000 Jahre alt und stammt aus der griechischen Hochkultur.**
    a)   **Welches „Ideal" strebten die Griechen an?**
    b)   **Erläutern Sie dieses Ideal an (konkreten) Beispielen.**

Römisches Reich

25. **In welchem Zeitraum bestand das römische Weltreich?**

    Ⓐ   um Christi Geburt
    Ⓑ   in der archaischen Zeit
    Ⓒ   am Ende des Mittelalters
    Ⓓ   im 20. Jahrhundert
    Ⓔ   zur Zeit der Babylonier

26. **In welchem Zeitraum trug eine Frau diese Frisur?**

    Ⓐ   3000–300 v. Chr.
    Ⓑ   1500–150 v. Chr.
    Ⓒ   500 v. Chr. – 500 n. Chr.
    Ⓓ   1600 v. Chr. – 800 n. Chr.
    Ⓔ   900–1250 n. Chr.

10

27. Welches bekannte Bauwerk sollte die Römer vor den „wilden Germanen" schützen?

28. Nennen Sie drei Persönlichkeiten aus der römischen Epoche.

29. Wie nennt man die Kleidung der Römer, die aus einem Obergewand und einem Untergewand bestand?

30. Nennen Sie den Grund, warum das Römische Reich zerbrach.

31. Viele Bauwerke der römischen Kultur kann man auch heute noch bewundern. Wie nennt man die Brücken und Wasserleitungen aus dem römischen Reich?

32. Kreuzen Sie an: Für welche Art der Körperpflege waren die Römer bekannt?

Ⓐ Baderstube   Ⓑ Thermen   Ⓒ Sport

33. Welchen Kopfschmuck trug man im Römischen Reich zu Festlichkeiten?
    Ⓐ eine Uräusschlange
    Ⓑ Federn
    Ⓒ einen Efeu- oder Lorbeerkranz
    Ⓓ Modelle von bekannten Bauwerken
    Ⓔ ein Schapel

34. An welcher Stelle trugen die Frauen des Römischen Reichs das Volumen bei ihrer Frisur?
    Ⓐ am Hinterkopf
    Ⓑ seitlich
    Ⓒ im Nacken
    Ⓓ am Vorderkopf

35. Eine Modefarbe bei den Römerinnen war:
    Ⓐ rot
    Ⓑ blau
    Ⓒ blond
    Ⓓ schwarz
    Ⓔ brünett

10

Römisches Reich

36. **Welche der hier dargestellten Männer könnte aus dem Römischen Reich stammmen? Kreuzen Sie „den Römer" an!**

   Ⓐ   Ⓑ   Ⓒ   Ⓓ   Ⓔ

37. **Beschreiben Sie die typische Männerfrisur im Römischen Reich.**

Germanen und Romanik

38. **Welche Eigenschaften wurden besonders von den Germanen gerühmt?**

39. **Welche Frisur ist <u>nicht</u> typisch für die germanischen Frauen?**

   Ⓐ   Ⓑ   Ⓒ   Ⓓ   Ⓔ

40. **Das lange, offen oder am Nacken zum Zopf gebundene Haar war typisch für die Germanen. Warum trugen die Germanen langes Haar?**

   Ⓐ   es galt als Zeichen der Freiheit
   Ⓑ   um die Römer zu erschrecken
   Ⓒ   um den Körper zu wärmen
   Ⓓ   um sich von den anderen Völkern zu unterscheiden
   Ⓔ   damit Stammesfrisuren geformt werden konnten

41. **Die typische Haarfarbe der Germanen war meistens:**

   Ⓐ   rotblond
   Ⓑ   braun
   Ⓒ   schwarz
   Ⓓ   weiß
   Ⓔ   dunkelbraun

10

42. Finden Sie „den Germanen" heraus?

  Ⓐ   Ⓑ   Ⓒ   Ⓓ   Ⓔ

43. Aus welchem Grund färbten die Germanen vor dem Kampf ihre Haare mit Ochsenblut?

  Ⓐ   um den Haaren rote Farbe zu verleihen
  Ⓑ   um die Kraft der Ochsen zu bekommen
  Ⓒ   um ihre Opferbereitschaft zu zeigen
  Ⓓ   durch die Blutkruste entstand ein helmartiger Kopfschutz
  Ⓔ   um furchterregend auf ihre Feinde zu wirken

44. Warum wurde auf Schmuck, Geräten, Gewandschließen der Germanen das Kreismotiv abgebildet? Es war das:

  Ⓐ   Symbol der Wichtigkeit des Rades
  Ⓑ   Symbol der Erde
  Ⓒ   Symbol der wärmenden Sonne
  Ⓓ   Symbol der Klugheit
  Ⓔ   Symbol für die Unendlichkeit des Kreises

45. Welcher wichtige Bestandteil der Kleidung wurde von den Germanen eingeführt?

  Ⓐ   der Reißverschluss
  Ⓑ   der Knopf
  Ⓒ   der Gürtel
  Ⓓ   die Maschinennaht
  Ⓔ   Applikationen

46. Bei welchem Paar handelt es sich um Germanen?

  Ⓐ   Ⓑ   Ⓒ

10

Germanen und Romanik

47. Wie nennt man die abgebildete Frisur eines germanischen Stammes?

48. In welcher Zeit war diese Frisur modern?

    Ⓐ 3000–300 v. Chr. (antikes Ägypten)
    Ⓑ 1500–150 v. Chr. (antikes Griechenland)
    Ⓒ   500 v. Chr. – 500 n. Chr. (Römisches Reich)
    Ⓓ 1600 v. Chr. – 800 n. Chr. (Germanen)
    Ⓔ   900–1250 n. Chr. (Romanik)

49. Der Name der Epoche Romanik besteht aus zwei Teilen „Rom-" und „-anik". Dahinter verbergen sich zwei Epochen, die ineinander übergegangen sind bzw. stark
voneinander beeinflusst wurden. Welche zwei Epochen sind hier gemeint?

50. Das „Morgenland" bezeichnete die östliche Himmelsrichtung. Im Osten geht (am
Morgen) die Sonne auf. Warum führten Ritter des christlichen Abendlandes Kreuz-
züge im „Morgenland" durch?

51. Durch welches Zeichen konnte in der Romanik an der Frisur erkannt werden, ob
eine Frau verheiratet war oder nicht?

52. Frauen sollten die Haare in der Romanik ab dem Jahr 1170 nach Christi nach
kirchlicher Vorschrift verdecken. Welche moralischen Gründe gab die Kirche dafür
an?

53. In welchem Zeitraum trugen Männer die abgebildete Frisur?

    Ⓐ 3000–300 v. Chr. (antikes Ägypten)
    Ⓑ 1500–150 v. Chr. (antikes Griechenland)
    Ⓒ   500 v. Chr. – 500 n. Chr. (Römisches Reich)
    Ⓓ 1600 v. Chr. – 800 n. Chr. (Germanen)
    Ⓔ   900–1250 n. Chr. (Romanik)

10

54. Welche Frisur trugen die Bürger und Pagen in der Romanik ?

    Ⓐ papillotiertes längeres Kopfhaar
    Ⓑ langes ungepflegtes Haupthaar
    Ⓒ Pagenkopf-Frisur
    Ⓓ kurzes gewelltes Haar
    Ⓔ Stammesfrisuren wie der Swebenknoten

55. Um welche Technik der Frisurengestaltung aus der Romanik handelt es sich hier?

56. An welchem Ort nahmen Menschen im Mittelalter die Körperpflege wahr?

57. Weshalb spricht man von dem „dunklen", finsteren Mittelalter?

  Ⓐ wegen der heidnischen Götzenverehrungen
  Ⓑ wegen des Dreißigjährigen Krieges
  Ⓒ weil man in dunklen Räumen wohnte
  Ⓓ weil man dunkle Kleidung trug
  Ⓔ wegen der im Namen des christlichen Glaubens vorgenommenen vielen Folterungen

58. Welche Haarfarbe galt im Mittelalter als verpönt?

  Ⓐ schwarz
  Ⓑ rot
  Ⓒ blond
  Ⓓ weiß
  Ⓔ braun

10

59. Die abgebildeten Hauben stammen aus dem späten Mittelalter.
Wie nennt man diese Hauben?

Germanen und Romanik

60. Kreuzen Sie die <u>richtigen</u> Antworten zum Mittelalter an:

Ⓐ Im Mittelalter entstand der Körperpflegeberuf des Baders. Außer dem Baden der Kunden hatte er die Aufgabe, Haarbehandlungen und blutende (ärztliche) Eingriffe zu übernehmen.

Ⓑ Die „Mode" des Mittelalters orientierte sich am antiken Ägypten.

Ⓒ Marcel Grateau war ein berühmter Friseur des Mittelalters, der die Ondulation erfand.

Ⓓ Das Mittelalter wird nach den Epochen frühes Mittelalter (500 n. Chr. bis 800 n. Chr.), Hochmittelalter (800 n. Chr. bis 1250 n. Chr.) und Spätmittelalter (1250 n. Chr. bis 1450 n. Chr.) unterschieden.

Ⓔ Die abschließende Epoche des Mittelalters (Spätmittelalter) heißt auch Gotik.

STILKUNDE   **F 10.5**

Gotik und Renaissance

61. Gotische Bauwerke erkennt man an:

Ⓐ dem Säulentempel
Ⓑ den hügeligen Grabmälern
Ⓒ den Rundbögen
Ⓓ den Spitzbögen
Ⓔ dem Flachdach

62. Kreuzen Sie an: Welche Schuhe trugen die Menschen in der Gotik?

Ⓐ   Ⓑ   Ⓒ   Ⓓ   Ⓔ

63. Bei wem konnten sich die Menschen des Mittelalters baden und ihre Haare pflegen lassen?

Ⓐ beim Friseur
Ⓑ beim Wundarzt
Ⓒ beim Feldscher
Ⓓ beim Bader
Ⓔ beim Coiffeur

10

64. Der Begriff des Baders galt als unehrenhaft. Was war der Grund dafür?

Ⓐ Es gab Auswüchse in den Badestuben mit der Folge, dass Krankheiten verbreitet wurden.

Ⓑ Hohe Gebühren beim Benutzen der hölzernen Badewannen waren üblich.

Ⓒ Die Bader erzählten gerne Unwahrheiten.

Ⓓ In den Badestuben wurde Wein getrunken und durch Minnesänger Musik gemacht.

Ⓔ Es durften alle zum Bader gehen, auch die Armen.

65. Wann und wo wurde der Beruf der Bader und der Barbiere für ehrenhaft erklärt?

Ⓐ 1570 in Paris

Ⓑ 1420 in London

Ⓒ 1310 in Berlin

Ⓓ 1548 in Augsburg

Ⓔ 1484 in Hamburg

66. Nennen Sie die drei Berufe des Mittelalters, zu denen Tätigkeiten wie die Pflege von Haaren und Bärten sowie die Heilung von Wunden gehörten.

67. Welcher Berufszweig im Mittelalter hielt sich für „besser" als der des Baders, weil dort ohne Bad bedient wurde?

Ⓐ Feldscher

Ⓑ Scherer auf der nassen Bank

Ⓒ Trockenscherer

Ⓓ Coiffeur

Ⓔ Friseur

68. Wie wurde im Mittelalter in der Stadt bekannt gemacht, dass das Bad in der Badestube bereitet war?

69. Welche Tätigkeiten, außer der Haarpflege, führten die Bader noch durch?

70. Erklären Sie, was im Mittelalter unter einer „Zunft" verstanden wurde.

71. Das Zunftzeichen der Bader und Barbiere im Mittelalter war:

Ⓐ eine Badewanne

Ⓑ ein Rasierbecken

Ⓒ der Kamm und die Schere

Ⓓ ein Damenkopf mit langem Haar

Ⓔ ein Lorbeerkranz

10

Gotik und Renaissance

72. Welchen Epochen können die Bekleidungen durch Pfeile zugeordnet werden?

Ⓐ griechische   Ⓑ Romanik   Ⓒ Gotik   Ⓓ germanische   Ⓔ Renaissance
   Antike   Epoche

73. Durch welche Ereignisse (z. B. durch Kolumbus oder Luther) wurde die Renaissance stark beeinflusst?

74. Warum benutzten die Damen in der Renaissance „Flohpelzchen" und „Riechäpfel"?

75. Welche der abgebildeten Frisuren stammt aus der Frührenaissance und welche aus der Spätrenaissance?

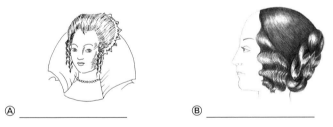

Ⓐ _____   Ⓑ _____

76. Welche Zeitepoche bezeichnet man als Renaissance?

    Ⓐ   ca. 1250–1450
    Ⓑ   ca. 1400–1600
    Ⓒ   ca. 1600–1720
    Ⓓ   ca. 1720–1789
    Ⓔ   ca. 1848–1870

10

77. Welche Haarfarbe wurde in der Renaissance Mode?
(Diese Haarfarbe war in den vorherigen Epochen verpönt.)

    Ⓐ   blond
    Ⓑ   schwarz
    Ⓒ   tizianrot
    Ⓓ   graublau
    Ⓔ   brünett

78. **Welche Frisur trugen Handwerker in der Renaissance?**

Ⓐ schulterlanges Haar
Ⓑ scheitelloses Kurzhaar
Ⓒ den Swebenknoten
Ⓓ papillotiertes Langhaar
Ⓔ die Kolbe – ein waagerechter Haarschnitt

79. **Wie nennt man die Kragen, die in der Spätrenaissance getragen wurden?**

Ⓐ Mühlsteinkragen
Ⓑ Vatermörder
Ⓒ Stehkragen
Ⓓ Halsbinde
Ⓔ Krawatte

80. **Nach welchem Frauennamen wurde der abgebildete Kragen aus der Renaissance benannt?**

Ⓐ Elisabeth von England
Ⓑ Maria Stuart
Ⓒ Maria von Medici
Ⓓ Uta von Ballenstedt
Ⓔ Marie Antoinette

81. **Nennen Sie drei Persönlichkeiten aus der Zeit der Renaissance.**

82. **Aus welchen Materialien bestand die Kleidung der reicheren Menschen in der Renaissance vorwiegend?**

83. **Wie nannte man die Schuhe in der Renaissance?**

Ⓐ Schnabelschuhe
Ⓑ Ochsenmaulschuhe
Ⓒ Stöckelschuhe
Ⓓ Schnallenschuhe
Ⓔ Sandaletten

84. **Der typische Edelmann in der Renaissance trug:**

Ⓐ Kniehosen und Wollsocken
Ⓑ Kniehosen mit weißen Strümpfen
Ⓒ enge Steghosen
Ⓓ bunte, farbig unterschiedliche Strümpfe (Beinkleid)
Ⓔ einen Schottenrock

10

Gotik und Renaissance

85. Wie nannte man die Kopfbedeckung des Mannes in der Renaissance?

Ⓐ Zylinder
Ⓑ Zweispitz
Ⓒ Barett
Ⓓ Mütze
Ⓔ Kappe

STILKUNDE   **F 10.6**

Barock und Rokoko

86. Welche Beschreibung trifft auf die Zeit des Barocks zu?

Ⓐ verschnörkelt, überladen und sonderbar
Ⓑ schlicht und einfach
Ⓒ biederes, häusliches Bürgertum
Ⓓ starker Jenseitsglaube
Ⓔ Industriezeitalter

87. Welcher Krieg wurde während des Barocks ausgetragen?

Ⓐ 1. Weltkrieg
Ⓑ 2. Weltkrieg
Ⓒ 3. Weltkrieg
Ⓓ 6-Tagekrieg
Ⓔ Dreißigjähriger Krieg

88. Wer bildete die Regierung im Barock?

Ⓐ das Direktorium (sechs Revolutionäre)
Ⓑ ein selbsternannter Kaiser
Ⓒ frei gewählte Bürger
Ⓓ absolutistisch herrschende Könige
Ⓔ ein Diktator

89. Wodurch unterscheiden sich die Frisuren des Frühbarocks von denen des Spät-barocks?

90. Nach welchen Frauen wurden die beiden abgebildeten Frisuren benannt?

10

a) _____   b) _____

91. Welche Scheitel im Haar wurden im Frühbarock getragen?

Ⓐ Zungenscheitel
Ⓑ Dreiecksscheitel
Ⓒ Quer- oder Rundscheitel
Ⓓ Mittelscheitel
Ⓔ Seitenscheitel

92. Welche Zeitepoche bezeichnet man als Barock?

Ⓐ ca. 1250–1450
Ⓑ ca. 1400–1600
Ⓒ ca. 1600–1720
Ⓓ ca. 1720–1789
Ⓔ ca. 1848–1870

93. Welche Frisuren trugen die Männer im Barock?

Ⓐ Stammesfrisuren
Ⓑ Beutelperücken
Ⓒ langes gewelltes Haar
Ⓓ Allongeperücken
Ⓔ gelockte Kurzhaarfrisur

94. Die Abbildung zeigt einen Mann aus dem Barock. Welchen Beruf übt er aus?

Ⓐ Bader
Ⓑ Friseur
Ⓒ Perrupier (Perückenmacher)
Ⓓ fahrender Musikant
Ⓔ Hufschmied

95. Wer führte die Allongeperücke während des Barocks am Hofe ein?

Ⓐ Franz I., König von Frankreich
Ⓑ König Ludwig der XIV.
Ⓒ König Ludwig der XV.
Ⓓ Albrecht Dürer
Ⓔ Napoleon

10

Barock und Rokoko

96. Mit welchem Innenbau konnten die hohen Frisuren im Spätbarock
     angefertigt werden?

97. Nennen Sie drei Persönlichkeiten aus dem Barock.

98. Welcher Art war die Körperpflege der Menschen am königlichen Hof im Barock?

99. Welche Besonderheit hatten die Schuhe des hohen Adels im Barock?

100. Welche der abgebildeten Frisuren trugen Frauen im Barock?

(A)   (B)   (C)

(D)   (E)

101. Welche Zeitepoche bezeichnet das Rokoko?

    (A) ca. 1250–1450
    (B) ca. 1400–1600
    (C) ca. 1600–1720
    (D) ca. 1720–1789
    (E) ca. 1848–1870

10

102. **König Ludwig XIV. von Frankreich war ein bekannter König des Barocks. Welchen Kosenamen hatte er?**

Ⓐ der Große
Ⓑ der Grausame
Ⓒ der Gütige
Ⓓ König der Mode
Ⓔ der Sonnenkönig

103. **Das Rokoko ordnet man in drei Zeitabschnitte ein: In das Früh-, Hoch- und Spätrokoko. Ordnen Sie die Frisuren den Zeitabschnitten zu.**

a) _____ b) _____ c) _____

104. **Welcher der abgebildeten Männer lebte im Rokoko?**

Ⓐ Ⓑ Ⓒ Ⓓ Ⓔ

105. **Wie nennt man die Perückenform der Männer des Rokoko?**

Ⓐ falscher Wilhelm
Ⓑ Toupet
Ⓒ Beutelperücke
Ⓓ Allongeperücke
Ⓔ die Kolbe

10

Barock und Rokoko

106. Wodurch wussten die adligen Damen, z. B. in Deutschland, während des Rokoko, was in Paris Mode war?

Ⓐ   durch schriftliche und zeichnerische Darstellungen
Ⓑ   Man konnte sich Kleider in Paris bestellen.
Ⓒ   Urlaub in Paris war der letzte Schrei.
Ⓓ   durch Briefe von der Königin

107. Warum vermied man im Rokoko am Hof den Gebrauch von Wasser und Seife zur Körperpflege?

108. Wie wurde der lästige Körpergeruch im Rokoko überdeckt?

109. Welche Abbildung zeigt ein Kleidungsstück aus dem Rokoko?

Ⓐ ellipsenförmiges Korsett   Ⓑ Ballonrock   Ⓒ Unterrock

Ⓓ Pariser Steiß   Ⓔ Badekleidung

110. Kreuzen Sie das bekannte Bauwerk aus dem Rokoko an!

- Ⓐ Triumphbogen
- Ⓑ Schloss Versailles
- Ⓒ Rathaus in Bremen
- Ⓓ Notre Dame in Paris
- Ⓔ Säulenbauten

111. Nennen Sie Komponisten (Musiker) aus der Zeit des Rokoko.

112. Wie hieß der Lieblingsfriseur der Marquise de Pompadour?

113. Wie hieß der Lieblingsfriseur von Marie Antoinette?

114. Die Coiffeure im Rokoko hatten das „Degenprivileg". Das erlaubte ihnen:

- Ⓐ auf den Prachtstraßen zu flanieren
- Ⓑ einen Adelstitel zu tragen
- Ⓒ eine Mitbestimmung in Regierungsangelegenheiten
- Ⓓ einen ungehinderten Zutritt zum König
- Ⓔ um die Hand einer Adeligen anzuhalten

115. Wie nennt man die Gegenstände aus der Zeit des Rokoko? Beschriften Sie die Abbildungen:

a) _____ b) _____ c) _____

d) _____ e) _____

Barock und Rokoko

116. Ordnen Sie die dargestellten Frisuren den Epochen zu:
Romanik, Gotik, Renaissance, Barock, Rokoko

a)_____ b)_____ c)_____ d)_____ e)_____

Französische Revolution

117. Die Französische Revolution hängt mit der Erstürmung des französischen Staatsgefängnisses Bastille zusammen. Warum kam es zur Erstürmung der Bastille am Ende des Rokoko?

- Ⓐ Bauern und Bürger waren sehr arm, sie mussten sehr hohe Abgaben für den König leisten.
- Ⓑ Einzelne Revolutionäre wiegelten das Volk auf.
- Ⓒ Man vermutete dort sehr viel Gold- und Silbermünzen.
- Ⓓ Die Adeligen revolutionierten gegen den König.
- Ⓔ Dies war ein Spionageakt der Engländer.

118. Wann fand die Französische Revolution statt?

- Ⓐ 1548
- Ⓑ 1648
- Ⓒ 1789
- Ⓓ 1870
- Ⓔ 1914

119. Welche Kopfbedeckung trug der Revolutionär während der Französischen Revolution?

- Ⓐ Rundhut
- Ⓑ Lorbeerkranz
- Ⓒ Zweispitz
- Ⓓ Zipfelmütze
- Ⓔ Hut

120. Nennen Sie drei Persönlichkeiten aus der Zeit der Französischen Revolution.

121. Beschreiben Sie die typische Frisur, die während der Französischen Revolution von Frauen getragen wurde.

10

Französische Revolution

122. **An die** Französische Revolution **schließen sich drei kurze Epochen an.**
    Nennen Sie die Epochen. Erläutern Sie auch, welche Frisuren getragen wurden.

123. **In welchem Zeitraum trug man die**
    abgebildete Frisur und Kleiderform?

   Ⓐ   etwa 1795–1804 (Konsulatszeit)
   Ⓑ   etwa 1970 (siebziger Jahre)
   Ⓒ   5000 v. Chr. – 300 v. Chr. (antikes Ägypten)
   Ⓓ   500 v. Chr. – 500 n. Chr. (Römisches Reich)
   Ⓔ   1970–2000 (letztes Drittel des 20. Jahrhunderts)

Biedermeier und Zweites Rokoko (Zweites Empire)

124. **In welcher Epoche trug man die abgebildete Frisur?**

   Ⓐ   Barock
   Ⓑ   Rokoko
   Ⓒ   Biedermeier
   Ⓓ   Zweites Rokoko
   Ⓔ   Gründerzeit

125. **Diese Frisur hat die Silhouette eines Tieres, das im** Biedermeier **zum ersten Mal**
    im Pariser Zoo gezeigt wurde. Die Frisur ähnelt einer:

   Ⓐ   Tigerin
   Ⓑ   Antilope
   Ⓒ   Elefantendame
   Ⓓ   Boa
   Ⓔ   Giraffe

126. **Nennen Sie die Bezeichnungen der Haarscheitel, die im** Biedermeier **getragen**
    wurden.

127. **Nennen Sie zwei bekannte Persönlichkeiten aus dem** Biedermeier**.**

Biedermeier und Zweites Rokoko (Zweites Empire)

128. Wie nannte man den Stehkragen, den Männer im Biedermeier getragen haben?

Ⓐ Stuartkragen
Ⓑ „Es ist erreicht"
Ⓒ Vatermörder
Ⓓ Mühlsteinkragen
Ⓔ Halskrause

129. Wie nennt man den abgebildeten Hut, der von Frauen im Biedermeier getragen wurde?

Ⓐ Zweispitz
Ⓑ Schutenhut
Ⓒ Sonnenhut
Ⓓ Cowboyhut
Ⓔ deutsches Wagenrad

130. Auf welche Art wurde bei der Bekleidung des Biedermeier die Form der Eieruhr erreicht?

131. Welche Frisur stammt nicht aus dem Biedermeier?

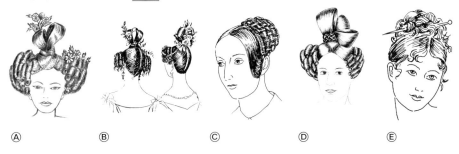

Ⓐ Ⓑ Ⓒ Ⓓ Ⓔ

132. Die Kaiserin Elisabeth von Österreich wurde auch „Sissi" genannt. In welcher Epoche regierte Sissi?

Ⓐ Barock
Ⓑ Renaissance
Ⓒ Rokoko
Ⓓ Biedermeier
Ⓔ Zweites Empire

10

Biedermeier und Zweites Rokoko (Zweites Empire)

133. Die Zeit von 1848 bis 1870 wurde auch „Zweites Rokoko" genannt. Wie nennt man die abgebildete Frisur aus dem Zweiten Rokoko?

Ⓐ   Frisur à la Garcette
Ⓑ   Frisur à la Eugènie
Ⓒ   Frisur à la Fontagne
Ⓓ   Frisur à la Antoinette
Ⓔ   Frisur à la Titus

134. Welcher Mann gehört in das Zweite Rokoko?

Ⓐ   Ⓑ   Ⓒ   Ⓓ   Ⓔ

135. Wie nannte man den Haarersatz im Zweiten Rokoko für den Hinterkopf, der in Hängelocken ausfrisiert und im Nackenhaar befestigt wurde?

Ⓐ   Frisett
Ⓑ   Dreher
Ⓒ   Chignon
Ⓓ   Toupet
Ⓔ   Transformation

136. Welche Bartmode trug man im Zweiten Empire?

Ⓐ   gewichster Schnurrbart oder breiter Backenbart
Ⓑ   schmales Oberlippenbärtchen
Ⓒ   spitzer Kinnbart
Ⓓ   papillotierter Vollbart oder Koteletten
Ⓔ   Dreitagebart

10

Biedermeier und Zweites Rokoko (Zweites Empire)

137. Wie nennt man die Frisur, die ohne Scheitel nach vorne frisiert war und schon von Cäsar, Napoleon und auch im
Zweiten Rokoko getragen wurde?

- Ⓐ　Swebenknoten
- Ⓑ　Kolbe
- Ⓒ　Windstoßfrisur
- Ⓓ　Partnerlook
- Ⓔ　Pagenkopf

Zwanzigstes Jahrhundert

138. In welcher Zeit trug man die abgebildete Frisur?

- Ⓐ　im Barock
- Ⓑ　im Mittelalter
- Ⓒ　während der Französichen Revolution
- Ⓓ　im Jugendstil
- Ⓔ　im Zweiten Empire

139. Wie nennt man die abgebildeten Frisurenformen aus der Gründerzeit?

- Ⓐ　Schutenhut
- Ⓑ　deutsches Wagenrad
- Ⓒ　Windstoßfrisur
- Ⓓ　Swebenknoten
- Ⓔ　Garcettfrisur

140. Welche Bekleidung stammt aus der Gründerzeit? Wie wird diese Bekleidung genannt?

Ⓐ

Ⓑ

Ⓒ

Ⓓ

10

141. Auch in der Gründerzeit wurden verschiedene Geräte zur Frisurenerstellung verwendet. Beschreiben Sie die Geräte und die damit erreichten Frisuren-ergebnisse.

Ⓐ   Ⓑ   Ⓒ

142. Die Zeit ab dem Jahr 1871 wird Gründerzeit genannt. Warum wurde diese Bezeichnung gewählt?

143. Wie nennt man die Bartform, die in der Gründer-zeit durch Bartbinde und Bartwichse erreicht wurde?

144. Beschreiben Sie die Frisur der „Helmträger" aus der Gründerzeit.

145. In welcher Zeit wurde der Kurzhaarschnitt für Frauen modern?

Ⓐ   ca. 1901
Ⓑ   ca. 1914
Ⓒ   ca. 1920
Ⓓ   ca. 1933
Ⓔ   ca. 1955

10

Zwanzigstes Jahrhundert

146. Wie nannte man den ersten Kurzhaarschnitt für Frauen. Aus welchem Land stammt der Haarschnitt?

Ⓐ Incroyable aus Frankreich
Ⓑ Lira aus Italien
Ⓒ Pilzkopf aus England
Ⓓ Sassoon aus England
Ⓔ Bubikopf aus Amerika

147. In welcher Zeit trug man die Olympiarolle und den Militärschnitt?

Ⓐ ca. 1914–1918
Ⓑ ca. 1920
Ⓒ ca. 1937
Ⓓ ca. 1956
Ⓔ ca. 1965

148. Welche Frisuren trugen die Beatles?

Ⓐ Pilzkopf
Ⓑ Popperfrisur
Ⓒ Punkfrisur
Ⓓ Firefly
Ⓔ Afrolook

149. Wie nannte man die Frauen der fünfziger Jahre mit ihren blondierten Haaren? Ein typisches Beispiel dafür war Marylin Monroe.

150. Wie heißt die Frisur der siebziger Jahre mit einfrisiertem Haarteil am Hinterkopf?

151. Welche Frisur war typisch für die Popper der achtziger Jahre?

Ⓐ lange Haare
Ⓑ Bürstenhaarschnitt
Ⓒ asymmetrisch geschnittener Kurzhaarschnitt
Ⓓ abrasierte Seiten und am Oberkopf farbiges Haar
Ⓔ geflochtener Pferdeschwanz

152. Die Punker waren ein Teil der Subkultur in den achtziger Jahren in Deutschland. Welche auffälligen Frisuren sind typisch für sie?

Ⓐ lange, rot gefärbte Haare
Ⓑ kahl geschorenes Haupt
Ⓒ abrasierte Seiten, farbiges Haar am Oberkopf
Ⓓ asymmetrisch geschnittener Kurzhaarschnitt
Ⓔ kunstvoll geflochtenes Haar

10

Grundrechnungsarten

1. Die Kundin Frau Berger hat im Salon Top folgende Rechnung zu bezahlen: Waschen/Föhnen 15,80 EUR, Schneiden 22,50 EUR, Haarspray 1,50 EUR und Lippenstift 9,95 EUR.
Wie viel EUR muss Frau Berger insgesamt bezahlen?

2. Auf dem Geschäftskonto befindet sich zurzeit ein Guthaben in Höhe von 3418,16 EUR. Friseurmeister Herr Groß hat für gelieferte Kabinettwaren insgesamt 2365,87 EUR zu überweisen.
Wie viel EUR sind nach der Überweisung noch auf dem Konto?

3. Ein Kunde kauft Haarpflegeprodukte und hochwertige Kosmetikartikel zu folgenden Preisen: 6,25 EUR, 5,95 EUR, 34,60 EUR, 20,39 EUR und 2,65 EUR. Er bezahlt mit 100,00 EUR.
Wie viel EUR erhält der Kunde zurück?

4. In der Kasse eines Friseursalons befinden sich am Morgen 204,85 EUR Wechselgeld. Im Laufe des Tages kommen folgende Einnahmen hinzu: 145,20 EUR, 62,50 EUR, 125,50 EUR, 98,90 EUR, 111,85 EUR, 33,75 EUR, 48,90 EUR, 59,95 EUR, 42,60 EUR, 18,00 EUR, 37,45 EUR, 21,40 EUR, 18,80 EUR, 117,40 EUR, 7,50 EUR, 16,99 EUR. Die Chefin entnimmt mittags aus der Kasse 50,00 EUR.
Wie viel EUR müssten am Abend in der Kasse sein?

5. Geselle Ralf kontrolliert seine Lohnabrechnung für den letzten Monat. Brutto hat er einschließlich Zulagen 1193,36 EUR verdient. Abzüge für Rentenversicherung Krankenversicherung, Arbeitslosenversicherung, Lohnsteuer und Kirchensteuer betragen zusammen 465,86 EUR.
Berechnen Sie, wie viel EUR Ralf bekommt.

6. Friseurin Tanja spart seit genau zwei Jahren monatlich 75,00 EUR.
Wie viel EUR hat sie inzwischen (ohne Zinsen) gespart?

7. Friseurmeister Huber möchte den Bodenbelag im Damensalon (Fläche: 87,5 m^2) erneuern. Der Bodenleger macht dazu folgenden Vorschlag: Belag „Standard" zum Preis von 29,90 EUR/m^2.
Mit welchen Kosten hat Herr Huber jeweils zu rechnen?

8. Ein gesunder Mensch verliert täglich etwa 45 Haare.
Wie viele Haare verliert ein Mensch in einer Woche?

9. In einem Friseursalon werden täglich im Durchschnitt 1,189 m^3 Warmwasser verbraucht. Warmwasser kostet je m^3 6,18 EUR.
Wie hoch sind die täglichen Kosten für Warmwasser?

10. Ein menschliches Kopfhaar wächst pro Tag durchschnittlich etwa 0,34 mm, ein Barthaar etwa 0,7 mm.
Wie viel mm ist ein Kopfhaar und ein Barthaar nach 30 Tagen gewachsen?

11. Anlässlich des 25-jährigen Firmenjubiläums veranstaltet Friseurmeister Herr Schilling ein rauschendes Fest für 60 Personen. Der Party-Service berechnet dafür einschließlich Mehrwertsteuer 3306,25 EUR.
Wie viel EUR gab Herr Schilling pro Person durchschnittlich aus?

11

Grundrechnungsarten

12. Die fünf Auszubildenden von Salon Schicker haben eine Trinkgeldkasse, deren Inhalt monatlich aufgeteilt wird. Im vergangenen Monat waren 478,75 EUR in der Kasse.
Wie viel EUR Trinkgeld hat jeder Auszubildende im letzten Monat erhalten?

13. Aus dem Tarifvertrag eines Bundeslandes geht hervor: Eine Jungfriseurin mit bestandener Gesellenprüfung verdient im Monat 997,00 EUR brutto, eine „Erste Kraft" dagegen 1 167,00 EUR brutto und eine Meisterin in einem kleineren Betrieb mit bis zu vier Mitarbeitern sogar 1 574,50 EUR brutto, bei einer monatlichen Arbeitszeit von durchschnittlich jeweils 165 Stunden.
Wie hoch ist jeweils der Verdienst pro Arbeitsstunde?

14. Bei einem rothaarigen Menschen wachsen auf der Kopfhaut etwa 80 000 Haare, bei einem brünetten Menschen etwa 110 000 Haare, bei einem hellblonden Menschen dagegen bis zu 140 000 Haare. Die behaarte Kopfhaut hat eine Ausdehnung von etwa 500 cm^2.
Wie viele Haare wachsen jeweils durchschnittlich auf 1 cm^2 Kopfhaut?

15. Großhändler A verlangt für 250 ml Haarspray 7,25 EUR, Großhändler B bietet dasselbe Haarspray zum Preis von 7,50 EUR für 300 ml an.
Welches Angebot ist billiger?
Vergleichen Sie dazu den Preis für jeweils 1 ml Haarspray.

16. Im Salon Jäger wurden im vergangenen Abrechnungszeitraum 390,306 m^3 warmes Wasser verbraucht und dafür 2 788,06 EUR bezahlt.
Wie teuer war 1 m^3 Warmwasser?

17. Ein Ausbildungsbetrieb schafft für zwei neue Auszubildende folgende Arbeitsmaterialien an: vier Berufsmäntel je 35,50 EUR, zwei Stielkämme je 3,25 EUR, zwei Scheren je 67,50 EUR, zwei Frisierkämme je 3,97 EUR, zwei Frisierkämme je 4,56 EUR und vier Haarbürsten je 6,16 EUR. Der Großhändler gewährt einen Treuerabatt von 32,52 EUR.
Wie viel EUR hat der Betrieb zu überweisen?

18. Die Waschmaschine vom Salon Saumer verbraucht je Waschprogamm für Buntwäsche 60 °C (ohne Vorwäsche) 75 l Wasser. Es wird täglich zweimal Buntwäsche gewaschen. Berechnen Sie den Wasserverbrauch der Waschmaschine im Jahr (1 Jahr = 303 Arbeitstage).

19. Die Kaltmiete für Herrn Schallers Salon (Fläche: 172 m^2) ist von 1 986,60 EUR auf 2 167,20 EUR erhöht worden.
Wie viel EUR Miete muss er nun pro m^2 mehr bezahlen?

20. Die Salondecke bekommt einen neuen Anstrich. Für die Deckenfläche von 90,1 m^2 erhält der Chef eine Rechnung über 1 777,67 EUR.
Wie teuer ist das Anstreichen von 1 m^2 Decke?

11

21. Ihre Chefin bestellt Kosmetikartikel: 12 Flacons Eau de Cologne zu je 15,26 EUR; neun Flacons Eau de Toilette zu je 11,37 EUR; 40 Mini-Lippenstifte, sortiert, je 3,12 EUR und 32 Mini-Fläschchen Nagellack, sortiert, je 1,11 EUR. Der Großhändler gewährt einen Treuerabatt von 51,67 EUR; die Mehrwertsteuer beträgt 63,06 EUR.
Berechnen Sie, mit welchen Gesamtkosten Ihre Chefin zu rechnen hat.

22. Angenommen, in einem Friseurgeschäft werden durch Unachtsamkeit jede Woche 0,12 m³ (= 120 Liter) Kaltwasser vergeudet und ein m³ Kaltwasser kostet 3,42 EUR. Welche Kosten würden jährlich (1 Jahr = 52 Wochen) durch diese Unachtsamkeit entstehen?

23. Nach Angaben des Herstellers verbraucht ein Wäschetrockner je Betriebsstunde durchschnittlich 2,64 kWh Strom. Im Salon Alber ist dieser Wäschetrockner täglich 2 Stunden und 45 Minuten in Betrieb.
Wie hoch ist der Stromverbrauch pro Tag, Monat (= 26 Arbeitstage) bzw. Jahr (= 303 Arbeitstage)?

24. Im Salon Weger werden 40 Portionspäckchen Haarkur mit Pferdemark für zusammen 52,90 EUR eingekauft und für 140,00 EUR wieder verkauft.
Berechnen Sie die Preisspanne zwischen Einkaufspreis und Verkaufspreis je Päckchen.

25. Einer Warenlieferung lag folgende Rechnung bei: 15 Packungen Spitzenpapier zu 222,75 EUR; 100 Fläschchen Kurfestiger zu 195,00 EUR; 80 Packungen Wellmittel zu 992,00 EUR und 80 Packungen Fixiermittel zu 204,00 EUR.
Zu welchem Preis hat der Chef jeweils eine Packung bzw. ein Fläschchen eingekauft?

26. Die Trinkgelder der Auszubildenden im Salon Haller werden folgendermaßen verteilt: Bettina und Lena im 1. Lehrjahr erhalten je 2/30; Laura und Tom im 2. Lehrjahr erhalten je 2/15.
Berechnen Sie jeweils den Anteil von Marion und Peter, die beide im 3. Lehrjahr sind.

27. Beim Einatmen gelangen etwa 1/5 Sauerstoff, 3/100 Kohlendioxid und Stickstoff in die Lunge. Berechnen Sie den Stickstoffanteil der Einatmungsluft.

28. Es gibt vier verschiedene Blutgruppen, deren Häufigkeit in der Bevölkerung sehr unterschiedlich ist. Blutgruppe A haben etwa 11/25 der Bevölkerung; Blutgruppe B haben etwa 6/50 der Bevölkerung und Blutgruppe AB haben etwa 6/100 der Bevölkerung. Berechnen Sie, wie viele Teile der Bevölkerung Blutgruppe Null haben.

29. Ein großer Friseursalon hatte im vergangenen Jahr einen Umsatz von 95 662,93 EUR. Davon entfielen 4/5 auf den Damensalon und 1/5 auf den Herrensalon. Welchen Jahresumsatz in EUR erbrachte jede Abteilung?

11

30. Haarshampoo wird in Kanistern zu 10 Liter geliefert. Salonflaschen fassen jeweils 3/4 l. Wie viel Salonflaschen lassen sich abfüllen?

31. Die Stromkosten eines großen Friseurbetriebes betragen 593,15 EUR. Davon entfallen 4/7 auf Föhne, Trockenhauben und andere Trockengeräte.
Wie teuer ist das Betreiben der Trockengeräte?

Bruchrechnen

32. Unbehandeltes europäisches Menschenhaar nimmt in fünf Minuten etwa 9/10 seines Eigengewichtes Wasser auf, hellblondiertes dagegen 9/5. Berechnen Sie die Wasseraufnahme (in g) von jeweils 165 g Haaren.

33. Nach einer Umfrage sehen vier Fünftel der Bundesbürger über 14 Jahre täglich fern. Im Vergleich dazu geht nur jeder Dreißigste der über 14-Jährigen (also etwa 3/100 der Befragten) täglich einem Hobby nach und auch nur jeder Zwanzigste (also 1/5 der Befragten) treibt täglich Sport. Für die berufliche Fortbildung nimmt sich immerhin etwa jeder Zehnte (also 1/10 der Befragten) täglich Zeit. Die Bundesrepublik Deutschland hat derzeit etwa 68,5 Millionen Einwohner, die über 14 Jahre alt sind. Berechnen Sie, wie viele Einwohner der jeweiligen Freizeitbeschäftigung nachgehen.

34. Der menschliche Körper besteht zu 9/20 aus Muskeln. Peter wiegt 75,2 kg. Aus wie viel kg reinen Muskeln besteht Peters Körper?

35. Ein Kanister Haarshampoo enthält 7 1/2 l und lässt sich auf 10 kleine Flaschen verteilen. Berechnen Sie, wie viel l in einer kleinen Flasche enthalten sind.

36. Ein menschliches Haar wächst in 30 1/4 Tagen durchschnittlich 9 49/50 mm. Berechnen Sie, wie viel mm ein Haar pro Tag im Durchschnitt wächst.

37. Die Waschmaschine im Salon „Extravagant" verbraucht pro Waschgang Kochwäsche etwa 2 1/3 kWh Strom und benötigt dafür 2 1/4 Stunden. Wie viele kWh Strom verbraucht die Waschmaschine je Betriebsstunde?

38. Die Haut eines Menschen mit einem Körpergewicht von 80 kg wiegt durchschnittlich etwa 16 kg. Sie besteht zu 2/80 aus Oberhaut, 7/40 aus Lederhaut und 8/10 aus Unterhaut. Wie viele kg entfallen jeweils auf die einzelnen Hautschichten?

39. In einem Rasierwasser sind 2/7 Hamameliswasser, 8/70 Campherwasser, 1/25 sonstige Stoffe sowie Ethanol enthalten. Berechnen Sie, wie viele Anteile Ethanol enthalten sind.

40. Ein Mensch benötigt täglich etwa 2 1/5 l Flüssigkeit. Wie viel l Flüssigkeit benötigt ein Mensch in 91 1/4 Tagen (= ein Vierteljahr)?

41. Der Lagerbestand an Shampoo weist 5 3/4 l auf. Monika soll die Dosierspender im Salon (3 Spender zu je 1/2 l und 4 Spender zu je 1/4 l) auffüllen. Wie viel l Shampoo bleiben noch im Lager?

42. Friseurin Monika trinkt im Laufe eines Tages folgende Mengen Flüssigkeit: morgens 2/5 l Kaffee, vormittags 1/3 l Milch, mittags 1/4 l Brühe und 1/2 l Orangensaft, nachmittags 3/8 l Kaffee, abends 1/3 l Cola und über den Tag verteilt etwa 3/10 l durch die Nahrung. Wie viel l Flüssigkeit nimmt die Friseurin im Laufe des Tages zu sich?

43. Im Salon Feger wurden im vergangenen Monat 62 Portionspackungen Haarspülung mit insgesamt 93/100 l Inhalt verbraucht. Wie viel l enthält eine Portionspackung?

11

44. Der Verkaufsraum (Raumhöhe 2,40 m) soll neu tapeziert werden. Eine Rolle Tapete hat eine Länge von 10 5/100 m.
    Wie viele (ganze) Bahnen können aus einer Rolle erhalten werden?

45. Eine Lieferung von Dauerwellpräparaten soll an die Filialen und das Hauptgeschäft wie folgt verteilt werden: 1/4 geht an Filiale I, 1/5 an Filiale II und 3/10 an Filiale III. Berechnen Sie, welcher Anteil der gelieferten Präparate beim Hauptgeschäft bleibt.

46. Ein Karton mit zwölf großen Flaschen Nagellackentferner kostet im Einkauf 6,84 EUR. Die Chefin vom Salon „Tamara" bestellt im Hauptgeschäft für ihre Filiale 60 Flaschen.
    Wie viel EUR muss die Chefin dafür bezahlen?

47. Für 175 ml Haarkur hat der Chef vom Salon Esser im Einkauf 14,05 EUR zu bezahlen. Für jede Anwendung werden erfahrungsgemäß durchschnittlich 12,5 ml benötigt.
    Wie teuer ist der Wareneinsatz für eine Anwendung?

48. Ein Salon wurde mit neuem, sehr hochwertigem Bodenbelag ausgestattet. Für 125 m^2 mussten 6243,75 EUR bezahlt werden. Durch ein Missgeschick müssen bereits nach wenigen Wochen 9 m^2 ausgetauscht werden.
    Wie hoch sind die zusätzlichen Kosten?

49. Neun Flacons Eau de Toilette kosten im Einkauf 102,33 EUR. Für die Filiale müssen noch sechs Flacons nachbestellt werden.
    Um wie viel EUR wird die Rechnung nun teurer?

50. Das Friseurgeschäft von Meisterin Frau Ingler (Salonfläche: 125 m^2) hatte im letzten Jahr einen Umsatz von 120365,78 EUR. Vor kurzem eröffnete sie eine Filiale mit einer Salonfläche von 87 m^2.
    Wie hoch müsste der Jahresumsatz der Filiale sein, wenn je m^2 der gleiche Umsatz erzielt werden soll?

51. Eine Tube Farbcreme reicht für fünf Anwendungen zu je 60 cm^3.
    Für wie viele Anwendungen zu je 40 cm^3 reicht dieselbe Tube?

52. Die Waschmaschine im Salon Topp verbraucht für sechs Waschladungen 675 l Wasser. Eine moderne, wassersparende Waschmaschine würde nur 450 l Wasser verbrauchen.
    Wie oft könnte im Salon Topp mit einer modernen Waschmaschine gewaschen werden (bei gleichem Wasserverbrauch von 675 l)?

53. Salon Wecker erhält Haarshampoo in Kanistern geliefert. Aus einem Kanister können 60 Salonflaschen zu 0,25 l abgefüllt werden. Neue Salonflaschen fassen jeweils 0,4 l.
    Wie viele neue Salonflaschen können aus einem Kanister abgefüllt werden?

11

Dreisatzrechnung

54. Für die Inventur des Warenlagers benötigen drei Auszubildende normalerweise fünf Stunden. Um die Inventurzeit zu verkürzen, werden zwei weitere Auszubildende ins Lager geschickt.
Wie lange dauert nun die Inventur des Warenlagers?

55. Vier Friseurbetriebe planen zusammen eine große Werbeaktion. Die Kosten dafür betragen pro Betrieb 1 200,00 EUR. Kurzfristig entschließt sich ein weiterer Betrieb, daran teilzunehmen.
Um wie viel EUR verringern sich die Kosten pro Betrieb?

56. Laut Herstellerhinweis reicht eine Dose Schaumfestiger (Inhalt: 200 ml) für 25 Anwendungen zu je 8 ml. Im Salon von Meisterin Uschi werden Dosen mit 300 ml eingesetzt. Uschi hat festgestellt, dass pro Anwendung durchschnittlich 6 ml entnommen werden.
Für wie viele Anwendungen reicht eine Dose in Uschis Salon?

57. Zum Aufräumen und Säubern der zwölf Bedienungstische im Damensalon von Salon Salger benötigen die fünf Auszubildenden 30 Minuten. Im Herrensalon sind die vier Auszubildenden mit acht Bedienungstischen beschäftigt.
Wie lange dauert das Aufräumen im Herrensalon?

58. Zur Modernisierung vom Salon „Daniela" rechnet die Innenausstatterfirma bei einem Einsatz von acht Arbeitskräften, die täglich je acht Stunden arbeiten, mit drei Tagen Arbeit. Bereits am ersten Tag fallen zwei Arbeitskräfte aus. Die anderen müssen deshalb täglich zwei Stunden mehr arbeiten.
Wie lange dauert es nun, bis der Salon neu eingerichtet ist?

59. Für die Ausleuchtung von Frau Mayers Salon (Salonfläche: 16 m^2) sind 21 Glühbirnen zu je 100 Watt eingesetzt. Nach dem Umbau ist der Salon um 12 m^2 vergrößert worden. Zur Ausleuchtung der neuen Salonecke sollen Glühbirnen zu je 75 Watt verwendet werden.
Wie viele Glühbirnen sind in der neuen Salonecke (bei gleicher Helligkeit) erforderlich?

60. 24 Probierflacons eines Parfüms (Inhalt: je 10 ml) kosten im Einkauf 96,00 EUR. Es werden auch Sondergrößen des gleichen Parfüms zu je 15 ml in besonders hübscher Geschenkverpackung angeboten.
Wie teuer sind 60 Fläschchen der Sondergröße (bei gleichem Preis pro ml)?

61. Menschliche Haare wachsen in 30 Tagen etwa 0,0102 m.
Wie viele m wächst ein Haar in einem Vierteljahr (= 90 Tage)?

62. Eine Glühbirne verbraucht laut Aufschrift je Stunde 25 W Strom.
In wie vielen Stunden verbraucht die Glühbirne 1 kW (= 1000 W)?

63. Im Salon Stromer verarbeiten sechs Friseure an 12 Arbeitstagen 16,2 l Schaumfestiger. Die Filiale (vier Friseure) erhält 36 Dosen zu je 0,3 l (= 300 ml) Schaumfestiger neu geliefert.
Wie lange reicht die neue Lieferung in der Filiale?

11

64. Zur Herstellung von 250 ml Rasierwasser sind unter anderem 75 ml Hamamelis-wasser und 1,5 ml Parfüm nötig. Im Salon werden bei jeder Anwendung durch-schnittlich 6,25 ml verbraucht.
Wie viel ml der einzelnen Bestandteile sind in einer Portionsmenge enthalten?

65. Robert, Hanna, Lydia und Kerstin benötigen zum Aufräumen im Salon normaler-weise 30 Minuten. Ab heute hilft auch die neue Kollegin Rosita mit.
Um wie viele Minuten verkürzt sich das Aufräumen im Salon?

66. Bei der letzten Klassenfahrt der Klasse 10b spendierte die Klassenlehrerin ihren 25 Schülern je ein großes Getränk und bezahlte dafür 67,50 EUR. Drei Schüler hat-ten sich morgens krank gemeldet.
Wie viele EUR hätte die Lehrerin zahlen müssen, wenn alle Schüler an der Fahrt teilgenommen hätten?

67. Im Salon „Ableitner" (Fläche: 42 m^2) sorgen 15 Leuchtstoffröhren zu je 40 Watt für die Ausleuchtung des Salons. Nach dem Umbau ist der Salon um 10,5 m^2 größer geworden. Zur Ausleuchtung des Anbaus sollen nun Leuchtstoffröhren zu 15 Watt verwendet werden.
Wie viele Leuchtstoffröhren sind im Anbau (bei gleicher Helligkeit) erforderlich?

68. Zur Herstellung von 40 g einer selbstgerührten Nachtcreme für normale Haut werden als Hauptbestandteile verwendet: 10 g Fettphase (100 g Fettphase beste-hen aus 20 g Tegomuls und 80 g Avocadoöl) und 30 g destilliertes Wasser.
Wie viel g der einzelnen Zutaten benötigen Sie für 100 g Creme?

69. Die Trockengeräte im Salon von Meisterin Frau Lohner verbrauchten im ver-gangenen Jahr (= 302 Arbeitstage) 2429,59 kWh Strom. In diesem Jahr ist der Stromverbrauch auf 2349,14 kWh gesunken.
Wie viele Tage länger können die Trockengeräte (zum gleichen Preis wie im vorigen Jahr) in diesem Jahr betrieben werden?

70. Sabine arbeitet als Friseurmeisterin im Salon Sanders und erhält neben ihrem monatlichen Gehalt auch eine Umsatzbeteiligung. Im vergangenen Monat waren dies 501,52 EUR bei einem Umsatz von 20060,96 EUR.
Wie viel EUR Umsatzbeteiligung erhält sie je 100,00 EUR Umsatz?

71. Susi ist besonders flink. Sie wickelt einer Kundin mit kurzem Haar innerhalb von 15 Minuten eine Dauerwelle. Petra braucht für die gleiche Arbeit 20 % mehr Zeit.
Wie viele Minuten benötigt Petra für diese Arbeit?

72. Auf dem Etikett einer 0,75 l großen Flasche mit Desinfektionsmittel steht:
„enthält 70 % Alkohol".
Wie viel Liter reiner Alkohol sind darin enthalten?

Prozentrechnung

73. Helena ist in der Schule nicht besonders gut. Ihre Eltern versprechen ihr, 25 % zusätzlich zu ihrer Ausbildungsvergütung zu bezahlen, wenn sie in der Zwischenprüfung in Fachrechnen die Note 2 oder 1 erreicht. Ihre Ausbildungsvergütung beträgt 250 EUR.
Wie viel EUR würde sie von Ihren Eltern bei der Note 1 oder 2 erhalten?

74. Stephan erhält neben seinem festen Gehalt eine Umsatzprovision. Im letzten Monat setzte er Waren im Wert von 750 EUR um. Er bekam 112,50 EUR zusätzlich ausbezahlt.
Wie hoch ist seine Provision in Prozent?

75. Das Müslibrötchen für Susis Frühstückspause kostete immer 0,65 EUR. Seit gestern zahlt sie dafür 0,75 EUR.
Um wie viel Prozent ist der Preis angestiegen?

76. Eine Kosmetikfirma bietet Shampoo in unterschiedlichen Größen an. Der 5-l-Kanister kostet 24,00 EUR. Der 10-l-Kanister kostet 42,00 EUR.
Um wie viel Prozent ist das Shampoo im 10 l-Kanister billiger?

77. Bei der letzten Gesellenprüfung haben nur 5 % der Schüler mit sehr gut bestanden. Diese sechs Auszubildenden bekamen einen Geldpreis.
Wie viele Schüler haben an der Prüfung teilgenommen?

78. Durch ein neues Fixiergerät benötigt Meisterin Frau Ingel nur noch 5 l Wasser. Sie rechnet sich aus, dass dies 20 % des ursprünglichen Verbrauchs entspricht.
Wie viel Liter Wasser würde man für einen normalen Fixiervorgang benötigen?

79. Geschäftsinhaberin Frau Aufhimmel stellt fest, dass im letzten Monat 15 Kundinnen und Kunden mit der Arbeit ihres Salons unzufrieden waren und reklamierten. Sie überlegt sich, wie sie diese 4 % in Zukunft noch besser bedienen könnte.
Wie viele Kunden wurden im letzten Monat in ihrem Salon bedient?

80. Für Kosmetik- und Gesundheitsartikel gibt ein Ehepaar 85 EUR im Monat aus. Dies sind 3,5 % des monatlichen Nettoeinkommens.
Wie hoch ist das monatliche Nettoeinkommen?

81. Claudia erhält aufgrund ihrer guten Leistungen eine Lohnerhöhung um 5 %. Diese 75 EUR legt sie monatlich an.
Wie viel verdient sie jetzt?

82. Heizöl wurde wieder teurer. Vor einem Jahr zahlte Meister Johann für einen Liter 0,34 EUR. Jetzt verlangt der Öllieferant 45 % mehr.
Wie viel kostet jetzt ein Liter Heizöl?

83. Die Einnahmen des Schönheitssalons „Visage" haben sich gegenüber dem Vorjahresmonat um 17,8 % verschlechtert. Dies entspricht einem Verlust von 2 345 EUR.
Wie hoch waren die Einnahmen in diesem Monat?

11

84. Wegen Umbauarbeiten werden im Salon „Kamm und Schere" alle Handelswaren zu 75 % des ursprünglichen Preises angeboten. Ein Tiegel Make-up wurde somit um 3,50 EUR billiger.
Wie viel kostet der Tiegel jetzt?

Jetzt zugreifen:
Sie sparen 3,50 EUR

85. Meisterin Frau Schreiber bestellt 45 Stück Seife. Da sie mehr als 20 Stück abnimmt, wird ihr ein Preisnachlass von 7 % gewährt. Der Einzelpreis für ein Stück beträgt 0,80 EUR.
Wie hoch ist ihre Überweisung?

86. Der Friseursalon „Schneid gut" ist mit 1 000 000,00 EUR gegen Wasserschäden versichert. Die Versicherungsprämie ist von 0,8 % auf 0,95 % gestiegen.
Wie viel EUR muß jetzt mehr überwiesen werden?

87. Für eine Tierhaftpflichtversicherung muss Frau Anger im Monat 10,00 EUR bezahlen. Dadurch wären Schäden in Höhe von 100 000,00 EUR abgedeckt, falls ihr Dackel Waldi etwas anstellt.
Wie hoch ist der Promillesatz der Versicherungsgesellschaft?

88. Die Prämie gegen Hagelschaden beträgt 500,00 EUR, bei einer Versicherungshöhe von 100 000,00 EUR.
Wie viel Promille verlangt die Gesellschaft?

89. Yvonne fährt in den Urlaub. Um ruhiger reisen zu können, möchte sie eine Reisegepäckversicherung abschließen. Die Versicherung verlangt bei einer Prämie von 1,2 ‰ am Tag 1,50 EUR.
Wie viel würde Yvonne beim Diebstahl ihres gesamten Gepäcks ersetzt bekommen?

90. Andreas verursachte mit seinem Moped einen Unfallschaden. Er zahlte monatlich 20,00 EUR an seine Haftpflichtversicherung. Seine Versicherungsprämie entsprach 2,5 ‰ der Deckungssumme.
In welcher Höhe war er versichert?

91. Nicole kauft Lebensmittel für ein Geburtstagsfest ein. An der Kasse zahlt sie 124,78 EUR.
Wie viel EUR werden davon dem Finanzamt überwiesen?

92. Ein Friseur führt beim Verkauf einer handgeknüpften Damenperücke aus europäischem Langhaar 150,00 EUR an das Finanzamt ab. Gehen Sie von einer Mehrwertsteuer von 19 % aus.
a) Wie hoch ist der Nettoverkaufspreis?
b) Wie viel EUR zahlt die Kundin?

93. Friseurmeister Rudolf ist ein genauer Rechner. Er kalkulierte für seinen Herrenhaarschnitt einen Nettoverkaufspreis von 25,00 EUR. Sein größter Konkurrent, Saloninhaber Jedermann verlangt von seinen Kunden 31,00 EUR für die gleiche Leistung.
Wer arbeitet nun preiswerter?

94. Alle Handelswaren werden im Salon Scherer um 10% reduziert. Ein Schaumfestiger (treibgasfrei) kostete zuvor 15,00 EUR.
Um wie viel EUR verringerte sich die Mehrwertsteuer?

Prozentrechnung

95. Auszubildende Alexandra ist sehr sparsam. Anstatt Haarschneidescheren zu bestellen, wartet sie lieber die Fachmesse ab, um dort zu kaufen. Im Katalog kosten die Scheren zusammen 185,00 EUR. Der Messeverkäufer räumt ihr einen Rabatt von 20% ein.
Wie viel EUR spart Alexandra, wenn sie auf der Messe einkauft?

96. Eine Firma für Friseurfachbedarf wirbt mit folgender Aussage:
„Bei Abnahme von 12 Bürsten mit Naturborsten geben wir Ihnen eine Bürste gratis." Meisterin Gina bestellt daraufhin 12 Bürsten zum Stückpreis von 7,90 EUR.
Wie hoch ist der Naturalrabatt in Prozent?

97. Ein Friseursalon bietet seinen Kunden einen Sonderrabatt von 15%.
Frau Petersen kauft daraufhin 2 große Flaschen Shampoo zu je 12,00 EUR, 1 Vorratsflasche Kurpackung zu 14,50 EUR und Make-up zu 17,80 EUR ein.
Wie viel muss sie bei Gewährung von 15% Rabatt bezahlen?

98. Für eine hochwertige Waschmaschine bezahlt Meisterin Frau Flora 950,00 EUR.
Bei Bezahlung innerhalb von 14 Tagen wird ihr 3% Skonto eingeräumt.
Wie viel überweist sie der Lieferfirma, wenn sie innerhalb von 10 Tagen überweist?

99. Ein Friseursalon bezieht Kosmetikartikel im Wert von 988,00 EUR. Der Inhaber überweist innerhalb von 8 Tagen 968,24 EUR.
Wie viel Prozent Skonto wurden ihm eingeräumt?

100. Katja überweist für die Einrichtung ihres neuen Salons 24 250,00 EUR. Die Einrichtungsfirma gewährte ihr 3% Skonto.
Wie hoch war der Rechnungsbetrag?

101. Beim Händler werden die Grundstoffe zur Herstellung einer Fixierung bestellt.
Die Rechnung lautet auf 28,50 EUR. Der Händler räumt 3% Skonto ein.
Wie viel EUR spart der Besteller, wenn er rechtzeitig überweist?

102. Der Nettoverkaufspreis einer Bestellung lautet auf 245,00 EUR. Berechnen Sie den Barzahlungspreis, wenn 12% Rabat und 3% Skonto abgezogen werden dürfen.

103. Der Barzahlungspreis einer Rechnung lautet auf 245,00 EUR.
Wie hoch ist der Nettoverkaufspreis, wenn 12% Rabatt und 3% Skonto abgezogen wurden?

104. Friseur Schneider nimmt eine Bestellung vor. Der Mengenrabatt beträgt 12%.
Der Rechnungspreis reduziert sich somit auf 850,00 EUR.
Wie hoch ist der Nettoverkaufspreis?

11

105. Eine Tagescreme soll einen 2%igen Gehalt an D-Panthenol aufweisen. Damit heilt entzündete, offene Haut schneller ab.
Wie viel D-Panthenol muss beim Herstellen von 40 ml dieser Creme zugegeben werden?

106. Herr Heinrich, der Geschäftsführer errechnet einen Nettoverkaufspreis für eine saure Dauerwelle von 40,00 EUR, für das Schneiden von halblangem Haar 25,00 EUR und für die Fertigstellung der Frisur (Föhnen, Lufttrocknen oder ähnliches) 15,00 EUR.
    a) Welche Preise erscheinen in der Preisliste?
    b) Wie viel muss eine Kundin bezahlen, wenn sie die oben genannten Leistungen auf einmal in Anspruch nimmt?

107. Friseurmeister Herr Klaus liebt Ordnung nicht besonders. Sonst hätte es nicht passieren können, dass er eine Rechnung über 3 890,00 EUR auf seinem Schreibtisch übersehen hätte. Der Lieferant räumte ihm 3 % Skonto, bei Bezahlung innerhalb von 14 Tagen ein.
    Wie viel EUR hätte er sich sparen können, wenn er innerhalb der Frist bezahlt hätte?

108. Eine Meisterin vergleicht zwei Haarkuren. Die erste enthält 10 g Keratin in einer 250-g-Dose. Der Hersteller der zweiten Haarkur gibt an, dass sein Produkt 5 % Kreatin enthält.
    Welche Haarkur enthält mehr Keratin?

109. Eine Bank zahlt eine Hypothek über 250 000,00 EUR mit 97,5 % aus.
    Wie hoch ist der Auszahlungsbetrag?

110. Eine Trockenhaube (mit Wandarm) kostet bei Barzahlung 780,00 EUR. Bei einem Ratenkauf müssen 300,00 EUR anbezahlt und 8 Monatsraten zu je 65,00 EUR entrichtet werden.
    Wie hoch ist die Ersparnis bei Barzahlung in EUR und in Prozent?

F 11.5

FACHRECHNEN

Zinsrechnung

111. Die Zinskosten für ein Darlehen lagen bei 9,5 %. Die Chefin nahm für den Umbau des Salons (Einrichtung und Gebäude) ein Darlehen über 125 000,00 EUR auf.
    Wie viel Zinsen muss sie jährlich an die Bank zahlen?

112. Auf seinem Sparbuch legt Friseur Markus 560,00 EUR für ein Jahr an. Die Bank gewährt ihm 1,5 % Zinsen.
    Wie viel EUR Zinsen erhält Markus bereits nach einem halben Jahr?

11

113. Friseurin Nadine hat 2 750,00 EUR auf ihrem Girokonto und erhält dafür keine Guthabenzinsen. Ihre Bank empfiehlt ihr, das Geld entweder als Festgeld (Zinssatz 2,5 %) oder als Bundesschatzbrief (Zinssatz 4,5 %) anzulegen.
    Vergleichen Sie die jeweiligen Zinserträge für 1/4 Jahr.

Zinsrechnung

114. Friseurmeister Müller kauft für 15 000,00 EUR neue Geräte. Da sie aufgrund von Lieferschwierigkeiten erst in drei Monaten geliefert werden können, legt er das Geld inzwischen für 2,25 % als Festgeld an.
Wie viel Zinsen erhält Herr Müller?

115. Die Hausbank eines Versandhauses berechnet für Ratenkäufe bei einer Bestellsumme von 500,00 EUR Zinsen in Höhe von 10,6 %.
Wie viel EUR Zinsen sind das in fünf Monaten?

116. Eine Bausparkasse verlangte 6 % Zins für ein Bauspardarlehen. Ein Bausparer hatte ein Darlehen über 60 000,00 EUR erhalten.
Wie viel Zinsen muss er jeden Monat bezahlen?

117. Sie haben 50 000,00 EUR geerbt und legen die Summe als Festgeld an. Die Bank schreibt Ihnen derzeit 2,5 % Zinsen gut.
Wie viel EUR stehen Ihnen bereits nach 15 Tagen zu?

118. Um eine Rechnung über 725,00 EUR bezahlen zu können, überziehen Sie am 20. März bis zu nächsten Gehaltsüberweisung am 5. April Ihr Girokonto um diesen Betrag. Die Bank berechnet 13,0 % Überziehungszinsen.
Wie viel Zinsen berechnet die Bank?

119. Ein Friseurmeister hat zur Modernisierung seines Betriebes am 1. Mai 15 000,00 EUR Kredit aufgenommen, den er bis 20. Oktober zurückzahlen wird. Der Zinssatz beträgt 8,5 %.
Wie viel EUR Zinsen fallen in diesem Zeitraum an?

120. Eine Friseurmeisterin benötigt einen Kredit zur Modernisierung ihres Betriebes. Sie kann monatlich 1 350,00 EUR für die Raten aufbringen. Der Zinssatz beträgt 9 %.
Wie viel EUR Kredit kann sie aufnehmen?

121. Friseur Herr Jansen muss für einen Kredit (Zinssatz 7 %; Laufzeit 90 Tage) 385 EUR Zinsen zahlen.
Wie hoch war der Kredit?

122. Friseurmeister Herr Greif modernisierte seinen Salon und musste dazu 25 000,00 EUR Kredit aufnehmen. Nach einem Jahr zahlte er 27 360,00 EUR zurück.
Berechnen Sie den Zinssatz für diesen Kredit.

123. Für 60,00 EUR, um die er sein Girokonto zehn Tage überzogen hatte, muss der Auszubildende Tim 0,18 EUR Zinsen bezahlen.
Mit welchem Zinssatz rechnete seine Bank?

124. Friseurmeister Weiß leiht seiner Mitarbeiterin Sandra 1 800,00 EUR. Diese zahlt ihm nach einem Vierteljahr 1 829,25 EUR zurück.
Zu welchem Zinssatz hat er das Geld ausgeliehen?

11

125. Sie haben Ihr Girokonto um 735,00 EUR überzogen. Die Bank berechnet Ihnen dafür Verzugszinsen in Höhe von 8,82 EUR (Zinssatz 12 %). Wie viele Tage hatten Sie das Konto überzogen?

126. André möchte ein „Multimedia-Center" und einen Drucker (Preis: 1 490,00 EUR) kaufen. Da er derzeit nur 1 440,00 EUR hat, legt er das Geld an (Zinssatz: 2,5 %). Nach wie vielen Tagen hat er das Geld?

127. Friseurin Irina verdient monatlich 800,00 EUR netto. Angenommen sie legt ein Kapital zu einem Zinssatz von 6,25 % an und möchte dann daraus jeden Monat diesen Betrag erhalten. Wie hoch müsste ihr Kapital sein?

128. Für eine Spareinlage über 1 350,00 EUR erhielt Ihre Großmutter nach fünf Monaten 1 389,75 EUR ausbezahlt. Wie hoch war damals der Zinssatz?

129. Zum Ausbau ihres Salons hat Friseurmeisterin Frau Rößle ein Darlehen über 90 000,00 EUR aufgenommen, das mit 8,5 % zu verzinsen ist. Berechnen Sie den monatlichen Aufwand für Zinsen.

130. Sie ließen auf Ihrem alten Sparbuch bei einer Einlage von 1 850,00 EUR die Zinsen nachtragen. Für fünf Monate erhielten Sie 27,00 EUR. Berechnen Sie den damaligen Zinssatz.

131. Eine Rechnung über 2 450,00 EUR wurde von Friseurmeister Schick nach 36 Tagen einschließlich Verzugszinsen mit 2 469,60 EUR bezahlt. Wie viel Prozent Verzugszinsen wurden berechnet?

132. Sie legen 5 000,00 EUR zu 3 % an und möchten einen Ertrag von 900,00 EUR (ohne Zinseszinsen) haben. Wie viele Jahre müssen Sie Ihr Geld anlegen?

133. Zur Modernisierung seines Geschäftes leiht sich Friseurmeister Herr Seidl von seiner Bank 35 000,00 EUR zu einem Zinssatz von 5,5 %. Wie viel Zinsen hat er im Vierteljahr zu bezahlen?

134. Der Auszubildende Thomas hat sein Girokonto um 467,00 EUR überzogen. Bis zur nächsten Lohnüberweisung sind es noch 21 Tage. Wie viel Zinsen berechnet ihm die Bank bei einem Zinssatz von 12 %?

135. Ein Geschäft bietet ein Kopiergerät (Barzahlungspreis 1 950,00 EUR abzüglich 2 % Skonto) zu leasen an, wobei monatlich mit einer Leasingrate von 34,80 EUR zu rechnen ist. Die Sonderzahlung beträgt 250,00 EUR. Der Vertrag läuft über vier Jahre. Vergleichen Sie die Kosten
    a) für Leasing und
    b) für Barzahlung.

11

Maße und Gewichte

136. Von Timos Wohnung bis zu seiner Ausbildungsstätte im Salon Wander sind es genau 754 m, die er an vier Tagen pro Woche hin und wieder zurück läuft.
Wie viel km läuft Timo in vier Wochen?

137. Ein Haar wächst pro Woche etwa 3,2 mm. Eine Kundin wünscht eine Ansatzfärbung und schimpft, dass sie erst vor vier Wochen bei der Konkurrenz eine Färbung erhalten hat. Sie stellen fest, dass die Haare seit der letzten Färbung 1,92 cm gewachsen sind.
Ist die Beschwerde der Kundin berechtigt?

138. Für Knüpfproben ist noch ein Rest von 0,32 m · 0,32 m Gaze vorhanden. Je Knüpfprobe werden 8 cm · 8 cm große Gazestücke benötigt.
a)   Berechnen Sie die Fläche des kleinen und großen Gazestückes.
b)   Wie viele Knüpfproben können hergestellt werden?

139. Zur Präsentation von Shampoos, Cremes usw. wird für das Schaufenster ein Ständer mit einer quadratischen Auflage (Kantenlänge 25 cm) gekauft.
Berechnen Sie die Auflagefläche in m^2 und geben Sie an, wie viel mit Bordüre zur Umrandung der Auflagefläche notwendig ist.

140. Ein Schaufenster ist 2,25 m breit und 60 cm tief. Der Boden soll mit einem neuen Stoff bespannt werden.
Wie viel m^2 Stoff müssen gekauft werden?

141. Ein runder Wartetisch im Salon hat einen Durchmesser von 85 cm. Eine Lacktischdecke soll ringsherum 25 cm überstehen.
Wie viel m^2 Lackstoff sind nötig?

142. Der Anbau von Salon Weber hat die Form eines Halbkreises (Radius: 2,50 m). Als Bodenbelag wurde Marmor ausgesucht, je m^2 zu 98,90 EUR. Die Fußbodenleiste im Anbau, aus Holz und farblich passend zum Marmor, kostet je laufenden Meter 25,80 EUR.
Wie viel muss Friseurmeister Weber für den Marmorboden einschließlich Leiste im Anbau bezahlen?

143. Für einen Friseursalon werden neue Spiegel angeschafft, welche die Form eines gleichseitigen Dreiecks aufweisen. Jeder Spiegel hat eine Seitenlänge von 90 cm und eine Höhe von 1,25 m.
Berechnen Sie die Fläche eines Spiegels.

144. Die würfelförmige Kartonverpackung eines Parfüms hat eine Kantenlänge von 9 cm. Welches Volumen nimmt die Verpackung im Altpapiercontainer ein, wenn sie nicht zerlegt wird?

11

145. Das Aquarium im Friseursalon Schneider ist 1,50 m lang, 80 cm breit und 1,20 m hoch.
     a)   Wie viel Liter Wasser fasst das Aquarium, wenn es randvoll gefüllt ist?
     b)   Wie viel Liter Wasser sind in das Aquarium einzufüllen, wenn es nur bis 12 cm unterhalb des oberen Randes gefüllt werden soll?

146. Eine zylindrische Shampooflasche für den Salon soll nachgefüllt werden. Sie hat innen einen Durchmesser von 5,5 cm und soll bis zu einer Höhe von 12 cm mit Shampoo aufgefüllt werden.
     Wie viel ml Shampoo passen hinein?

147. Die Auszubildende Sabine soll eine Lösung herstellen. In einem zylindrischen Gefäß mit einem Durchmesser von 8,25 cm hat ihre Chefin bereits 3 cm hoch das Konzentrat eingefüllt. Sabine soll nun weitere 12 cm hoch Wasser dazugeben.
     Wie viel Liter Lösung erhält Sabine?

148. Zwei Hersteller bieten Shampoos in Kunststoffflaschen an. Die Flasche von Hersteller A enthält laut Aufschrift 300 ml und wiegt brutto 360 g. Hersteller B füllt 250 ml Shampoo in seine Flaschen, die brutto jeweils 310 g wiegen.
     Bei welchem Hersteller ist der Verpackungsanteil größer?

149. Eine Lidschattenkollektion mit Spiegel und Applikator wiegt 108 g und kostet 25,99 EUR. Laut Aufschrift sind insgesamt 11 g Lidschatten darin enthalten.
     Wie teuer ist 1 g Lidschatten?

150. Für den runden Tisch (Durchmesser 60 cm) im Wartebereich möchte sich die Chefin Stoff für eine modische Tischdecke und eine Borte zum Einfassen besorgen. Ringsherum sollen 15 cm Tischdecke überstehen.
     Wie viel m^2 Tischdeckenstoff und wie viel m Borte benötigt die Chefin?

151. Im Salon Wichert wird neue Ware angeliefert. Aus dem Lieferschein geht hervor, dass das Bruttogewicht 17,394 kg beträgt. Die Tara beträgt 18,7 % des Bruttogewichtes.
     Wie viel kg wiegt die Ware?

152. Der Fachpraxisraum der Berufsschule ist 17,50 m lang und 8,50 m breit. Der Fußbodenbelag soll durch quadratische Steinfliesen ersetzt werden, die je m^2 49,95 EUR kosten.
     Wie teuer ist der neue Bodenbelag?

153. Eine kleine Dose Haarspray enthält 50 ml, wiegt insgesamt 109 g und kostet 3,95 EUR. Die große Dose derselben Marke enthält 600 ml, wiegt insgesamt 785 g und kostet 18,85 EUR.
     Vergleichen Sie den Preis für 100 ml Haarspray.

11

Maße und Gewichte

154. Die Kundin Frau Löffler lässt sich ihre durchschnittlich 40 cm langen Haare ab-schneiden. Ihre neue Kurzhaarfrisur weist eine Haarlänge von etwa 5 cm auf. Sie fragt ihre Friseurin Filiz, wie viele Monate sie nun warten müsste, bis ihre Haare wieder die alte Länge aufwiesen. Filiz weiß, dass Haare durchschnittlich 12 mm im Monat wachsen. (Gehen Sie zur Vereinfachung davon aus, dass die Haare in der Zwischenzeit nicht geschnitten werden und auch nicht abbrechen.) Was antwortet Filiz ihrer Kundin?

155. Zur Fertigung eines Haarteils werden benötigt: 95 g Haare (Kilopreis: 945,95 EUR) und 15 · 20 cm Steiftüll (Quadratmeterpreis: 96,50 EUR). Berechnen Sie die Materialkosten für das Haarteil.

156. Für die Dekoration des Friseursalons wird eine würfelförmige Pflanzschale angeschafft. Die Kantenlänge beträgt 60 cm. Die Pflanzschale soll bis 10 cm unterhalb des Randes mit Blumenerde aufgefüllt werden. Wie viel l Blumenerde passen in die Schale?

157. Für den fachpratischen Unterricht in der Berufsschule benötigt der Fachlehrer 25 Stücke Steiftüll, je im Format 15 · 10 cm. Wie viel m^2 Steiftüll müssen insgesamt besorgt werden?

158. Jungfriseur Thomas fährt die 2350 m bis zu seiner Arbeitsstätte jeden Arbeitstag mit dem Fahrrad. Pro Woche arbeitet er an fünf Tagen. Aufgrund von Feiertagen und Urlaub, so hat er sich ausgerechnet, muss er im Jahr an sieben Wochen nicht zur Arbeit fahren. Wie viele km fährt Thomas pro Jahr mit dem Fahrrad zur Arbeit?

159. Zum Abtrennen der drei Plätze für Kosmetikbehandlungen im Salon Schöller sol-len rundherum Vorhänge angeschafft werden. Jede Kabine hat eine Seitenlänge von 1,90 m, ist 1,50 m breit und 2,25 m hoch. Wie viel m^2 Stoff müssen beschafft werden?

160. Zur Dekoration des Schaufensters schafft die Chefin von Salon Gutmaier einen Zylinder (Durchmesser: 25 cm; Höhe 40 cm) aus Plexiglas an. Dieser soll mit bunt angefärbtem Wasser gefüllt und mit einer Plexiglasscheibe bedeckt werden, um Waren darauf zu präsentieren. Die Scheibe zum Abdecken soll ringsherum 1 cm über den Rand stehen. Wie viel Liter Wasser fasst der Zylinder und wie groß ist die Stellfläche der Glas-platte?

11

161. Die Friseurin Frau Bär soll eine 12%ige Lösung aus einem 30%igem Konzentrat mit Wasser herstellen.
Wie lautet das Mischungsverhältnis?

162. Eine 3%ige Lösung soll aus einer 18%igen mit Wasser hergestellt werden.
Wie lautet das Mischungsverhältnis?

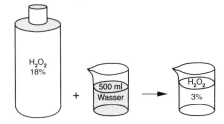

163. In welchem Verhältnis muss die neue Auszubildende Ingrid eine 98%ige und eine 10%ige Alkohollösung mischen, um eine 70%ige Desinfektionslösung herzustellen?

164. Aus 200 ml 18%igem Wasserstoffperoxid soll durch Zugeben von 3%igem Wasserstoffperoxid eine 6%ige Lösung hergestellt werden.
Berechnen Sie die Menge des Verdünnungsmittels und die Menge der Lösung.

165. Auszubildende Nadine soll aus 400 ml 30%igen Wasserstoffperoxid durch Zugeben von 3%igen Wasserstoffperoxid eine 6%ige Lösung herstellen.
Wie viel ml Lösung erhält sie?

166. Aus 20 ml 90%igen Alkohol soll eine 1%ige Reinigungslösung zum Fensterputzen hergestellt werden. Verdünnt wird mit Wasser.
Berechnen Sie die Menge des Verdünnungsmittels und die Menge der Lösung.

167. Eine 12%ige Wasserstoffperoxidlösung ist mit 500 ml Wassser für eine Fixierung (3%) zu verdünnen.
Wie viel ml Konzentrat und wie viel ml Lösung erhält man?

168. Die Chefin gibt der Gesellin Nelly 12%iges Wasserstoffperoxid und 250 ml Wasser. Sie soll daraus 6%iges Wasserstoffperoxid herstellen.
Wie viel ml Lösung erhält sie?

169. Ein Rest von 50 ml 3%iger Lösung soll mit einer 12%igen Wasserstoffperoxidlösung zu einer 6%igen Lösung gemischt werden.
Wie viel ml Lösung erhält man?

170. Heike verdünnt 98%igen Alkohol mit Wasser für eine Desinfektionslösung mit 70%iger Konzentration. Sie benötigt 1 Liter dieser Lösung.
Wie viel muss sie jeweils abmessen?

171. Alexander, der neue Auszubildende, soll 500 ml 9%iges Wasserstoffperoxid herstellen. Dazu hat er 30%iges und 3%iges Wasserstoffperoxid zur Verfügung.
Berechnen Sie die Mengen, die er benötigt.

11

Mischungsrechnen

172. Sie müssen 150 ml 12%igen Färbebrei herstellen. Dazu haben Sie folgende Zutaten zur Verfügung: 18%iges Wasserstoffperoxid, 20 ml Blondiercreme (enthält kein Wasserstoffperoxid) und Wasser.
Berechnen Sie die Zutaten.

173. Aus 100 ml eines Konzentrates wurden 1000 ml Fixierung (enthält 3% Wasserstoffperoxid) hergestellt.
Wie viel Prozent Wasserstoffperoxid enthielt das Konzentrat?

174. Eine Desinfektionslösung soll 70% Ethanol enthalten. Sie sollen davon 1 l herstellen. Zur Verfügung haben Sie 875 ml eines Konzentrates.
Wie viel Prozent Ethanol enthielt das Konzentrat?

175. Sonja soll die Shampoolösung für die nächste Woche verdünnen.
Sie weiß, dass das Haarwaschmittel 1%ig auf das Haar aufgetragen wird. Laut Hersteller ist das Shampoo 1 : 9 mit Wasser zu verdünnen.
Wie viel Prozent waschaktive Substanzen enthält das Shampoo dieses Herstellers?

176. Aus 30%igem Wasserstoffperoxid stellte Bernadette 1 l Fixierung (enthält 3% Wasserstoffperoxid) her.
Wie viel ml Konzentrat setzte sie ein?

177. Um Blondiermischungen herzustellen, haben Sie 30%iges Wasserstoffperoxid und Blondierpulver zur Verfügung. Sie sollen daraus 80 ml 6%igen Blondierbrei herstellen.
Wie viel ml Konzentrat müssen Sie jeweils verwenden?

178. Eine Desinfektionslösung soll 70% Ethanol enthalten. Sie sollen davon 1 l herstellen. Zur Verfügung haben Sie 98%igen Ethanol.
Wie viel ml Ethanol und wie viel ml Wasser benötigen Sie?

179. Welchen Gehalt an Wasserstoffperoxid besitzt ein Färbebrei, der nach folgender Anweisung hergestellt wurde: 20 ml Farbcreme + 40 ml H_2O_2 3%ig?

180. Zur Hellerfärbung verwendet man meist eine Mischung von 1 Teil Farbe zu 2 Teilen Wasserstoffperoxid. Berechnen Sie bei den aufgeführten Mengen an Farbcreme zunächst die Menge des benötigten Wasserstoffperoxids und dann die Endkonzentration: 20 ml Farbcreme – 9%iges H_2O_2.

181. Alice mischt für sich selbst eine Blondierwäsche aus 10 ml Shampoo, 10 ml 18%igem Wasserstoffperoxid und 80 ml Wasser.
Wie viel Prozent Wasserstoffperoxid enthält die fertige Lösung?

11

Mischungsrechnen

182. Petra hat den Auftrag, aus 250 ml 30 %igem Wasserstoffperoxid mit destilliertem Wasser 18 %iges H_2O_2 herzustellen. Um das passende Gefäß herauszusuchen, wird zuerst die Lösungsmenge berechnet.

183. Gesellin Gabi stellt eine 3 %ige Blondierwäsche aus 30 ml 12 %igem Wasserstoffperoxid, 10 ml Shampoo, 30 ml Wasser und Blondiercreme her.
    a) Wie viel ml Blondierwäsche erhält sie?
    b) Wie viel ml Blondiercreme muss sie in die Mixtur einrühren?

184. Alime mischt zur Desinfektion der Werkzeuge 100 %iges Desinfektionskonzentrat mit Wasser. In der Gebrauchsanweisung steht: „Das Produkt erreicht bei einer Konzentration von 1,5 % seine beste Wirkung."
    Wie viel ml Lösung kann sie aus 10 ml Konzentrat herstellen?

185. Von einem 12 %igem Wasserstoffperoxid ist noch ein Rest von 60 ml vorhanden. Durch Mischen mit Wasser soll 1,5 %iges H_2O_2 hergestellt werden.
    Wie viel ml Wasser werden verwendet und wie viel ml Lösung lassen sich herstellen?

186. 750 ml einer 18 %igen Wasserstoffperoxidlösung kosten 14,00 EUR. Meisterin Brigitta stellte daraus mit Wasser eine 3 %ige Lösung her, sie hat 420 ml davon verbraucht.
    a) Berechnen Sie das Mischungsverhältnis.
    b) Wie viel ml Konzentrat und wie viel ml Wasser waren in der verbrauchten 3 %igen Lösung enthalten?
    c) Berechnen Sie den Preis der verbrauchten Menge.

187. Es werden 20 ml Haarfärbegelee, 20 ml 6 %iger H_2O_2 und 20 ml Wasser gemischt. Berechnen Sie die Lösungsstärke des Färbemittels.

188. Wie viel ml destilliertes Wasser müssen Sie zu 200 ml Ethanol (98 %ig) geben, um eine 70 %ige Ethanollösung zu erhalten?

189. Wie stark muss ein Waschmittelkonzentrat sein, wenn 150 ml im Verhältnis 1 : 5 mit Wasser gemischt eine 10 %ige Lösung ergeben sollen?

190. Wie viel Prozent beträgt der H_2O_2-Gehalt, wenn 60 ml Farbcreme im Verhältnis 1 : 1 mit 6 %igem H_2O_2 gemischt werden?

191. Wie stark ist folgende Mischung? 150 ml Shampookonzentrat (20 %ig), Mischungsverhältnis 3 : 4 mit destilliertem Wasser.

11

Stromverbrauch und Stromkosten

192. Ein Föhn hat eine Leistungsaufnahme von 900 W. Er ist täglich im Durchschnitt 210 Minuten in Betrieb.
     Wie viel Strom wird an fünf Arbeitstagen durch den Föhn verbraucht?

193. Eine Trockenhaube im Salon von Friseurmeisterin Frau Verella hat laut Typenschild eine Leistungsaufnahme von 830 W. Sie ist im Durchschnitt täglich 45 Minuten in Betrieb.
     Wie hoch ist der Stromverbrauch der Trockenhaube jeden Tag?

194. Das Warmwasser im Salon von Friseurmeister Herrn Gruber wird mit Hilfe eines Durchlauferhitzers erzeugt, der täglich 9 Stunden in Betrieb ist. Seine Leistungsaufnahme beträgt laut Etikettaufschrift 21 kW.
     Wie viel Strom wird täglich durch die Wassererhitzung verbraucht?

195. Die zwei Schaufenster von Salon Scherer sind mit jeweils acht Strahlern zu je 40 W und je drei Strahlern zu je 60 W ausgestattet. Sie sind täglich neun Stunden eingeschaltet.
     Wie hoch ist der Stromverbrauch für eine Woche?

196. Ein Aufkleber auf dem Wäschetrockner im Salon Wendel zeigt an, dass der Anschlusswert „nur noch 2,9 kW" beträgt. Das Programm „Baumwolle schranktrocken" benötigt dabei „nur 84 Minuten."
     Wie viel Strom wird für eine Füllung Baumwollhandtücher verbraucht?

197. Die Trockenhauben im Salon von Friseurmeisterin Frau Medert sind zusammen täglich etwa 330 Minuten in Betrieb. Jede Haube hat laut Typenschild eine Leistungsaufnahme von 780 W. Pro verbrauchter kWh sind derzeit 21,9 Cent an die Elektrizitätswerke zu bezahlen.
     Wie hoch sind die täglichen Stromkosten für alle Trockenhauben?

198. Der Mikrowellenherd im Aufenthaltsraum von Salon „Gaby" hat laut Typenschild eine Leistungsaufnahme von 1150 W und wird täglich etwa 15 Minuten benutzt.
     Der Preis je verbrauchter kWh beträgt 20,5 Cent.
     Wie viel EUR Stromkosten entstehen täglich durch die Mikrowelle?

199. Ein Föhn hat eine Leistungsaufnahme von 850 W. Er ist täglich im Durchschnitt 195 Minuten in Betrieb.
     Für jede verbrauchte kWh verrechnen die Stadtwerke derzeit 19,2 Cent.
     Wie viel EUR Stromkosten werden täglich durch den Föhn verursacht?

11

200. Das Warmwasser im Salon „Gruber" wird mit Hilfe eines Durchlauferhitzers erzeugt, dessen Leistungsaufnahme laut Etikettaufschrift 22 kW beträgt. Die tägliche Betriebsdauer beträgt 9 Stunden. Für 1 kWh berechnet das E-Werk 20,2 Cent.
Wie viel EUR Stromkosten werden pro Jahr für die Wassererhitzung aufgewendet? (1 Jahr = 304 Arbeitstage)

201. Ein Friseursalon hat täglich $9^{1}/_{2}$ Stunden geöffnet. Während dieser Zeit wird der gesamte Salon mit 25 Leuchtstoffröhren (Leistungsaufnahme je 25 W) ausgeleuchtet. Der Preis je Kilowattstunde beträgt 19,9 Cent.
Für wie viel EUR wird täglich Strom durch die Beleuchtung verbraucht?

202. Die zwei Schaufenster vom Salon sind mit je acht Strahlern zu je 25 W und je zwei Strahlern zu je 60 W ausgestattet. Die Schaufenster werden rund um die Uhr beleuchtet, wobei je kWh 19,7 Cent Kosten anfallen. Wie hoch sind die Stromkosten für ein Jahr?

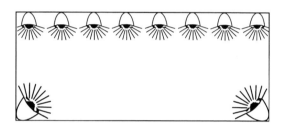

203. Das Hobby von Friseurin Dagmar ist Brotbacken. Ein Laib ihres selbstgebackenen Bauernbrotes benötigt bei 180 °C in ihrem Elektroherd (Leistungsaufnahme 2650 W) etwa 75 Minuten.
Wie hoch ist der Stromverbrauch für das Backen von einem Laib Brot?

204. Im Frisiersalon von Friseurmeister Alber ergab die Ablesung des Stromzählers am 31. Mai folgenden Stand (in Klammern der Zählerstand vom 31. Mai des letzten Jahres): 190365,4 kWh (171635,7 kWh). Die Stadtwerke verrechnen je verbrauchter Kilowattstunde 22,2 Cent.
Wie viel kWh Strom wurde im letzten Ablesungszeitraum verbraucht und wie hoch waren daher die Stromkosten?

205. Während des dreiwöchigen Betriebsurlaubs ist die Schaufensterbeleuchtung von Salon Becker täglich rund um die Uhr in Betrieb, während sie normalerweise das Schaufenster täglich von 18.00 Uhr abends bis um 8.00 Uhr des nachfolgenden Tages erhellt. Das Schaufenster wird mit vier Strahlern zu je 40 W und drei Strahlern zu je 75 W beleuchtet.
Vergleichen Sie den Stromverbrauch der Schaufensterbeleuchtung während des Betriebsurlaubs mit dem bei normalem Friseurbetrieb.

206. Die Kaffeemaschine im Salon „Madame" hat eine Leistungsaufnahme von 850 W und benötigt für eine Kannenfüllung (= 8 Tassen) 12 Minuten. Der Preis für 1 kWh beträgt 19,2 Cent.
Wie viel Strom wird beim Aufbrühen von einer Kanne Kaffee verbraucht und wie hoch sind dafür die Stromkosten?

11

Preisgestaltung

207. Errechnen Sie den Einrichtungspreis brutto (mit 19 % Mehrwertsteuer).

Gegenstand	Stückzahl	Preis pro Stück
Haube „Standard"	4	640,00 EUR
Wandarm (ein Gelenk)	4	320,00 EUR
Bedienungsstuhl	7	750,00 EUR
Föhn „Standard"	5	44,00 EUR
Holzregale	6	415,00 EUR

208. Errechnen Sie den Einrichtungspreis brutto (mit 19 % Mehrwertsteuer).

Gegenstand	Stückzahl	Preis pro Stück
Bedienungsstuhl	8	944,00 EUR
Kunststoffregal	5	619,00 EUR
Haarschneidemaschinen	3	49,00 EUR

209. In zwei Salons (A und B) fallen im Laufe eines Jahres folgende Ausgaben an:

	Salon A	Salon B
Personalkosten	185 764	123 432
Materialkosten	40 153	23 818
kalkulatorischer Meisterlohn	50 500	30 764
Miete	20 700	13 870
Heizung	4 598	2 900
Werbung	800	900
Telefon	1 200	890
kalkulatorische Zinsen	10 500	8 500

Berechnen Sie:
a) die Gemeinkosten für Salon A und B
b) die Gesamtkosten für Salon A und B

11

210. Meisterin Frau Flor übernimmt den Friseursalon von ihrer Chefin. Um zukünftig genau kalkulieren zu können, zeigt die Chefin ihr die Ausgaben des vergangenen Geschäftsjahres:

Personalkosten	54 600 EUR
Materialkosten	11 400 EUR

Gemeinkosten:

Steuern	890 EUR
Versicherungen	430 EUR
Miete	8 145 EUR
Reparaturen	1 040 EUR
kalkulatorischer Meisterlohn	42 500 EUR
kalkulatorische Zinsen	18 700 EUR
Heizung	1 345 EUR
Strom	610 EUR
Wasser	320 EUR

Berechnen Sie:
a) die Jahresgesamtkosten
b) die Kosten bezogen auf einen Monat
c) die Kosten bezogen auf einen Tag (300 Arbeitstage)

211. Zwei Trockenhauben (lineare Abschreibung) mit einem Anschaffungspreis von 2130 EUR haben eine Nutzungsdauer von 5 Jahren.

a) Wie hoch ist der jährliche Abschreibungssatz?
b) Wie hoch ist der jährliche Abschreibungsbetrag?
c) Welchen Wert haben die Trockenhauben nach drei Jahren Benutzung?

212. Zwei Bedienungsstühle (Anschaffungspreis 1 603 EUR) werden auf 10 Jahre degressiv abgeschrieben.

a) Wie hoch ist der jährliche Abschreibungssatz?
b) Wie hoch ist der Abschreibungsbetrag im 1. Jahr?
c) Welchen Wert haben die Bedienungsstühle nach drei Jahren Benutzung?

213. Teile einer hochwertigen Saloneinrichtung kosten neu 85 000 EUR. Sie werden linear abgeschrieben. Die Nutzungsdauer beträgt 15 Jahre. Nach sechs Jahren wird die Einrichtung für 50 000 EUR verkauft.

a) Wie hoch ist der jährliche Abschreibungssatz?
b) Wie hoch ist der jährliche Abschreibungsbetrag?
c) Welche Differenz besteht zwischen Buchwert und Verkaufswert nach sechs Jahren?

11

Preisgestaltung

214. Teile einer Saloneinrichtung kosten neu 12 500 EUR und werden degressiv abgeschrieben. Die Nutzungsdauer beträgt acht Jahre. Nach drei Jahren werden diese Teile für 5 500 EUR verkauft.

   a) Wie hoch ist der jährliche Abschreibungssatz?
   b) Wie hoch ist der Abschreibungsbetrag im 1., 2. und im 3. Jahr?
   c) Welche Differenz besteht zwischen Buchwert und Verkaufswert nach drei
       Jahren?

215. Eine Firma bietet Hennapulver „rot" zum Preis von 12,75 EUR je 900-g-Dose an.
Sie bestellen davon sieben Dosen. Von der Herstellerfirma erhalten Sie folgende
Zahlungsbedingungen:

   8 % Rabatt, 3 % Skonto – bei Bezahlung innerhalb von 8 Tagen.
   Die Bezugskosten belaufen sich auf 6,70 EUR.

   a) Wie hoch ist der Bezugspreis für alle Dosen?
   b) Wie teuer ist eine Dose?

216. Eine Kosmetikfirma verkauft treibgasfreies Haarspray in Gebinden mit 12 großen
Flaschen zum Einzelpreis von 6,80 EUR je Flasche. Der Inhaber des Salons „Flora" bestellt 2 Gebinde. Die Firma gewährt 6 % Rabatt und 3 % Skonto – bei Zahlung innerhalb von 8 Tagen. Sie berechnet allerdings 8,90 EUR Versandkosten.
Ermitteln Sie den Bezugspreis:

   a) für die gesamte Lieferung
   b) für eine Flasche

217. Hennapulver, welches für 12,34 EUR Bezugspreis bezogen wurde, wird jetzt unter Berücksichtigung von 18 % Handlungskosten, 35 % Gewinn und 19 % Mehrwertsteuer weiter kalkuliert.
Wie hoch ist der Bruttoverkaufspreis für eine Dose?

218. 24 Flaschen treibgasfreies Haarspray in der großen Vorteilsdose wurden zum Bezugspreis von 157,71 EUR bezogen. Es werden 24 % Gemeinkosten, 33 % Gewinn
und 19 % Mehrwertsteuer aufgeschlagen.
Wie hoch ist der Bruttoverkaufspreis?

219. Für den Fasching werden 35 Packungen Kunststoff-Fingernägel mit Klebeblättchen zu je 4,95 EUR bestellt.
Wie hoch ist der Bruttoverkaufspreis, wenn mit folgenden Posten kalkuliert
werden muss: 19 % Mehrwertsteuer, 25 % Gewinn, 35 % Handlungskosten,
3 % Skonto, 12,5 % Rabatt und 9,80 EUR für Transport und Verpackung?

11

220. Die Sonnenkosmetik wird in diesem Jahr komplett im Aktionsbeutel (Sonnencreme, After-Sun-Gel, After-Sun-Duschgel, Selbstbräuner und Haarlotion mit Sonnenschutz) angeboten. Der Listenpreis beträgt pro Beutel 20,80 EUR. Friseurmeisterin Sonja bestellt davon 30 Stück. Der Lieferant gewährt ihr 8,5 % Rabatt und 2 % Skonto – bei Bezahlung innerhalb von 14 Tagen. Die Bezugskosten belaufen sich auf 5,80 EUR. Sonja kalkuliert mit 27 % Handlungskosten, 33 % Gewinn und 19 % Mehrwertsteuer.
Wie muss der Preis auf dem Preisschild lauten?

221. Irene kalkuliert eine Body-Lotion.

Listenpreis:	5,80 EUR	Stückzahl:	25
Rabatt:	8,5 %	Skonto:	3 %
Bezugskosten:	4,70 EUR	Handlungskosten:	30 %
Gewinn:	35 %	Mehrwertsteuer:	19 %

Wie teuer ist eine Flasche Body-Lotion in Irenes Salon?

222. Ermitteln Sie den Bruttoverkaufspreis für jeweils 1 Stück.

Listenpreis:	(EUR)	72,60
Stückzahl:		2
Rabatt:	(%)	10
Skonto:	(%)	2
Bezugskosten:	(EUR)	10,80
Nettokalkulationszuschlag:	(%)	43
Mehrwertsteuer:	(%)	19

223. Ermitteln Sie den Bruttoverkaufspreis für jeweils 1 Stück.

Listenpreis:	(EUR)	15,80
Stückzahl:		5
Rabatt:	(%)	8
Skonto:	(%)	3
Bezugskosten:	(EUR)	12,90
Nettokalkulationszuschlag:	(%)	55
Mehrwertsteuer:	(%)	19

224. Ermitteln Sie den Bruttoverkaufspreis für jeweils 1 Stück.

Listenpreis:	(EUR)	2,90
Stückzahl:		100
Rabatt:	(%)	20
Skonto:	(%)	2,5
Bezugskosten:	(EUR)	2,80
Nettokalkulationszuschlag:	(%)	61
Mehrwertsteuer:	(%)	19

11

Preisgestaltung

225. Ermitteln Sie den Bruttoverkaufspreis für jeweils 1 Stück.

Listenpreis:	(EUR)	72,60
Stückzahl:		2
Rabatt:	(%)	10
Skonto:	(%)	2
Bezugskosten:	(EUR)	10,80
Bruttokalkulationszuschlag:	(%)	59

226. Ermitteln Sie den Bruttoverkaufspreis für jeweils 1 Stück.

Listenpreis:	(EUR)	15,80
Stückzahl:		5
Rabatt:	(%)	8
Skonto:	(%)	3
Bezugskosten:	(EUR)	12,90
Bruttokalkulationszuschlag:	(%)	71

227. Ermitteln Sie den Bruttoverkaufspreis für jeweils 1 Stück.

Listenpreis:	(EUR)	2,90
Stückzahl:		100
Rabatt:	(%)	20
Skonto:	(%)	2,5
Bezugskosten:	(EUR)	2,80
Bruttokalkulationszuschlag:	(%)	71

228. Die Arbeitszeit für Waschen und Föhnen wird mit 30 Minuten veranschlagt. Die Friseurmeisterin erhält einen Stundenlohn von 11,80 EUR. Der Saloninhaber kalkuliert mit 150 % Gemeinkosten, 24 % Gewinn und 19 % Mehrwertsteuer. Berechnen Sie den Bruttobedienungspreis.

229. Berechnen Sie den Preis für eine modische Tagesfrisur, wenn Schneiden und Föhnen 1 Stunde und 25 Minuten dauert. Die Friseurmeisterin erhält einen Stundenlohn von 10,90 EUR. Der Saloninhaber kalkuliert mit einem Gemeinkostensatz von 145 %, mit 28 % Gewinn und 19 % Mehrwertsteuer. Wie hoch ist der Preis für diese Arbeit?

230. Angelika muss für eine Kundin eine Wasserwelle mit Kurbehandlung kalkulieren.
An Arbeitszeit benötigt sie:

für die Wasserwelle	80 Minuten
für die Kurbehandlung	10 Minuten
ihr Stundenlohn beträgt	15,90 EUR

Die Gemeinkosten fallen mit 160 %, der Gewinn mit 28 % und die Mehrwertsteuer mit 19 % an.
Wie teuer ist diese Behandlung?

11

231. Für eine Färbung beträgt die Arbeitszeit 78 Minuten. Der Stundenlohn einer Friseurin beträgt 10,40 EUR. Die Gemeinkosten belaufen sich auf 135 %, der Gewinn wird mit 30 % veranschlagt, dem Finanzamt stehen 19 % Mehrwertsteuer zu. Wie viel muss eine Kundin für diese Arbeit bezahlen?

232. Für eine Dauerwelle wird mit einer Arbeitszeit von 1 Stunde und 20 Minuten gerechnet. Dabei entfallen 50 Minuten auf den Gesellen, der einen Stundenlohn von 9,60 EUR erhält. Der Auszubildende, der die restliche Arbeit erledigt, bekommt einen Stundenlohn von 3,50 EUR.
Kalkulieren Sie den Bruttobedienungspreis, wenn 120 % Gemeinkosten, 25 % Gewinn und 19 % Mehrwertsteuer zu berücksichtigen sind.

233. Gesellin Petra arbeitet an einer Wasserwelle mit Schneiden 55 Minuten, Auszubildender Peter die restlichen 45 Minuten. Petra erhält einen Stundenlohn von 11,24 EUR; Peter bekommt 3,29 EUR pro Stunde. Der Gemeinkostensatz beläuft sich auf 175 %, an Gewinn wird 25 % veranschlagt. Die Mehrwertsteuer beträgt 19 %. Berechnen Sie den Bruttobedienungspreis für diese Wasserwelle.

234. Für einen Herrenhaarschnitt mit Föhnfrisur benötigt Geselle Augustin 30 Minuten (Schneiden) und Auszubildende Ingrid 25 Minuten (Föhnen). Augustin erhält 12,30 EUR pro Stunde, Ingrid 3,10 EUR pro Stunde. An Gemeinkosten werden 155 %, an Gewinn 30 % und an Mehrwertsteuer 19 % eingerechnet. Wie teuer kommt diese Dienstleistung?

235. Kalkulation einer Dauerwellbehandlung:
Friseurin Alice arbeitet an der Kundin 1 Stunde und 10 Minuten, Meisterin Sonja 20 Minuten. Der Stundenlohn der Friseurin beträgt 10,20 EUR, der Stundenlohn der Meisterin beträgt 15,10 EUR. Die Gemeinkosten belaufen sich auf 180 % der Lohnkosten, der Gewinn auf 28 % der Selbstkosten, die Mehrwertsteuer auf 19 % des Nettobedienungspreises.
Berechnen Sie den Bedienungspreis.

236. Eine Färbung dauert 45 Minuten. Der Minutenkostensatz für die Friseurgesellin beträgt 0,65 EUR. Der Gewinn wurde auf 25 % festgelegt.
Berechnen Sie den Bruttobedienungspreis. (Vergessen Sie die Mehrwertsteuer nicht!)

237. Berechnen Sie den Bruttobedienungspreis bei folgenden Angaben:

Dienstleistung	Minutenkostensatz	Arbeitszeit	Gewinn	Mehrwertsteuer
Schneiden	0,55 EUR	60 Min.	28 %	19 %

238. Bruni soll den Bruttobedienungspreis einer Tönung berechnen. Die Friseurin benötigt dazu 24 Minuten. Der Minutenkostensatz beträgt 0,55 EUR, der Gewinn 25 % und die Mehrwertsteuer 19 %.
Wie teuer ist die Tönung?

11

Preisgestaltung

239. Für den Fasching werden 50 Packungen Flittersternchen mit Klebeblättchen zu je 0,95 EUR bestellt.
Wie hoch ist der Bruttoverkaufspreis, wenn mit folgenden Posten kalkuliert werden muss: 19 % Mehrwertsteuer, 22 % Gewinn, 30 % Handlungskosten, 3 % Skonto, 15 % Rabatt und 19,80 EUR für Transport und Verpackung?

240. Für die Theatersaison wurden vom Geschäftsinhaber 25 exclusive, mit Strass besetzte Haarreifen zum Listenpreis von 19,80 EUR je Stück bestellt.
Für wie viel EUR wird er den Haarschmuck verkaufen, wenn er mit 19 % Mehrwertsteuer, 25 % Gewinn, 30 % Handlungskosten, 3 % Skonto, 10 % Rabatt und 1,80 EUR für Transport und Verpackung kalkuliert?

241. Eine Friseurmeisterin erweitert ihren Salon um einen Bedienungsplatz. Dazu kauft sie ein hochwertiges Waschbecken für 2 500 EUR (lineare Abschreibung) und einen sehr guten Bedienungsstuhl für 1 500 EUR (degressive Abschreibung). Das Waschbecken hat eine Nutzungsdauer von 15 Jahren, der Stuhl hat eine Nutzungsdauer von 10 Jahren.

    a) Wie hoch ist der Abschreibungssatz für
       – das Waschbecken
       – den Bedienungsstuhl?
    b) Berechnen Sie den Abschreibungsbetrag für das 1. und das 2. Jahr für jeden Gegenstand.
    c) Wann sind beide Gegenstände fertig abgeschrieben?

242. Berechnen Sie den Minutenkostensatz eines Gesellen, dessen Bruttolohn im Monat 1482 EUR beträgt. Die Lohnnebenkosten belaufen sich für den gleichen Zeitraum auf 592 EUR. Pro Monat rechnet man mit 173 Arbeitsstunden. Die Gemeinkosten sind mit 165 % anzunehmen.

243. Friseurin Anja benötigt 60 Minuten, um eine Damenfrisur komplett zu schneiden. Sie verdient in der Stunde 12,80 EUR.
Wie hoch ist der Bruttobedienungspreis, wenn mit 165 % Gemeinkosten, 28 % Gewinn und 19 % Mehrwertsteuer gerechnet werden muss?

11

244. Herr Heiner kalkuliert neu in das Programm aufgenommene Dienstleistungen in seinem Salon durch. Für das Färben von langem Haar von einer Meisterin misst er eine Arbeitszeit von 30 Min. Ihr Stundenlohn beträgt 15,80 EUR. Der Gemeinkostensatz schlägt mit 140% zu Buche. An Gewinn berechnet er 35%. Der Mehrwertsteuersatz beträgt 19%. Überprüfen Sie Herrn Heiners Rechnung.

Lohnkosten	$\dfrac{15{,}80 \cdot 30}{100}$	4,74 EUR	100%	
+ Gemeinkosten		10,42 EUR	140%	
= Selbstkosten		11,38 EUR	240%	=>100%
+ Gewinn			35%	
= Nettobedienungspreis		15,36 EUR	100%	<=135%
+ Mehrwertsteuer			19%	
= Bruttobedienungspreis		**18,28 EUR**	119%	

Sollte die Rechnung fehlerhaft sein, berechnen Sie den korrekten Bruttobedienungspreis.

245. Eine Friseurin benötigt für einen Kinderhaarschnitt 20 Minuten. Sie erhält einen Stundenlohn von 13,50 EUR. Der Salon rechnet mit 175% Gemeinkosten und 28% Gewinn, die Mehrwertsteuer beträgt 19%.

a) Wie hoch ist der Bruttobedienungspreis?

b) Wie hoch ist der endgültige Bruttobedienungspreis, wenn zusätzlich Wetgel für 2,50 EUR verbraucht wurde?

246. Friseurmeister Herr Walig kaufte vor vier Jahren sechs elektrische Heizkörper, zum Preis von insgesamt 1390 EUR. Die Nutzungsdauer beträgt sieben Jahre. Welchen Buchwert besitzen sie heute, bei degressiver Abschreibung?

247. Friseurmeisterin Frau Busch zieht am Jahresende Bilanz. Dazu nimmt sie sich alle Einnahmen und Ausgaben des vergangenen Geschäftsjahres vor. Die Ausgabenseite sieht folgendermaßen aus:

Personalkosten:	78900 EUR
Materialkosten:	14560 EUR
Gemeinkosten:	
Steuern	2390 EUR
Versicherungen	780 EUR
Miete	12455 EUR
Reparaturen	1670 EUR
kalkulatorischer Meisterlohn	48900 EUR
kalkulatorische Zinsen	21560 EUR
Heizung	1425 EUR
Strom	760 EUR
Wasser	570 EUR

11

Preisgestaltung

    a) Berechnen Sie die Gemeinkosten.
       Berechnen Sie die einzelnen Posten der Gemeinkosten prozentual bezogen auf die Gesamtgemeinkosten.
    b) Berechnen Sie die Jahresgesamtkosten.
    c) Berechnen Sie die Kosten bezogen auf einen Monat.
    d) Berechnen Sie die Kosten bezogen auf einen Tag (300 Arbeitstage).

248. 1250 Rasierklingen zum Preis von 7,50 EUR je 25 Stück werden beim Lieferanten bestellt. Dieser gewährt 5 % Rabatt und 3 % Skonto. Die Bezugskosten belaufen sich auf 2,70 EUR. Der Salon kalkuliert mit 30 % Gemeinkosten, 30 % Gewinn, die Mehrwertsteuer beträgt 19 %.

    a) Berechnen Sie den Bruttoverkaufspreis.
    b) Berechnen Sie den Nettokalkulationszuschlag.
    c) Berechnen Sie den Bruttokalkulationszuschlag.

249. Kalkulieren Sie den Bruttobedienungspreis einer modischen Tagesfrisur mit Strukturumwandlung anhand folgender Angaben:

Arbeitszeit		Minutenkostensatz
Meisterin:	25 Minuten	1,01 EUR
Gesellin:	35 Minuten	0,67 EUR
Auszubildende:	15 Minuten	0,31 EUR
Gewinn:	33 %	
Mehrwertsteuer:	19 %	

250. Friseurin Stella benötigt 25 Minuten, um Haare zu färben. Ihr Minutenkostensatz wurde mit 0,68 EUR angegeben. Der Gewinn beträgt 32 %, die Mehrwertsteuer beträgt 19 %.
Wie hoch ist der Bruttobedienungspreis?

251. 20 große Flaschen Haarwasser zu je 7,55 EUR werden beim Lieferanten bestellt. Dieser gewährt 6 % Rabatt und 2 % Skonto. Die Bezugskosten belaufen sich auf 7,40 EUR. Der Nettokalkulationszuschlag beträgt 155 %, die Mehrwertsteuer beträgt 19 %. Berechnen Sie den Bruttoverkaufspreis.

11

1. **Eine Berufsausbildung erscheint vielen Jugendlichen als dringend erforderlich. Nennen Sie Gründe, die bei Ihrer Entscheidung wichtig waren.**

   _____

   _____

   _____

2. **Welche Überlegungen sollten bei der Wahl des Friseurberufs angestellt werden?**

   _____

   _____

   _____

3. **Die sechzehnjährige Karin Meier hat einen Ausbildungsplatz im Salon Werner gefunden. Nennen Sie die Personen, die den Ausbildungsvertrag unterzeichnen werden. Drei Antworten sind richtig.**

   Ⓐ Geschäftsführer der Kreishandwerkerschaft
   Ⓑ Karin Meier als Auszubildende
   Ⓒ die Eltern Karin Meiers als gesetzliche Vertreter, da Karin noch nicht volljährig ist
   Ⓓ Herr Werner als Ausbilder
   Ⓔ Obermeister und Lehrlingswart der Friseurinnung

4. **Die Ausbildung beginnt mit einer Probezeit. Wie lange darf sie dauern?**

   Ⓐ 3 Monate höchstens
   Ⓑ 14 Tage wenigstens
   Ⓒ 4 Wochen mindestens, 12 Wochen höchstens
   Ⓓ 6 Monate mit Genehmigung

5. **Welche Kündigungsmöglichkeiten gibt es für die beiden Vertragspartner des Berufsausbildungsvertrages während der Probezeit? Kreuzen Sie die drei richtigen Antworten an.**

   Ⓐ Jederzeit ist eine Kündigung möglich.
   Ⓑ Eine Frist von 2 Monaten muss eingehalten werden.
   Ⓒ Ausbilder und Auszubildende können jederzeit vom Vertrag zurücktreten.
   Ⓓ Wenn der Arbeitgeber kündigt, muss er die Kündigung schriftlich begründen.
   Ⓔ Der Vertrag kann ohne Einhaltung einer Frist aufgelöst werden.

12

6. **Stellen Sie die gegenseitigen Pflichten der Ausbilder und Auszubildenden dar.**

Berufsausbildung und Sozialversicherungen

7. **Karin Meier wird wie jede Auszubildende ihre** Ausbildung im dualen System **absolvieren. Erklären Sie, was eine Ausbildung im dualen System bedeutet.**

_____

_____

_____

8. **Nennen Sie mindestens sechs Angaben, die der** Berufsausbildungsvertrag **nach § 4 des Berufsbildungsgesetzes beinhalten muss.**

_____

_____

_____

_____

_____

9. **Welche Personen sind beim Abschluss eines** Arbeitsvertrages **beteiligt? Kreuzen Sie die zwei richtigen Antworten an.**

- Ⓐ der einzelne Arbeitnehmer
- Ⓑ die Erziehungsberechtigten
- Ⓒ ein Vertreter der Gewerkschaft
- Ⓓ der Arbeitgeber

10. **Welche Bestimmungen enthält ein** Arbeitsvertrag**? Kreuzen Sie die vier richtigen Antworten an.**

- Ⓐ Zahlung des Arbeitsentgeltes
- Ⓑ Ausbildungspflicht
- Ⓒ Fortbildungsverpflichtung
- Ⓓ Zeugnispflicht
- Ⓔ Arbeitspflicht
- Ⓕ Kündigungsfristen/Kündigungsschutz

11. **Ein** Arbeitsverhältnis **endet:**

- Ⓐ durch Zeitablauf
- Ⓑ wenn ein Arbeitnehmer erkennt, dass der Beruf ihm nicht gefällt
- Ⓒ nur durch eine fristlose Kündigung
- Ⓓ durch eine fristgerechte Kündigung
- Ⓔ für Arbeiter und Angestellte innerhalb unterschiedlicher Kündigungsfristen
- Ⓕ für Arbeiter und Angestellte durch gleiche Kündigungsfristen

12

12. Welche Aufgaben haben die gesetzlichen Sozialversicherungen?
Kreuzen Sie die zwei richtigen Antworten an.

Ⓐ Sicherung des Einkommens bei Erreichung des 65. Lebensjahres

Ⓑ Schutz und Erhalt der Gesundheit und der Leistungsfähigkeit der Arbeitnehmer und ihrer Familien

Ⓒ Versicherung der Haushaltsgegenstände und Gebäude gegen Brand und Vandalismus

Ⓓ Sicherung der wirtschaftlichen Existenz bei Krankheit, verminderter Erwerbsfähigkeit und im Alter

Ⓔ Zusicherung eines Arbeitsplatzes bis zum Rentenalter

13. Nennen Sie die fünf Zweige der gesetzlichen Sozialversicherung.

14. Unsere Sozialversicherungen **sind für die Beitragszahler zwar teuer, aber notwendig. Setzen Sie die prozentualen Anteile der Beiträge zu den einzelnen Sozialversicherungen in folgende Tabelle ein.**

Sozialversicherung	Arbeitnehmer	Arbeitgeber
Krankenversicherung		
Unfallversicherung		
Rentenversicherung		
Arbeitslosenversicherung		
Pflegeversicherung		

15. In welchem Gesetzeswerk wird die Sozialversicherung **ausführlich behandelt?**

Ⓐ Bürgerliches Gesetzbuch BGB

Ⓑ Sozialgesetzbuch SGB

Ⓒ Handelsgesetzbuch HGB

Ⓓ Strafgesetzbuch StGB

Ⓔ Grundgesetz GG

16. Warum wurde der Sozialversicherungsausweis **am 1. Juli 1991 eingeführt?**
Kreuzen Sie die drei richtigen Antworten an. Zur:

Ⓐ Verhinderung von Schwarzarbeit

Ⓑ Verhinderung von illegaler Beschäftigung

Ⓒ Verhinderung der Beschaffung von zusätzlichen Urlaubstagen

Ⓓ Ermöglichung mehrerer Beschäftigungsverhältnisse

Ⓔ Anspruchsberechtigung auf Unfallrente

Ⓕ Verhinderung von missbräuchlichem Bezug von Sozialleistungen

12

Berufsausbildung und Sozialversicherungen

17. Kreuzen Sie die drei richtigen Antworten an. Eine Versicherungskarte **der Kran-
kenkasse bekommt:**

- Ⓐ nur der Familienvater
- Ⓑ nur ein Erwerbstätiger
- Ⓒ jedes Mitglied
- Ⓓ jede mitversicherte Person
- Ⓔ auch ein minderjähriges Kind

18. Nennen Sie einige Träger der gesetzlichen Krankenversicherung**.**

19. Drei Leistungen der gesetzlichen Krankenversicherung **sind die Lohnfortzahlung,
das Krankengeld und die Mutterschaftshilfe.. Erläutern Sie diese Begriffe.**

20. Kreuzen Sie die fünf Personengruppen an, die in der gesetzlichen Krankenversicherung **pflichtversichert sein müssen.**

- Ⓐ Auszubildende
- Ⓑ Millionäre
- Ⓒ Ärzte
- Ⓓ Angestellte
- Ⓔ Arbeiter
- Ⓕ Architekten
- Ⓖ Künstler
- Ⓗ Arbeitslose
- Ⓘ Rentner mit Einkommen bis zur Beitragsbemessungsgrenze
- Ⓙ Minister

21. Wer ist Träger der Arbeitslosenversicherung**?**

- Ⓐ Arbeitgeber
- Ⓑ Berufsberatung
- Ⓒ Bundesagentur für Arbeit
- Ⓓ Sozialamt
- Ⓔ Arbeitsagentur

22. Die Arbeitslosenversicherung **erbringt verschiedene Leistungen.
Nennen Sie fünf Beispiele.**

23. Was ist für die Gewährung des Arbeitslosengeldes **entscheidend?**

- Ⓐ Der Arbeitslose meldet sich unverzüglich bei der Arbeitsagentur.
- Ⓑ Der Arbeitslose beantragt verschiedene Leistungen persönlich.
- Ⓒ Der Arbeitgeber meldet seinen Mitarbeiter arbeitslos.
- Ⓓ Der Arbeitgeber muss seinen Mitarbeiter bei der Arbeitsagentur melden.
- Ⓔ Man bekommt rückwirkend Leistungen von der Arbeitsagentur.
- Ⓕ Es ist nicht wichtig, sich sofort bei der Arbeitsagentur zu melden.

12

24. **Welcher Zweig der** Sozialversicherung **wird während eines wirtschaftlichen Abschwungs besonders in Anspruch genommen?**

Ⓐ Unfallversicherung
Ⓑ Krankenversicherung
Ⓒ Arbeitslosenversicherung
Ⓓ Rentenversicherung
Ⓔ Pflichtversicherung

25. **Wer ist der Träger der gesetzlichen** Rentenversicherung**? Kreuzen Sie die vier richtigen Antworten an.**

Ⓐ Allianz-Versicherung
Ⓑ Bundesversicherungsanstalt
Ⓒ Bundesknappschaft
Ⓓ Bundesvereinigungen der Versicherungen
Ⓔ Bundeskasse für Beamte
Ⓕ Landwirtschaftliche Alterskasse
Ⓖ Landesversicherungsanstalt

26. **Welche Gründe hat der große Unterschied zwischen Männer- und Frauen**renten**? Kreuzen Sie die drei richtigen Antworten an.**

Ⓐ Viele Frauen sind nach der Geburt der Kinder nicht mehr erwerbstätig.
Ⓑ Männer sind bessere Führungskräfte.
Ⓒ Frauen arbeiten oft in Branchen mit geringeren Verdienstmöglichkeiten.
Ⓓ Frauen haben seltener als Männer Aufstiegschancen.
Ⓔ Männer können logischer denken als Frauen.

27. **Welche Leistungen gewährt die** Rentenversicherung**? Kreuzen Sie die drei richtigen Antworten an.**

Ⓐ Rentenzahlung
Ⓑ Lohnfortzahlung
Ⓒ Berufsförderung
Ⓓ Wohnungsgeld
Ⓔ Rehabilitation

28. **Eine Gesellin aus Ihrem Betrieb hat ihren 61. Geburtstag gefeiert. Nun trägt sie sich mit dem Gedanken, ihr** Altersruhegeld **zu beantragen. Wovon wird die Höhe ihrer Rente abhängig sein? Kreuzen Sie die** nicht **zutreffende Antwort an.**

Ⓐ von der Anzahl der Versicherungsjahre
Ⓑ vom Steigerungssatz für jedes anrechnungsfähige Versicherungsjahr
Ⓒ von den freiwillig gezahlten Beiträgen in die private Rentenversicherung
Ⓓ von der allgemeinen Bemessungsgrundlage
Ⓔ von der persönlichen Bemessungsgrundlage

12

Berufsausbildung und Sozialversicherungen

29. Wer ist der Träger der gesetzlichen Unfallversicherung?
- Ⓐ Landesversicherungsanstalt
- Ⓑ Vereinigung für das Unfallversicherungswesen
- Ⓒ Bundesversicherungsanstalt
- Ⓓ Berufsgenossenschaften
- Ⓔ Deutsche Unfallversicherungsgesellschaft

30. Wer bezahlt die Beiträge zur gesetzlichen Unfallversicherung?
- Ⓐ Arbeitgeber und Arbeitnehmer je zur Hälfte
- Ⓑ Arbeitgeber
- Ⓒ Arbeitnehmer
- Ⓓ zwei Drittel Arbeitgeber, ein Drittel Arbeitnehmer
- Ⓔ ein Drittel Arbeitgeber, zwei Drittel Arbeitnehmer
- Ⓕ Gewerkschaften

31. Wonach richtet sich die Höhe der Beiträge zur gesetzlichen Unfallversicherung?
Sie richtet sich nach:
- Ⓐ der Anzahl der Beschäftigten
- Ⓑ dem Verdienst der Beschäftigten
- Ⓒ dem Umsatz des Salons
- Ⓓ der Jahreslohnsumme und der Gefahrenklasse des Betriebes
- Ⓔ dem Jahresrohgewinn des Betriebes

32. Wer ist für die Sicherheit im Betrieb zuständig?
- Ⓐ das Gewerbeaufsichtsamt
- Ⓑ der Betriebsinhaber
- Ⓒ die Berufsgenossenschaft
- Ⓓ der Arbeitgeber und jeder Arbeitnehmer
- Ⓔ die zuständige Gewerkschaft

33. Durch wen wird die Einhaltung und Beachtung der Unfallverhütungsvorschriften
überwacht? Durch die:
- Ⓐ Versicherungsträger der Unfallversicherung
- Ⓑ Krankenkassen
- Ⓒ Betriebsinhaber
- Ⓓ Handwerkskammern
- Ⓔ Beamten des Gewerbeaufsichtsamtes

34. Innerhalb welcher Frist müssen Arbeitsunfälle bei der Berufsgenossenschaft und
beim Gewerbeaufsichtsamt gemeldet werden? Innerhalb von:
- Ⓐ 3 Tagen
- Ⓑ 24 Stunden
- Ⓒ 3 Wochen
- Ⓓ 14 Tagen
- Ⓔ 5 Tagen
- Ⓕ 1 Woche

12

35. Nennen Sie Gründe für die Einführung der Pflegeversicherung.

_____

_____

_____

36. Wann wurde die Pflegeversicherung als gesetzliche Sozialversicherung eingeführt?

Ⓐ 1. Juli 1996
Ⓑ 1. Januar 1994
Ⓒ 1. Januar 1995
Ⓓ 1. Juli 1995
Ⓔ 1. Oktober 1994

37. Wer ist pflegeversicherungspflichtig?

Ⓐ alle Arbeitnehmer
Ⓑ alle Arbeitnehmer und Arbeitgeber über 50 Jahre
Ⓒ alle Rentner und Pensionäre
Ⓓ alle Krankenversicherungspflichtige
Ⓔ alle Frauen ab dem 45. Lebensjahr

38. Welche Leistungen erbringt die Pflegeversicherung?
Kreuzen Sie die drei richtigen Antworten an.

Ⓐ bei häuslicher Pflege Pflegegeld je nach Grad der Bedürftigkeit zwischen 205,00 und 665,00 EUR monatlich
Ⓑ bei häuslicher Pflege Pflegegeld je nach Grad der Bedürftigkeit zwischen 205,00 und 920,00 EUR monatlich
Ⓒ bei stationärer Pflege Erstattung der Pflegekosten von durchschnittlich 1432,00 EUR monatlich
Ⓓ bei stationärer Pflege Erstattung der Pflegekosten von durchschnittlich 1022,00 EUR monatlich
Ⓔ bei häuslicher Pflege Sachleistungen zwischen 384,00 und 1432,00 EUR monatlich

39. Worin unterscheiden sich die Privatversicherungen von den Sozialversicherungen?

40. Die Privatversicherungen (Individualversicherungen) sind in die drei Gruppen Personen-, Sach- und Vermögensversicherungen unterteilt. Ordnen Sie der jeweiligen Gruppe die folgenden Versicherungen zu:
Einbruchdiebstahlversicherung, Haftpflichtversicherung, Hausratversicherung, Kreditversicherung, Lebensversicherung, Mietausfallversicherung, private Krankenversicherung, private Unfallversicherung, Rechtsschutzversicherung, Sturmversicherung, Transportversicherung

12

Berufsausbildung und Sozialversicherungen

41. Kreuzen Sie die zwei richtigen Antworten an. Die Privatversicherungen sind:

Ⓐ verpflichtend für alle
Ⓑ eine Absicherung vor vielfältigen Risiken
Ⓒ ein Schutz gegen Arbeitsplatzverlust
Ⓓ eine Ergänzung zu Sozialleistungen

42. Kreuzen Sie die zwei richtigen Antworten an. Der Generationenvertrag:

Ⓐ wird zwischen Eltern und Kindern abgeschlossen
Ⓑ besagt, dass die Erwerbstätigen die Rentner finanzieren
Ⓒ ist ein Beitrag zur Solidargemeinschaft
Ⓓ trifft nur für Paare mit Kindern zu

43. Zu welchem Zweck wurde die Sozialhilfe eingeführt?
Kreuzen Sie die zwei richtigen Antworten an.

Ⓐ um Arbeitsunwilligen Unterstützung zu gewähren
Ⓑ Sie soll Sozialhilfeempfängern ein menschenwürdiges Leben ermöglichen.
Ⓒ Sie soll Menschen unterstützen, die ohne Selbstverschulden in Not geraten sind.
Ⓓ zur Unterstützung von Studenten am Studienort

44. Kreuzen Sie die richtige Antwort an. Sozialgerichte vertreten die Interessen der Bürger:

Ⓐ bei Nachbarschaftsstreitigkeiten
Ⓑ bei Ehescheidungen
Ⓒ gegenüber Verwaltungen
Ⓓ bei Steuerhinterziehung

Arbeitsschutz

45. Nennen Sie Institutionen, die für den Arbeitsschutz verantwortlich sind.

_____

_____

_____

_____

_____

_____

12

46. Warum ist Arbeitsschutz notwendig?

---

47. Führen Sie ein Beispiel aus dem Friseurbereich an, das den Sinn der Arbeitszeiten-schutzregelung als notwendig erscheinen lässt.

---

48. Für Frauen kennt die Gesetzgebung besondere Arbeitsschutzbestimmungen. Welche Veranlassungen können dafür vorliegen?

---

49. Welchen Gefahren sind Sie an Ihrem Arbeitsplatz ausgesetzt?

Ⓐ Gasen
Ⓑ Skelett-Belastungen
Ⓒ Herz-, Kreislauf-, Lungenbelastungen
Ⓓ Schwingungen
Ⓔ Gerüchen, Geräuschen
Ⓕ Strahlung

50. Welche Gesetze bzw. Vorschriften sichern den Arbeitsschutz? Kreuzen Sie die fünf richtigen Antworten an.

Ⓐ Arbeitssicherheitsgesetz
Ⓑ Grundgesetz
Ⓒ Verordnung über gefährliche Arbeitsstoffe
Ⓓ Arbeitsstättenverordnung
Ⓔ Berufsbildungsgesetz
Ⓕ Maschinenschutzgesetz
Ⓖ Mutterschutzgesetz

12

Arbeitsschutz

51. Kreuzen Sie die drei richtigen Antworten an.
Für den Arbeitsschutz sind folgende Stellen zuständig:

- Ⓐ   Handwerkskammer
- Ⓑ   Gewerbeaufsichtsamt
- Ⓒ   Technischer Überwachungsverein
- Ⓓ   Gesundheitsamt
- Ⓔ   Berufsgenossenschaft
- Ⓕ   Amtsgericht

52. Durch welche Maßnahmen kann die Arbeitssituation der Frauen erleichtert werden?

53. Die Abbildung gibt Informationen über den Mutterschutz. Ergänzen Sie die Überschriften mit folgenden Begriffen:
Keine Arbeiten, die Mutter und Kind gefährden; Mutterschaftsurlaub sechs Wochen vor der Entbindung bis 8 bzw. 12 Wochen nach der Entbindung; Mutterschaftsvorsorge, Mutterschaftsgeld; zwei Jahre, auf Antrag der Eltern drei Jahre; bei Teilerwerbstätigkeit bis zu 24 Monaten; während der Schwangerschaft bis 4 Monate, bei Mutterschaftsurlaub bis acht Monate

	Gefahrenschutz	Mutterschutz
Kündigungsschutz		Leistungen der Krankenkassen bei Schwangerschaft und Mutterschutz
Schutzfrist	Elternzeit Erziehungsgeld	

54. Sylvia R. ist Friseurin. Während der Arbeit geht sie oft in den Sozialraum und lässt Kunden warten. Sie ist schwanger und es ist ihr häufig übel. Ihr Chef akzeptiert diese Situation nicht und kündigt ihr. Kreuzen Sie die zwei richtigen Antworten an.

Ⓐ Der Chef ist im Recht.
Ⓑ Die Kündigung verstößt gegen das Mutterschutzgesetz.
Ⓒ Sylvia R. hätte sich krankschreiben lassen sollen, dann wäre ihr kein Versäumnis vorzuwerfen.
Ⓓ Sylvia R. sollte die Kündigung nicht akzeptieren.

55. Sylvia R. hat vor 5 Wochen ihr Kind bekommen. Nun ruft der Chef an und fragt, ob sie in der nächsten Woche wieder zur Arbeit komme. Kreuzen Sie die richtige Antwort an.

Ⓐ Das Mutterschutzgesetz beinhaltet ein Beschäftigungsverbot von 6 Wochen vor der Entbindung und 8 bzw. 12 Wochen nach der Entbindung.
Ⓑ Sylvia R. muss nach 4 Wochen wieder arbeiten.
Ⓒ Sylvia R. muss nach 4 Wochen wieder arbeiten, wenn ein Kollege im Salon erkrankt ist.

56. Nach Ablauf des Beschäftigungsverbotes schließt Sylvia R. eine Elternzeit von zwölf Monaten an. Kreuzen Sie die zwei richtigen Antworten an.

Ⓐ Ihr Chef ist ungehalten und kündigt ihr zu Recht.
Ⓑ Sylvia R. hat einen Rechtsanspruch auf die Elternzeit.
Ⓒ Während der Elternzeit steht sie unter Kündigungsschutz.
Ⓓ Auch der Ehemann steht in dieser Zeit unter Kündigungsschutz.

57. Während der Elternzeit gelten besondere Bestimmungen. Kreuzen Sie die drei richtigen Antworten an.

Ⓐ Kranken- und Arbeitslosenversicherung laufen beitragsfrei weiter.
Ⓑ Kündigungen sind nicht möglich.
Ⓒ Kündigungen zum Ende der Elternzeit sind möglich unter Einbehaltung einer Kündigungsfrist.
Ⓓ Die Rentenversicherung wird auf die Dauer der gesamten Elternzeit angerechnet.
Ⓔ Bei der Rentenversicherung wird das 1. Lebensjahr des Kindes als Versicherungszeit angerechnet.

58. Laut Jugendarbeitsschutzgesetz ist die Beschäftigung von Jugendlichen unter:

Ⓐ 15 Jahren
Ⓑ 16 Jahren
Ⓒ 14 Jahren
Ⓓ 12 Jahren

verboten.

12

Arbeitsschutz

59. Das Jugendarbeitsschutzgesetz beinhaltet wichtige Regelungen für den Jugendlichen in Ausbildung und Beruf. Ordnen Sie folgende Paragrafen den unten ste-
henden Bestimmungen zu:

Arbeitszeit § 12, ärztliche Untersuchungen § 32ff., Berufsschule § 9, Ruhepausen § 11

8 Stunden täglich; 40 Stunden wöchentlich; 5 Tage in der Woche   _____

15 Min. bei bis zu 4 1/2-stündiger ununterbrochener Arbeitszeit
30 Min. bei 4 1/2- bis 6 1/2-stündiger Arbeitszeit
60 Min. bei mehr als 6-stündiger Arbeitszeit   _____

Freistellung für den Berufsschulunterricht
Beschäftigungsverbot, wenn der Unterricht vor 9.00 Uhr beginnt
und länger als 5 Stunden dauert; diese Regelung gilt einmal pro
Woche (Sonderregelung bei Blockunterricht!)   _____

Erstuntersuchung vor Beginn der Beschäftigung;
Nachuntersuchung 1 Jahr nach Aufnahme der Beschäftigung   _____

60. Welche Schutzbestimmungen sieht das Jugendarbeitsschutzgesetz im Rahmen
der Ruhepausen vor?

Ⓐ   120 Minuten bei 8 Stunden Arbeit
Ⓑ   60 Minuten Mittagspause
Ⓒ   60 Minuten bei mehr als 6-stündiger Arbeitszeit
Ⓓ   15 Minuten bei 5-stündiger Arbeitszeit

61. Die 17-jährige Karin T. ist Auszubildende im Friseursalon Werner. Am Dienstag und
Freitag besucht sie die Berufsschule in der Zeit von 7.45–12.45 Uhr.
Nachmittags ist sie zu Hause. Friseurmeister Werner fordert sie auf, zukünftig
auch an diesen Nachmittagen im Salon zu erscheinen. Außerdem soll sie am Mon-
tag für zwei Stunden kommen, an dem er den Salon ab 14.00 Uhr geöffnet hat.
Klären Sie die Situation Karins mit Hilfe des Jugendarbeitsschutzgesetzes.

62. An wen kann sich Karin T. wenden, um ihre Rechte durchzusetzen?
Kreuzen Sie die drei richtigen Antworten an.

Ⓐ   Gewerbeaufsichtsamt
Ⓑ   Ordnungsamt
Ⓒ   Lehrlingswart der Innung
Ⓓ   Arbeitsagentur
Ⓔ   Ausbildungsabteilung der Kreishandwerkerschaft
Ⓕ   Gewerkschaft

63. Welche Personengruppen kennen Sie, die einen besonderen Kündigungsschutz
haben?

64. Sie halten eine Kündigung für ungerechtfertigt. Was können Sie tun?

12

65. **Erklären Sie die Begriffe Rechts- und Geschäftsfähigkeit mit je zwei Beispielen.**

66. **Die Rechtsfähigkeit natürlicher Personen beginnt:**

Ⓐ mit dem 6. Lebensjahr
Ⓑ mit Vollendung des 18. Lebensjahres
Ⓒ mit der Geburt
Ⓓ mit dem 14. Lebensjahr
Ⓔ mit Vollendung des 21. Lebensjahres

67. **Kreuzen Sie die beiden richtigen Antworten an. Juristische Personen entstehen:**

Ⓐ durch Geburt
Ⓑ durch einen Verwaltungsakt
Ⓒ durch ein Gesetz
Ⓓ durch Ausübung juristischer Tätigkeiten
Ⓔ durch Eintragung in das Handelsregister

68. **Kreuzen Sie an, in welchen zwei Fällen es sich um eine juristische Person handelt.**

Ⓐ ARD
Ⓑ Friseurmeister Werner
Ⓒ Richter am Amtsgericht
Ⓓ Friseursalon „Föhnwelle 2000 GmbH"
Ⓔ Handwerkskammer Berlin

69. **Ab welchem Lebensjahr ist eine Person beschränkt geschäftsfähig?**

Ⓐ mit dem 5. Lebensjahr
Ⓑ mit der Volljährigkeit
Ⓒ mit der Geburt
Ⓓ ab dem 7. Lebensjahr
Ⓔ mit Vollendung des 16. Lebensjahres

70. **Als 18-Jährige/r sind Sie voll geschäftsfähig und können z. B. einen Ausbildungs-vertrag ohne Zustimmung des gesetzlichen Vertreters abschließen. Erklären Sie den Begriff „voll geschäftsfähig".**

71. **Kreuzen Sie die zwei richtigen Antworten an. Wer ist geschäftsunfähig?**

Ⓐ Personen, die entmündigt sind
Ⓑ Personen, die das 14. Lebensjahr noch nicht erreicht haben
Ⓒ Personen, die das 21. Lebensjahr noch nicht erreicht haben
Ⓓ Personen, die das 7. Lebensjahr noch nicht erreicht haben
Ⓔ Personen, die das 18. Lebensjahr noch nicht erreicht haben

12

Vertragsrecht

72. Kreuzen Sie an, ob es sich in den folgenden Fällen um einseitige oder zweiseitige Rechtsgeschäfte handelt.

Art des Rechtsgeschäftes	einseitig	zweiseitig
Kündigung durch den Arbeitgeber		
Fahrradkauf		
Ausbildungsvertrag		
Testament		
Schenkung		
Arbeitsvertrag		
Anmietung einer Garage		
Ehevertrag		

73. In welcher Form können bzw. müssen Rechtsgeschäfte abgeschlossen werden?

74. Warum ist es ratsam, wichtige Verträge schriftlich abzuschließen?

75. Bei welchem Vertrag ist die Schriftform gesetzlich vorgeschrieben?

Ⓒ Autokauf
Ⓓ Berufsausbildungsvertrag
Ⓔ Kauf einer CD
Ⓕ Kauf eines Kleides
Ⓖ Kauf einer Ladeneinrichtung

76. In welchem Gesetzbuch stehen die Verträge des täglichen Lebens?

Ⓒ HGB
Ⓓ StGB
Ⓔ BGB
Ⓕ StVO
Ⓖ SGB

77. Welches Alter muss eine Person mindestens haben, um rechtsgültige Verträge abschließen zu dürfen?

Ⓒ 21 Jahre
Ⓓ 9 Jahre
Ⓔ 16 Jahre
Ⓕ 25 Jahre
Ⓖ 18 Jahre

78. Kreuzen Sie die drei richtigen Antworten an. Ein Vertrag ist von Anfang an nichtig:

Ⓒ bei Geschäftsunfähigkeit
Ⓓ bei arglistiger Täuschung
Ⓔ bei Formmangel
Ⓕ bei Volljährigkeit
Ⓖ bei widerrechtlicher Drohung

12

79. Kreuzen Sie die zwei richtigen Antworten an. Ein Vertrag ist fristgerecht anfechtbar:

- Ⓐ bei Verstoß gegen die guten Sitten
- Ⓑ bei Scheingeschäften
- Ⓒ bei Inhaltsirrtum
- Ⓓ bei arglistiger Täuschung
- Ⓔ bei einem Übermittlungsirrtum

80. Welche Bedingungen sollte ein Kaufvertrag enthalten, damit der Vertrag reibungslos abgewickelt werden kann?

_____

_____

81. Ordnen Sie zu, welche Pflichten sich aus dem Kaufvertrag für den Käufer und Verkäufer ergeben:
Annahme der Ware, Annahme des Kaufpreises, Eigentumsübertragung, Lieferung und Übergabe der Ware, Zahlung des Kaufpreises

82. Kreuzen Sie die zwei Fälle an, in denen ein Kaufvertrag zustande gekommen ist.

- Ⓐ bei einem Angebot des Verkäufers und sofortiger Bestellung des Käufers
- Ⓑ bei einer Anfrage des Käufers und einer Bestellung des Käufers
- Ⓒ bei einem Angebot des Verkäufers und einer abgeänderten Bestellung durch den Käufer
- Ⓓ bei einer Bestellung durch den Käufer und einer Auftragsbestätigung durch den Verkäufer
- Ⓔ bei einer Anfrage des Käufers und dem Zusenden einer Preisliste durch den Verkäufer

83. In welchen Fällen ist der Kaufvertrag nichtig und wann anfechtbar?

Fall	nichtig	anfechtbar
Ein 6-jähriger Junge kauft ohne Wissen und Zustimmung der Eltern einen Baukasten.		
Ein Unternehmer erwirbt ein Patent und stellt fest, dass es nicht verwertbar ist.		
Der Vertrag über den Kauf eines Grundstücks wird sofort nach der ersten Besichtigung schriftlich abgeschlossen und von Käufer und Veräußerer unterschrieben.		
Eine Kosmetikfabrik wollte ein Produkt für 42 EUR anbieten, hat aber auf das versandte Fax irrtümlich 24 EUR geschrieben. Der Kunde bestellt zu dem Preis.		
Während einer „Zechtour" verkauft ein betrunkener Handwerksmeister sein neues Auto.		

12

Vertragsrecht

84. Nennen Sie Gründe, die zu einer Störung des Kaufvertrages führen können.

85. Welche Rechte hat der Verkäufer bei Nicht-Rechtzeitig-Zahlung?

86. Nennen Sie die Rechte des Käufers bei Nicht-Rechtzeitig-Lieferung.

87. Welches Recht wird Friseurmeister Werner bei Nicht-Rechtzeitig-Lieferung geltend machen, wenn

   – die Preise für Konsumartikel inzwischen gestiegen sind?
   – die Preise für Konsumartikel inzwischen gefallen sind?
   – nachweisbar ein Schaden entstanden ist?

88. Nennen Sie die Rechte des Verkäufers beim Gläubigerverzug.

89. In welchen Fällen wird ein Verkäufer auf Annahme der Ware bestehen?

90. Bei Lieferung mangelhafter Ware hat der Käufer das Recht

   Ⓐ   der Versteigerung
   Ⓑ   der Beseitigung des Mangels
   Ⓒ   des Notverkaufs
   Ⓓ   der Lieferung einer mangelfreien Ware
   Ⓔ   des billigeren Verkaufs auf Kosten des Lieferers

91. Bei Vorliegen einer Mängelrüge hat der Käufer die Wahl zwischen verschiedenen Rechten. Von welchem Recht würden Sie als Käufer in den folgenden Fällen Gebrauch machen?

                                                                  Rechte

   – Friseurmeister Werner wird ein Spiegel mit einem
     „blinden" Fleck geliefert, der die Verwendungs-
     möglichkeit stark einschränkt.   _____

   – Friseurmeister Werner stellt fest, dass die bestellten
     Handtücher kleine Webfehler aufweisen.   _____

   – Friseurmeister Werner hat 20 l Pflegeshampoo bestellt
     und erhält stattdessen 20 l Normalshampoo. Der Preis
     für das Pflegeshampoo ist mittlerweile gefallen.   _____

92. Welchen Zweck soll das außergerichtliche Mahnverfahren erfüllen?

93. In welchem Fall sollte ein Gläubiger ein gerichtliches Mahnverfahren beantragen?

12

94. **Ordnen Sie die folgenden Verträge dem jeweiligen Sachverhalt zu:**
    Darlehnsvertrag, Dienstvertrag, Kaufvertrag, Pachtvertrag, Werkvertrag, Werklieferungsvertrag

                                                                           Vertrag

   – Friseurmeister Werner will seinen Salon
     vergrößern und kauft deshalb ein Haus.   _____

   – Zur Finanzierung des Hauskaufs hat Friseurmeister
     Werner bei der Sparkasse einen Kredit aufgenommen.   _____

   – Für die neuen Geschäftsräume bestellt Friseurmeister
     Werner bei der Baumontagen GmbH zur Lieferung und
     zum Einbau neue Fenster und eine Eingangstür.   _____

   – Auf dem Dach des Hauses sind einige Dachziegel defekt.
     Friseurmeister Werner bestellt einen Dachdecker und bittet
     ihn, die auf dem Dachboden lagernden Dachziegel zu benutzen.   _____

   – Das zu seinem Haus gehörende Grundstück ist sehr
     klein. Daher vereinbart Friseurmeister Werner mit dem
     Nachbarn die Nutzung des angrenzenden Obstgartens
     gegen Entgelt.   _____

   – Für seinen Sohn vereinbart Friseurmeister Werner mit
     einem Mathematiklehrer 20 Stunden Nachhilfeunterricht.   _____

95. **Welches Ziel verfolgt das** „Gesetz zur Regelung allgemeiner Geschäftsbedingungen"?

96. **Nennen Sie mindestens drei** gesetzliche **Regelungen zum** Schutz des Verbrauchers.

97. **Eine Kundin möchte sich ein Haarteil anfertigen lassen. Dazu kann das Eigenhaar verwendet werden oder sie wählt Haare aus dem Sortiment des Friseursalons. Worin liegt der Unterschied zwischen einem** Werkvertrag **und einem** Werklieferungsvertrag?

Werkvertrag   **Werklieferungsvertrag**

_____   _____

_____   _____

_____   _____

12

Vertragsrecht

98. **Zur Adventszeit wird zusätzlich eine Friseurin vertraglich beschäftigt. Eine weitere Zusatzkraft soll das Schaufenster weihnachtlich dekorieren. Wodurch unterscheiden sich der Dienst- und der Werkvertrag?**

---

99. **Ein Arbeitsvertrag sollte abgeschlossen werden:**

   Ⓐ formlos
   Ⓑ fernmündlich
   Ⓒ mit Hilfe des Notars
   Ⓓ schriftlich
   Ⓔ per Handschlag

100. **Zu den Verträgen des täglichen Lebens gehört der „Kauf auf Raten". Welches besondere Recht räumt das Verbraucherkreditgesetz dem Verbraucher beim Ratenkauf ein?**

101. **1964 wurde von der Bundesregierung die Stiftung Warentest gegründet. Welche Aufgaben hat diese Einrichtung?**

Bedürfnisse und Güter

102. **Erklären Sie den Begriff „Bedürfnis".**

103. **Listen Sie die Bedürfnisarten auf und geben Sie dazu jeweils ein Beispiel an.**

104. **Ordnen Sie die folgenden Begriffe den Individualbedürfnissen und den Kollektivbedürfnissen zu:**
   Autobahn, Freizeitzentrum, Krankenversorgung, Make-up, Mantel, Nahrung, Schmuck, Schutz und Sicherheit, Tageszeitung, Verkehrswesen, Wohnung

105. **Mit Hilfe von Gütern kann der Mensch seine Bedürfnisse befriedigen. Welche Güterart produziert das Friseurhandwerk?**

106. **Unterscheiden Sie zwischen Produktions- und Konsumgütern.**

12

107. Welche Aussagen treffen auf freie Güter, welche auf wirtschaftliche Güter zu?

	freie Güter	wirtschaftliche Güter
Sie werden produziert.		
Sie kommen in der Natur vor.		
Sie haben einen Preis.		
Sie verursachen Kosten.		
Sie sind in Überfluss vorhanden.		

108. Um welche Güterarten handelt es sich in den folgenden Fällen. Ordnen Sie folgende Güterarten den Sachverhalten zu:
Dienstleistung, freies Gut, Konsumgut, Produktionsgut als Gebrauchsgut, Produktionsgut als Verbrauchsgut

                                                                    Güterart

Ein Wanderer trinkt Wasser aus einem Gebirgsbach.   _____

Ein Unternehmer kauft einen LKW.   _____

Ein Schüler kauft eine CD von seiner Lieblingsband.   _____

Landwirt Otto behält aus der Getreideernte Saatgut zurück.   _____

Ein Rechtsanwalt berät einen Klienten.   _____

Verbrauch von Kerosin bei einer Fluggesellschaft.   _____

109. Güterknappheit bedeutet, dass:

- Ⓐ der Lebensstandard der Bevölkerung sicher immer mehr steigert
- Ⓑ genügend Güter vorhanden sind, um alle Bedürfnisse zu befriedigen
- Ⓒ nicht alle Güter in ausreichendem Maße zur Verfügung stehen, um alle Bedürfnisse zu befriedigen
- Ⓓ die Befriedigung von Bedürfnissen immer notwendig sein wird
- Ⓔ die Güter durch Ge- und Verbrauch ständig aufgezehrt werden

110. Wodurch unterscheiden sich Dienstleistungen von Sachgütern?

111. Wie heißt das Grundprinzip des rationalen Handelns?

- Ⓐ Maximalprinzip
- Ⓑ Gleichheitsprinzip
- Ⓒ Minimalprinzip
- Ⓓ ökonomisches Prinzip
- Ⓔ parteipolitisches Prinzip

112. Erklären Sie das Minimalprinzip und das Maximalprinzip.

12

Betrieb als rechtliche und soziale Organisation

113. In welcher Rechtsform werden die meisten Friseurbetriebe geführt?

114. Erklären Sie die wesentlichen Unterschiedsmerkmale zwischen einem Einzelunternehmen und einer Personengesellschaft.

115. Verdeutlichen Sie den wesentlichen Unterschied zwischen einer oHG und einer KG.

116. Die Mitarbeiter des Friseursalons Werner hat das „Lottofieber" ergriffen. Sie haben deshalb eine Tippgemeinschaft gegründet. Wie heißt diese Gesellschaftsform?

Ⓐ HGB-Gesellschaft
Ⓑ Kapitalgesellschaft
Ⓒ DGB-Gesellschaft
Ⓓ GbR-Gesellschaft
Ⓔ GmbH-Gesellschaft

117. Welche der genannten Unternehmensformen sind keine Personengesellschaften?
Kreuzen Sie die zwei richtigen Antworten an.

Ⓐ KG
Ⓑ GmbH
Ⓒ Einzelunternehmen
Ⓓ OHG
Ⓔ stille Gesellschaft

118. Wie haftet ein OHG-Gesellschafter?

Ⓐ nur mit dem Geschäftsvermögen
Ⓑ bis zur Höhe seiner Lebensversicherung
Ⓒ nur mit dem Privatvermögen
Ⓓ bis zur Höhe seiner Einlage
Ⓔ mit Privat- und Geschäftsvermögen

119. Bei welchen Unternehmensformen haftet der Gesellschafter nur mit seiner Einlage? Kreuzen Sie die drei richtigen Antworten an.

Ⓐ OHG
Ⓑ GmbH
Ⓒ Einzelunternehmen
Ⓓ AG
Ⓔ Genossenschaft

120. Zu welchem Zweck werden Genossenschaften gegründet?

121. Nennen Sie vier Aufgaben einer Handwerkskammer.

12

Betrieb als rechtliche und soziale Organisation

122. Welche „Rollen" werden bei einer Handwerkskammer geführt?
Kreuzen Sie die zwei richtigen Antworten an.

Ⓐ Gildenrolle
Ⓑ Lehrlingsrolle
Ⓒ Innungsrolle
Ⓓ Handwerksrolle
Ⓔ Bruderschaftsrolle

123. Ordnen Sie die einzelnen Institutionen durch Ankreuzen der fachlichen bzw. regionalen Ebene zu:

	fachlich	regional		fachlich	regional
Deutscher Handwerkskammertag			Landesinnungsverbände		
Innung			Landeshandwerkskammertag		
Handwerkskammer					
Bundesvereinigung der Fachverbände des Deutschen Handwerks			Bundesinnungsverbände		
			Kreishandwerkerschaft		

124. Durch wen wird der Zentralverband des Deutschen Handwerks gebildet?

125. Wer steht an der Spitze einer Innung?

Ⓐ Gesellenwart
Ⓑ Lehrlingswart
Ⓒ Obermeister
Ⓓ Prüfungs-Ausschussvorsitzender
Ⓔ Schatzmeister der Innung

126. Nennen Sie die Aufgaben, welche die Innungen und Handwerkskammern im Rahmen der Berufsausbildung haben.

12

Betrieb als rechtliche und soziale Organisation

127. Welche Aufgaben im Handwerk gehören in den Aufgabenbereich der Innung, der Kreishandwerkerschaft und der Handwerkskammer? Ordnen Sie die Aufgaben durch Ankreuzen zu.

	Innung	Kreis-handwerkerschaft	Kammern
Meisterprüfungen abnehmen			
Gesellenprüfungen abnehmen			
Überwachung der fachlichen Eignung des Ausbilders			
fachliche Interessen der Mitglieder wahrnehmen			
Interessen der Handwerker auf Kreisebene vertreten			
führt auf Wunsch die Geschäfte der Innung			
Ausbildungsverzeichnis führen			

128. Wie heißt die fachliche Interessenvertretung der Innungen auf Landesebene?

  Ⓐ   Landeshandwerksvertretung
  Ⓑ   Zentralverband des Deutschen Handwerks
  Ⓒ   Regionaler Kammertag
  Ⓓ   Landesinnungsverband/Fachverband
  Ⓔ   Zentralfachverband

129. Welche der nachstehenden Interessenverbände gehören zu den überfachlichen (berufsständigen) Organisationen des Handwerks? Kreuzen Sie die zwei richtigen Antworten an:

  Ⓐ   Innung
  Ⓑ   Kreishandwerkerschaft
  Ⓒ   Landesinnungsverband
  Ⓓ   Gewerkschaft
  Ⓔ   Handwerkskammern

12

130. Ermitteln Sie mit Hilfe des nachstehenden Schaubildes die Spitzenorganisationen

– des Handwerks:

_____

– des Handels:

_____

– der Industrie:

_____

– der Arbeitgeber:

_____

Die Organisation der gewerblichen Wirtschaft

© Erich Schmidt Verlag

ZAHLENBILDER

236 110

131. Welche Aufgaben hat das Geld?

132. Es gibt drei Zahlungsarten: bar, halbbar und bargeldlos.
Kreuzen Sie die jeweils richtige Zahlungsart an.

	bar	halbbar	bargeldlos
Barscheck			
Verrechnungsscheck			
Einzugsermächtigung			
Minuten-Service			
Zahlschein			
Dauerauftrag			
Geldbote			
Zahlungsanweisung			
Abbuchungsauftrag			
Überweisung			
Zahlung per Kreditkarte			
durch Expressbrief			
durch telegrafische Anweisung			

12

Geld und Zahlungsverkehr

133. **Ihre Freundin ist im Urlaub. Unvorhersehbar benötigt sie an ihrem Urlaubsort für eine Reparatur an ihrem Auto dringend Geld. Wie können Sie ihr auf sicherem Wege das Geld zukommen lassen?**

  Ⓐ das Geld in einen Umschlag stecken und per Post zuschicken
  Ⓑ den Betrag per Postbank Minuten-Service zuschicken
  Ⓒ Geld auf ihr Konto überweisen
  Ⓓ einen Verrechnungsscheck schicken

134. **Die Barzahlung ist die häufigste Form der Zahlung.**
Nennen Sie Vor- und Nachteile dieser Zahlungsart.

135. **Welche der hier aufgeführten Zahlungsarten zählen zur bargeldlosen Zahlung? Kreuzen Sie die zwei richtigen Antworten an.**

  Ⓐ Minuten-Service
  Ⓑ Zahlschein
  Ⓒ Verrechnungsscheck
  Ⓓ persönliche Zahlung
  Ⓔ Überweisung

136. **Erklären Sie den Unterschied zwischen Zahlschein und Verrechnungsscheck.**

137. **Sie nehmen einen Kredit für den Kauf eines Gebrauchtwagens bei Ihrer Bank oder Sparkasse in Anspruch. Was lässt sich Ihr Kreditinstitut als Sicherheit geben?**

  Ⓐ den Zweitschlüssel des Wagens
  Ⓑ die Versicherungspolice
  Ⓒ den Personalausweis
  Ⓓ den Kraftfahrzeugbrief

138. **Was versteht man unter Inflation?**

  Ⓐ Aufwertung der Währung
  Ⓑ aktive Zahlungsbilanz
  Ⓒ Geldentwertung
  Ⓓ Währungsmaßnahme
  Ⓔ Geldwertstabilität

139. **Was versteht man unter Deflation?**

  Ⓐ Preisauftrieb
  Ⓑ Aufwertung des EUR
  Ⓒ Geldwertstabilität
  Ⓓ die angebotene Gütermenge ist größer als die Geldmenge
  Ⓔ die Preise und die Geldmenge steigen

140. **Nennen Sie das Kennzeichen der Inflation.**

141. **Erläutern Sie den Begriff Lohn-Preisspirale.**

12

142. **Wem ist in der Bundesrepublik das Recht übertragen, Banknoten zu drucken?**

    Ⓐ   der Bundesregierung
    Ⓑ   dem Bundesfinanzministerium
    Ⓒ   der Bundesbank
    Ⓓ   den Landeszentralbanken
    Ⓔ   dem Zentralbankrat

143. **Nennen Sie die wesentlichen Aufgaben der Europäischen Zentralbank.**

144. **Neben Produktion, Dienstleistung und Absatz ist die Beschaffung einer der Hauptbereiche betrieblicher Planung und Leistungserstellung. Nennen Sie die Bereiche der zu beschaffenden notwendigen Präparate für Ihren Friseursalon.**

145. **Bei der Beschaffungsplanung müssen verschiedene Kriterien hinsichtlich der Menge, Qualität, Lagerfähigkeit u. a. berücksichtigt werden. Friseurmeister Werner will sein Angebot an Kosmetikpräparaten verdoppeln. Woran muss er bei der Planung der zu bestellenden Produkte denken?**

146. **Zur Materialbeschaffung benutzt man heutzutage vielfach als Bezugsquellennachweis die Lieferantendateien, die im Computer gespeichert sind. Nennen Sie andere Möglichkeiten der Bezugsquellenermittlung.**

147. **Sind die infrage kommenden Lieferfirmen ausgewählt, können Angebote eingeholt werden. Begründen Sie, warum vor der Bestellung Angebote eingeholt werden sollen.**

148. **Berechnen Sie die Bestellmenge an benötigtem Shampoo für ein Quartal.**

    die Verbrauchsmenge beträgt pro Quartal   75 l
    der eiserne Bestand beträgt   25 l
    der vorhandene Bestand beträgt   50 l

149. **Aus welchen Gründen ist eine Vorratshaltung (ein Mindesbestand) erforderlich?**

150. **Welche Kosten können durch Lagerhaltung (Vorratshaltung) entstehen?**

12

Leistungserstellung

151. Die Güterbereitstellung lässt sich in drei voneinander abhängige und sich ergänzende Stufen unterteilen. Ordnen Sie den Stufen der Gütererstellung je zwei Beispiele zu.

Urproduktion	Veredelung	Dienstleistung
Primärstufe	Sekundärstufe	Tertiärstufe

152. Jede Produktion im volkswirtschaftlichen Sinne basiert auf den Produktionsfaktoren. Nennen Sie die drei Produktionsfaktoren.

153. Bei der Wahl des Faktors Boden als Standort für die gewerbliche Wirtschaft müssen bestimmte Kriterien berücksichtigt werden.
Nennen Sie die fünf wichtigsten Kriterien.

154. Nach welchen Kriterien muss der Standort für einen Friseursalon gewählt werden?

155. In den letzten Jahren ist der Produktionsfaktor Boden starken Belastungen durch
die Umwelt ausgesetzt. Nennen Sie Ihnen bekannte Belastungen für den Faktor
Boden.

156. Bei dem Produktionsfaktor Arbeit wird zwischen überwiegend körperlicher Arbeit und geistiger Arbeit unterschieden. Ergänzen Sie das Schaubild.

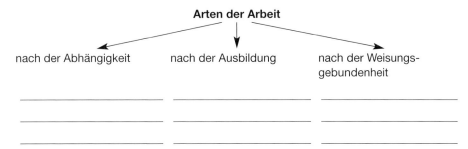

Arten der Arbeit

nach der Abhängigkeit   nach der Ausbildung   nach der Weisungs-
                                                        gebundenheit

157. Nennen Sie die Unterschiede zwischen Geld- und Sachkapital.

158. Eine wichtige Voraussetzung des Unternehmens- bzw. des Betriebszweckes ist
die Kapitalbeschaffung. Im Friseursalon Werner soll die Einrichtung modernisiert
und ein Anbau mit drei weiteren Arbeitsplätzen errichtet werden. Welche Möglichkeiten hat der Friseurmeister Werner sich Kapital zu beschaffen?

159. Die wirtschaftliche Bezeichnung für Produktionsstätte/Dienstleistungsunternehmen ist Betrieb. Erklären Sie den Begriff „Betrieb".

160. Ordnen Sie die hier aufgeführten Betriebsarten der Gruppe Dienstleistungsbetriebe oder Sachleistungsbetriebe zu:
Bergwerk, Versicherungen, Maschinenfabrik, private Krankenpflege, Sparkassen und
Banken, Brotfabrik, Friseurbetrieb, Chemiewerk, Fitness-Studio, Kleiderfabrik

12

161. Welche Funktion übt der Geschäftsinhaber oder die Geschäftsinhaberin in einem Handwerksbetrieb aus?

162. Zwischen den Handwerks- und Industriebetrieben treten wesentliche Unterschiede auf. Ergänzen Sie die Übersicht der Unterschiedsmerkmale zwischen Handwerks- und Industriebetrieben mit folgenden Merkmalen:
Arbeitsteilung- und -zerlegung, Ausführung fast aller anfallender Arbeiten, direkter Verkauf an Kunden, großer Verwaltungsaufwand, handwerkliche Fertigung, individuelle Einzelfertigung, kaufmännische Verwaltung durch den Handwerksmeister, kaum Aufgliederung von Arbeitsvorgängen in Arbeitsstufen, kaum Reparaturarbeiten, Klein- und Kleinstbetriebe mit höchstens 100 Beschäftigten, Massenherstellung von Gütern in Serie, überwiegend Großbetriebe mit vielen Beschäftigten, Verkauf über Händler, vielfach Maschinenarbeit.

163. Den Betrieben – als Stätten der Produktion (Herstellung/Dienstleistung) – stehen die Haushalte – als Stätten des Konsums (Verbrauchs) – gegenüber. Die Zielsetzung der öffentlichen Haushalte ist nicht auf Gewinne ausgerichtet, sondern auf die optimale Befriedigung der Sozialbedürfnisse.
Nennen Sie Einrichtungen der öffentlichen Haushalte.

164. Private Unternehmen arbeiten in der Regel nach dem erwerbswirtschaftlichen Prinzip, d. h. das Ziel ihrer wirtschaftlichen Betätigung ist nicht vorrangig auf die Bedarfsdeckung gerichtet, sondern auf die Erzielung von Gewinnen.
Welche Betriebe arbeiten nach dem Bedarfsdeckungsprinzip?

165. Bei den öffentlichen Betrieben reichen die erwirtschafteten Einkünfte oft nicht aus, um alle Kosten zu decken. Aus welchem Grund gewährt der Staat diesen Unternehmen finanzielle Zuschüsse?

166. Wann kann gesagt werden, dass ein Betrieb wirtschaftlich arbeitet?

F 12.9   BETRIEBSWIRTSCHAFTSLEHRE

167. Bei jedem betrieblichen Vorgang (Produktion, Dienstleistung, Instandhaltung) entstehen Kosten. Alle Kosten eines Betriebes werden in der Kostenrechnung erfasst. Kreuzen Sie die zwei Gründe an, warum es für jeden Betrieb wichtig ist, eine Kostenrechnung durchzuführen. Um festzustellen:

Ⓐ   ob der Betrieb wirtschaftlich arbeitet – zum Kostenvergleich
Ⓑ   ob die Mitarbeiter wirtschaftlich arbeiten – zur Preisermittlung
Ⓒ   ob die Kunden genug zahlen – zum Kostenvergleich
Ⓓ   ob der Betrieb wirtschaftlich arbeitet – zur Preisermittlung
Ⓔ   ob der Betriebsinhaber Privatentnahmen tätigen kann – zum Kostenvergleich

12

168. Nennen Sie Kosten, die in Ihrem Salon durch die betriebliche Arbeit anfallen.

Kostenrechnung/Kalkulation

169. **In der Kostenrechnung werden die Kosten nach** Kostenarten **erfasst. Ordnen Sie folgende Kosten den jeweiligen Kostenarten zu:**
Löhne, Telefon, Gehälter, Wasser, Ausbildungsvergütung, Strom, Versicherungen, Gewerbesteuer, Zinsen, Instandhaltung, Reinigung, Geräte, Kfz-Steuer, Verbrauchsmaterial

Personalkosten: _____

Sachkosten: _____

Kapitalkosten: _____

Kosten für Dienstleistungen Dritter: _____

Steuern: _____

170. **Es gibt fixe (feste) und variable (veränderliche)** Kosten. **Welche der folgenden Kosten sind fixe und welche variable Kosten?**
Gehälter, Materialkosten, Miete, Versicherungsbeiträge, Innungsbeiträge, Wasser, Steuern, Strom

171. **Zur Erstellung einer** Kalkulation **müssen die Kosten auf** Kostenträger **verteilt werden. Kostenträger sagen aus, für welche Leistungen die einzelnen Kosten entstanden sind. Nennen Sie Kostenträger für Dienstleistungen im Friseursalon.**

172. **Zweck jeder** Kalkulation **ist die Ermittlung der Kosten einer Fertigungs- oder Leistungseinheit. Welche Kosten entstehen z. B. in Ihrem Salon für die Leistungseinheit „Färben"?**

Markt und Preisbildung

173. **Der Markt ist der Treffpunkt von** Angebot **und** Nachfrage. **Erklären Sie die Unterschiede zwischen Angebot und Nachfrage am Beispiel des Friseurberufes.**

174. **Die Märkte lassen sich nach der Art der gehandelten Güter und Dienstleistungen unterteilen. Kreuzen Sie die drei** Marktarten **an.**

   Ⓐ Gütermärkte
   Ⓑ Faktormärkte
   Ⓒ Flohmärkte
   Ⓓ Konsummärkte
   Ⓔ Dienstleistungsmärkte

175. **Zählen Sie mindestens fünf Beispiele für** Dienstleistungsmärkte **auf.**

176. **Zu welcher** Marktart **gehört der Friseurbetrieb, in dem Sie arbeiten?**

   Ⓐ Flohmarkt
   Ⓑ Dienstleistungsmarkt
   Ⓒ Faktormarkt
   Ⓓ Gütermarkt
   Ⓔ Handwerksmarkt

12

Markt und Preisbildung

177. Unter Preis wird der in Geld ausgedrückte Gegenwert wirtschaftlicher Güter (Waren und Dienstleistungen) verstanden. Von welchen Bedingungen ist die Preisbildung auf dem freien Markt abhängig?

Ⓐ Der Preis hängt von der Marktart ab.
Ⓑ Die Preisbildung ist unabhängig vom Markt.
Ⓒ Der Preis ist abhängig vom Umfang des Angebots und der Nachfrage.
Ⓓ Der Preis ist abhängig von der Anzahl der Kaufwilligen.
Ⓔ Der Preis wird vom Staat festgesetzt.

178. Eine weitere wichtige Unterscheidung der Märkte ist die Einteilung der Märkte nach der Zahl der Marktteilnehmer (Anbieter, Nachfrager).
Nennen Sie die drei wichtigsten Marktformen.

179. Welcher Marktform würden Sie den Friseursalon Werner zuordnen?

Absatz/Marketing

180. Erklären Sie den Begriff Absatz.

181. Im Friseursalon Werner werden nicht nur Dienstleistungen angeboten, sondern auch Waren verkauft. Wie kann Friseurmeister Werner den Absatz in seinem Salon beeinflussen?

182. Um Absatzmärkte zu erschließen, zu vergrößern oder auch zu erhalten, muss ein Unternehmer sich „am Markt orientieren", d. h. den Markt erforschen. Welche Möglichkeiten bieten sich für jeden Friseursalon, Marktforschung zu betreiben?

183. Zur Beeinflussung des Absatzes kann der Unternehmer verschiedene Marketing-Instrumente einsetzen. Ordnen Sie die hier aufgeführten Inhalte des Friseurmarketings dem jeweiligen Marketing-Instrument zu:
Beobachtung des Marktes, Entwicklung eines Salonkonzeptes, kritische Auswertung der Kundenkartei, kundenfreundlicher Service, kundenorientiertes Leistungs- und Warenangebot, leistungsmotivierende Betriebs- u. Menschenführung, optimale Auslastung der Salonkapazität, überlegter und gezielter Einkauf

Marketing-Instrumente	Inhalte des Friseurmarketings
Produkt- und Sortimentspolitik	
Kommunikationspolitik	
Servicepolitik	
Preis- und Konditionspolitik	
Vertriebspolitik	

12

Absatz/Marketing

184. Welche Ziele verfolgen Betriebe/Unternehmen mit Werbemaßnahmen?

185. Nennen Sie Werbemittel, die für das Friseurhandwerk infrage kommen.

186. Für Friseurbetriebe ausgearbeitete EDV-Systeme können das Friseurmarketing erleichtern und verbessern. Welche Möglichkeiten des Computereinsatzes gibt es im Friseursalon?

187. EDV erleichtert durch gezielte und kritische Auswertung der Kundenkartei die Werbung, sodass Werbemaßnahmen genau dort angesetzt werden können, wo Umsatzsteigerungen möglich sind. Welche Werbemaßnahmen kann Friseurmeister Werner durch die Auswertung seiner Kundenkartei durchführen?

188. Einzelne Großsalons nutzen die Beratung durch den Computer. Welche Beratungen sind über Bildschirm möglich?

Personalwesen

189. Nach bestandener Gesellenprüfung suchen Sie eine Arbeitsstelle. Fertigen Sie ein Bewerbungsschreiben auf folgendes Inserat in der Zeitung „Rhein-Ruhr-Nachrichten" an:

Tüchtige Friseurin für sofort gesucht. Bewerbungsunterlagen bitte an Friseursalon Fröhlich Kruppstr. 71 · 45145 Essen	

190. Welche Unterlagen müssen Sie einem Bewerbungsschreiben beifügen?

191. Nennen Sie Ihnen bekannte Lohnarten.

192. Für die meisten Arbeitnehmer richtet sich die Höhe des Lohnes nach der tarifvertraglichen Festlegung (Lohn- und Gehaltstarif). Von wem werden Tarifabschlüsse getätigt?

   Ⓐ   von der Bundesregierung und den Gewerkschaften
   Ⓑ   von den politischen Parteien und den Arbeitgebervertretern
   Ⓒ   von den Tarifpartnern Arbeitgebervertreter (Unternehmerschaft) und von den Arbeitnehmervertretern (Gewerkschaft)
   Ⓓ   von den Tarifkommissionen der einzelnen Gewerkschaften

193. Die Kündigung ist eine einseitige Aufhebung des Arbeitsverhältnisses. Wer kann kündigen?

   Ⓐ   nur der Arbeitgeber
   Ⓑ   der Arbeitgeber oder der Arbeitnehmer
   Ⓒ   nur der Arbeitnehmer

12

194. Wann ist eine Kündigung durch den Arbeitgeber unwirksam?

Ⓐ wenn die Entlassung bei der Arbeitsagentur nicht rechtzeitig angemeldet wird
Ⓑ wenn der Mitarbeiter mehr als 10 Jahre dem Betrieb angehört
Ⓒ wenn die Entlassung sozial ungerechtfertigt ist
Ⓓ wenn der Betrieb von einem anderen übernommen wurde

195. In welchen Fällen kann vonseiten des Arbeitgebers die fristlose Kündigung ausgesprochen werden?

196. Wie heißt die Vertretung der Arbeitnehmerschaft in den Betrieben?

Ⓐ Arbeitgeber
Ⓑ Betriebsrat
Ⓒ Jugendvertretung
Ⓓ Betriebsmitglied
Ⓔ Betriebsvertretung

197. Von wem und für welche Zeit wird der Betriebsrat gewählt? Der Betriebsrat wird:

Ⓐ von den volljährigen Arbeitnehmern eines Betriebes für die Dauer von 3 Jahren gewählt
Ⓑ von allen Arbeitnehmern für die Dauer von 5 Jahren gewählt
Ⓒ von den volljährigen Arbeitnehmern für die Dauer von 1 Jahr gewählt

198. Durch wen werden die Auszubildenden und Jugendlichen in Großbetrieben vertreten?

Ⓐ Arbeitgeber
Ⓑ Betriebsrat
Ⓒ Jugendvertretung
Ⓓ Betriebsmitglieder
Ⓔ Betriebsvertretung

199. In vielen Handwerksbetrieben findet das Betriebsverfassungsgesetz keine Anwendung. Erklären Sie, worauf dieser Umstand zurückzuführen ist.

200. Arbeitgeber (vertreten durch Arbeitgeberverbände) und Arbeitnehmer (vertreten durch Gewerkschaft) sind „Sozialpartner". Nennen Sie Aufgaben der Sozialpartner:
Partner der Gewerkschaften in Tarifverhandlungen, Verhandlungspartner der Arbeitgeber bei Tarifverhandlungen, Vertretung der Arbeitnehmerinteressen gegenüber Regierung u. a., Vertretung der Mitglieder vor Arbeits- und Sozialgerichten, Vertretung der sozialpolitischen Interessen der Arbeitgeber, wirtschaftliche Beratung der Mitglieder

12

Mitbestimmung und Tarifautonomie

201. Kreuzen Sie die vier richtigen Antworten an. Welche vertraglichen Vereinbarungen werden durch die Lohn- und Gehaltstarifverträge geregelt?

Ⓐ Arbeitszeit
Ⓑ Erfolgsbeteiligungen
Ⓒ Urlaubsregelungen
Ⓓ Kündigungsfristen
Ⓔ Höhe der Löhne und Gehälter
Ⓕ vermögenswirksame Leistungen
Ⓖ Zulagen
Ⓗ Einordnung in Lohngruppen

202. Kreuzen Sie die vier Regelungen an, die der Manteltarifvertrag beinhaltet.

Ⓐ Arbeitszeit
Ⓑ Erfolgsbeteiligungen
Ⓒ Urlaubsregelungen
Ⓓ Kündigungsfristen
Ⓔ Höhe der Löhne und Gehälter
Ⓕ vermögenswirksame Leistungen
Ⓖ Zulagen
Ⓗ Einordnung in die Lohngruppen

203. Die Tarifpartner erzielen bei ihren Tarifverhandlungen keine Einigung. Auch der Schlichtungsversuch bringt keinen Erfolg. Welche beiden Folgen können sich dadurch für Arbeitnehmer und Arbeitgeber ergeben?

Ⓐ Lohnverzicht
Ⓑ Streik
Ⓒ Aussperrung
Ⓓ Urlaubssperre
Ⓔ Streichung der vermögenswirksamen Leistungen

204. Welche Punkte sollte ein Arbeitsvertrag enthalten?

205. Erklären Sie den Unterschied zwischen dem Einzelarbeitsvertrag und dem Kollektivarbeitsvertrag.

206. Wer ist für Streitigkeiten aus Arbeitsverhältnissen zuständig?

Ⓐ die Arbeitsagentur
Ⓑ das Landgericht
Ⓒ das Arbeitsgericht
Ⓓ das Sozialgericht
Ⓔ das Schöffengericht

207. Kreuzen Sie die drei Instanzen der Arbeitsgerichtsbarkeit an.

Ⓐ Landgericht   Ⓓ Schöffengericht
Ⓑ Arbeitsgericht   Ⓔ Landesarbeitsgericht
Ⓒ Sozialgericht   Ⓕ Bundesarbeitsgericht

12

208. **Wie heißen die sechzehn** Bundesländer der Bundesrepublik Deutschland **und wie heißen ihre Hauptstädte?**
     Tipp: Legen Sie eine Tabelle an.

209. **Welche Auswirkungen hat die** Arbeitslosigkeit **auf Wirtschaft und Gesellschaft?**

210. **Die Arten der** Arbeitslosigkeit **werden unterschieden nach saisonaler, struktureller und technologisch bedingter Arbeitslosigkeit. Erläutern Sie diese drei Arten der Arbeitslosigkeit.**

     – saisonale Arbeitslosigkeit: _____

     – strukturelle Arbeitslosigkeit: _____

     – technologisch bedingte Arbeitslosigkeit: _____

211. **Der Begriff** „Wirtschaftsordnung" **bedeutet die Gesamtheit von Regeln, um:**
     Ⓐ   Arbeitslosigkeit zu verhindern
     Ⓑ   die Bevölkerung mit Gütern und Dienstleistungen bestmöglich zu versorgen
     Ⓒ   Schutz und Sicherheit gegen Armut und Krankheit zu geben
     Ⓓ   das menschliche Zusammenleben bestmöglich zu regeln

212. **Wie heißt die** Wirtschaftsordnung **in der Bundrepublik Deutschland?**
     Ⓐ   freie Marktwirtschaft
     Ⓑ   soziale Marktwirtschaft
     Ⓒ   sozialistische Marktwirtschaft
     Ⓓ   kommunistische Marktwirtschaft
     Ⓔ   Zentralverwaltungswirtschaft

213. **Kreuzen Sie die richtigen Antworten an. In der sozialen** Marktwirtschaft**:**
     Ⓐ   sichert der Staat die Arbeitnehmerrechte durch Gesetze
     Ⓑ   wird Sozialpolitik nur für Arbeiter betrieben
     Ⓒ   kontrolliert der Staat, ob auch alle Unternehmungen ihre angekündigten Ziele erreichen
     Ⓓ   ist das Bestreben nach einer gerechteren Einkommensverteilung dem unternehmerischen Gewinnstreben voranzustellen
     Ⓔ   hat die soziale Partnerschaft einen hohen Stellenwert

214. **Welche** Wirtschaftsordnung **galt bis zur Wende in den ostdeutschen Bundesländern?**
     Ⓐ   freie Marktwirtschaft
     Ⓑ   soziale Marktwirtschaft
     Ⓒ   sozialistische Marktwirtschaft
     Ⓓ   kommunistische Marktwirtschaft
     Ⓔ   Zentralverwaltungswirtschaft

12

Wirtschaft in der Bundesrepublik Deutschland

215. Tragen Sie die vier Phasen der Konjunkturbewegungen in der Marktwirtschaft ein. Verwenden Sie dabei folgende Begriffe:
Aufschwung, Hochkonjunktur, Rückschlag, Tiefstand

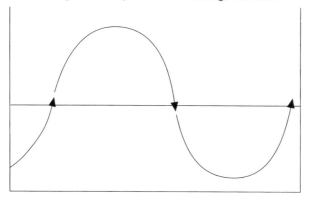

216. Durch wen kann der Verlauf der Konjunktur im Bereich der Fiskal- und Geldpolitik beeinflusst werden? Er kann beeinflusst werden durch:

ⓐ das Bundeswirtschafts- und Innenministerium
ⓑ die Bundesbank und den Zentralbankrat
ⓒ den Staat und die Bundesbank
ⓓ den Bundesfinanzminister und Wirtschaftsminister
ⓔ die Gewerkschaften und Arbeitgeberverbände

217. Welche Bedeutung haben Steuern für den Staat und den Steuerzahler?

218. Steuern können unterschieden werden nach ihrer Art und danach, wer die Steuer erhebt. Kreuzen Sie an, um welche Steuer es sich handelt und wer diese Steuer erhebt.

Steuer	Steuerart			Steuererheber		
	Besitz-steuer	Verkehr-steuer	Ver-brauch-steuer	Bund	Land	Ge-meinde
Lohnsteuer						
Mehrwertsteuer						
Vermögenssteuer						
Gewerbesteuer						
Mineralölsteuer						
Kraftfahrzeugsteuer						
Hundesteuer						
Grunderwerbssteuer						

12

219. Von welcher Stelle erhalten Sie Ihre Lohnsteuerkarte?

  Ⓐ vom Finanzamt

  Ⓑ von der Gemeinde- oder Stadtverwaltung

  © vom Bundesministerium für Finanzen

  Ⓓ vom Gemeinde- oder Stadtrat

220. Welche zwei Möglichkeiten haben Sie als Steuerzahler, Ihre Steuerlast zu senken?

  Ⓐ durch Eintragung eines Freibetrages

  Ⓑ durch Urlaubsverzicht

  © durch Lohnerhöhung

  Ⓓ durch Überstunden

221. Ob in der Zeitung, in den Nachrichten, im Radio oder im Fernsehen – überall wird über das Bruttosozialprodukt berichtet. Was verstehen Sie unter dem „Bruttosozialprodukt"?

  Ⓐ die Summe der Einkommen aller Arbeitnehmer in der Bundesrepublik

  Ⓑ die Einkommen aller wirtschaftenden Menschen in der Bundesrepublik

  © die Jahreseinkommen aller Politiker in der Bundesrepublik

  Ⓓ Wert aller in einer Periode erstellten Güter und Dienstleistungen in einer Volkswirtschaft

222. Was versteht man unter Volkseinkommen?

  Ⓐ alle Einnahmen aus dem Export eines Landes in einem Jahr

  Ⓑ Gesamtbruttoeinkommen aller Arbeitnehmer in der Bundesrepublik

  © Gesamtheit aller in einem Jahr erzeugten Güter und Dienstleistungen eines Volkes

  Ⓓ volkswirtschaftlicher Begriff für die Leistung der Wirtschaft eines Landes

  Ⓔ Summe aller Erwerbs- und Vermögenseinkommen in einer Periode

223. Nennen Sie Arbeitseinkommen aus nicht selbstständiger Arbeit.

224. Erklären Sie die Begriffe „Lohnquote" und „Gewinnquote".

225. Welche Rolle spielt das Leistungsprinzip bei der Verteilung der Einkommen? Kreuzen Sie die beiden richtigen Antworten an.

  Ⓐ Wer viel leistet, hat einen großen Gegenwert zu erwarten.

  Ⓑ Der persönliche Wert einer Leistung ist Maßstab für die Bezahlung.

  © Der wirtschaftliche Wert einer Leistung ist Maßstab für die Bezahlung.

  Ⓓ Jeder muss immer entsprechend seines Einkommens Leistung erbringen (geringe Bezahlung = wenig Leistung).

  Ⓔ Je niedriger der persönliche Wert einer Leistung, desto niedriger die Bezahlung.

12

Einkommens- und Vermögensverteilung

226. **Ein sozialpolitisches Ziel in der Bundesrepublik Deutschland ist die Beteiligung vieler Bürger am Produktivkapital. Kreuzen Sie die drei** Möglichkeiten zur Vermögensbildung **in der Bunderepublik an.**

Ⓐ staatliche Sparförderung
Ⓑ tarifliche Vermögensbildung
Ⓒ persönliche Vermögensbildung
Ⓓ betriebliche Vermögensbildung
Ⓔ staatliche Vermögensbildung
Ⓕ persönliche Sparförderung

227. **Welche Ziele werden mit der** staatlichen Sparförderung **angestrebt? Kreuzen Sie die drei richtigen Antworten an.**

Ⓐ Vermögensbildung der Arbeitgeber
Ⓑ Anregung der Spartätigkeit
Ⓒ Erhöhung der Sparfähigkeit
Ⓓ Vermögensbildung der Arbeitnehmer
Ⓔ Erhöhung der Ausgaben der Arbeitnehmer
Ⓕ Erhöhung der Ausgaben der Arbeitgeber

228. **Der Begriff „investieren" bedeutet:**

Ⓐ kurzfristige Stilllegung von Kapital
Ⓑ kurzfristiger Verkauf von Sachgütern
Ⓒ langfristige Anlage von Kapital in Sachgüter
Ⓓ langfristige Stilllegung von Kapital
Ⓔ Vertrauen auf den Staat

Unternehmenskonzentrationen

229. **Schließen sich mehrere Unternehmen beliebiger Rechtsformen zur Erreichung eines gemeinschaftlichen Zieles zusammen, so spricht man von Unternehmenskonzentrationen. Welche Ziele werden durch** Unternehmenszusammenschlüsse **angestrebt?**

230. **Kartelle werden zum Zweck der Ausschaltung des Wettbewerbs durch gemeinsames Handeln gebildet. Nennen Sie Ihnen bekannte** Kartelle.

231. **Welches Gesetz regelt die** Wettbewerbsbeschränkungen **in der Bundesrepublik Deutschland?**

Ⓐ das Gesetz gegen Wettbewerbsförderung (Wettbewerbsförderungsgesetz)
Ⓑ das Gesetz gegen Wettbewerbsbeschränkungen auf verschiedenen Gebieten (Gebietskartellgesetz)
Ⓒ das Gesetz gegen Wettbewerbsbeschränkungen (Kartellgesetz)
Ⓓ das Gesetz gegen Quotenmissbrauch von Werbung (Quoten-Kartellgesetz)

12

232. Umweltschutz (Ökologie) und Wirtschaft (Ökonomie) werden oft als Gegensätze dargestellt. Zeigen Sie stichwortartig diese Problematik auf.
Verwenden Sie dabei folgende Begriffe: Gewinn, Rohstoffe, Produktion.

Ökologie   Ökonomie

233. Nennen Sie umwelt- und gesundheitsgefährdende Stoffe.

234. Welche Stoffe, die die Umwelt belasten, werden z. B. in Ihrem Betrieb verwendet?

235. Welche flüssigen Stoffe dürfen **nicht** in das Kanalnetz geleitet werden?

236. Erklären Sie den Begriff „Recycling".

12

1. **Wann wurde die** Bundesrepublik Deutschland **gegründet?**

   Ⓐ   12. Mai 1949   – Ende der Blockade Westberlins
   Ⓑ   1. September 1948   – Aufnahme der Arbeit des Parlamentarischen Rates
   Ⓒ   7. Mai 1945   – bedingungslose Kapitulation
   Ⓓ   24. Mai 1949   – Verkündung des Grundgesetzes
   Ⓔ   16. Juni 1948   – Währungsreform/Einführung der „DM"

2. **Welche Gesellschaftsordnung herrscht in der** Bundesrepublik Deutschland**?**

   Ⓐ   kapitalistische
   Ⓑ   sozialistische
   Ⓒ   freiheitlich demokratische
   Ⓓ   kommunistisch leninistische
   Ⓔ   marxistisch sozialistische

3. **Die** Bundesrepublik Deutschland **ist ein Rechtsstaat, das bedeutet, dass:**

   Ⓐ   das Bundesverfassungsgericht über jedes neue Gesetz entscheiden muss
   Ⓑ   die Bundesstaatsanwaltschaft die wichtigste Interessenvertretung im Parlament ist
   Ⓒ   ohne Gerichtsbeschluss kein Beamter tätig werden darf
   Ⓓ   die staatlichen Organe nur nach Verfassung, Gesetz und Recht tätig werden dürfen
   Ⓔ   der Bundesgerichtshof bei allen wichtigen Fragen zurate zu ziehen ist

4. **Wodurch wurde die Wende, die zum Anschluss an die** Bundesrepublik Deutschland **führte, in der ehemaligen DDR ausgelöst?**

   Ⓐ   durch Beschluss des Politbüros der SED (Sozialistische Einheitspartei Deutschland)
   Ⓑ   durch die friedliche Demonstration der Bürger gegen das Unrechtsregime
   Ⓒ   durch die Arbeit revolutionärer Zellen, wie beispielsweise das „Neue Forum"
   Ⓓ   durch die Handlungen Michael Gorbatschows in der Sowjetunion
   Ⓔ   durch finanzielle Unterstützung des SED Regimes seitens der Bundesregierung

5. **Wann wurde die Wiedervereinigung der** Bundesrepublik Deutschland **durch den Beitritt der Länder Sachsen, Thüringen, Sachsen-Anhalt, Brandenburg und Mecklenburg-Vorpommern vollzogen?**

   Ⓐ   am 7. Oktober 1989
   Ⓑ   am 9. November 1989
   Ⓒ   am 17. Juni 1990
   Ⓓ   am 1. Juli 1990
   Ⓔ   am 3. Oktober 1990

6. **Wer bestimmt die** Richtlinien der Politik **für die** Bundesrepublik Deutschland**?**

   Ⓐ   der Innenminister
   Ⓑ   der Bundespräsident
   Ⓒ   der Bundeskanzler
   Ⓓ   das Bundestagspräsidium
   Ⓔ   der Bundesratspräsident

7. Die Bundesregierung ist die exekutive (ausführende) Gewalt in der Bundesrepublik Deutschland. Sie setzt sich zusammen aus:

Ⓐ den Parteivorsitzenden der im Bundestag vertretenen Parteien
Ⓑ den Ministerpräsidenten der Bundesländer
Ⓒ den Vertretern politischer Parteien
Ⓓ den Vertretern der einzelnen Bundesländer
Ⓔ dem Bundeskanzler und den Ministern

8. Wer wählt den Bundeskanzler?

Ⓐ der Bundestag
Ⓑ die Bundesversammlung
Ⓒ die Bürger in direkter Wahl
Ⓓ der Bundesrat
Ⓔ die Bundesregierung

9. Nach welchem Wahlsystem wird der Deutsche Bundestag gewählt?

Ⓐ Listenwahl
Ⓑ Mehrheitswahl
Ⓒ Personenwahl
Ⓓ Verhältniswahl
Ⓔ Kombination von Personenwahl und Verhältniswahl

10. Von wem werden die Kandidaten für die Wahlen zum Bundestag aufgestellt?

Ⓐ die Kandidaten benennen sich selbst
Ⓑ von den Berufsverbänden
Ⓒ die Wahlberechtigten schlagen Kandidaten vor
Ⓓ von den Delegierten der einzelnen Parteien
Ⓔ von der öffentlichen Verwaltung

11. Welcher der folgenden Grundsätze ist bei einer demokratischen Wahl undenkbar?

Ⓐ geheime Wahl
Ⓑ unmittelbare Wahl
Ⓒ freie Wahl
Ⓓ Gleichwertigkeit der Wählerstimmen
Ⓔ Zweitstimmen bei Parteizugehörigkeit

12. Welche Regierungsform trifft für die Bundesrepublik Deutschland zu?

Ⓐ Präsidialdemokratie
Ⓑ parlamentarische Demokratie
Ⓒ konstitutionelle Demokratie
Ⓓ Parteienherrschaft
Ⓔ absolute Monarchie

13. Wer besitzt das aktive Wahlrecht **in der Bundesrepublik?**

Ⓐ jeder Bürger, der geschäftsfähig ist und sich in der Bundesrepublik niedergelassen hat
Ⓑ jeder, der rechtsfähiger Bürger ist
Ⓒ jeder geschäftsfähige deutsche Staatsbürger
Ⓓ jeder volljährige Bürger, der die deutsche Staatsangehörigkeit besitzt
Ⓔ jeder Einwohner, der die Steuern an den Staat zahlt

14. Wer wählt den Bundespräsidenten**?**

Ⓐ die Bundesversammlung
Ⓑ der Bundestag
Ⓒ der Bundesrat
Ⓓ die Bundesbürger in direkter Wahl
Ⓔ die Vorsitzenden aller politischen Parteien

15. Welches Verfassungsorgan **vertritt die Bundesländer?**

Ⓐ Bundestag
Ⓑ Bundesrat
Ⓒ Bundesregierung
Ⓓ Bundespräsident
Ⓔ Bundesverfassungsgericht

16. Was ist unter dem Begriff „aktives Wahlrecht" **zu verstehen?**

Ⓐ Recht auf ein politisches Mandat
Ⓑ Recht, einer politischen Partei beizutreten
Ⓒ Recht, gewählt zu werden
Ⓓ Recht, zu wählen
Ⓔ Recht, nicht zur Wahl zu gehen

17. Wen wählen die wahlberechtigten Bürger unmittelbar bei einer Bundestagswahl**?**

Ⓐ Bundesregierung
Ⓑ Bundestagsabgeordnete
Ⓒ Bundespräsident
Ⓓ Bundeskanzler
Ⓔ Bundesrat

18. Wie nennt man den Zusammenschluss von Fraktionen **im Parlament?**

Ⓐ Vereinigung
Ⓑ Opposition
Ⓒ Union
Ⓓ Koalition
Ⓔ Verband

19. Welche Bedeutung hat der Begriff „passives Wahlrecht"?

Ⓐ Recht auf Kandidatur für ein rechtliches Amt
Ⓑ Recht, zu wählen
Ⓒ Recht, gewählt zu werden
Ⓓ Recht, Mitglied einer Partei zu sein
Ⓔ Recht, nicht zu wählen

20. Wie werden die Parteien bezeichnet, die in einem Staat nicht an der Regierung beteiligt sind?

Ⓐ Koalition
Ⓑ Vereinigung
Ⓒ Hinterbänkler
Ⓓ Opposition
Ⓔ Minderheitsregierung

21. Wer steht an der Spitze der Bundesrepublik Deutschland?

Ⓐ der Bundespräsident
Ⓑ der Bundestagspräsident
Ⓒ der Bundeskanzler
Ⓓ der Bundesratspräsident
Ⓔ der Bundesverfassungsgerichtspräsident

22. Wie wird ein Politiker Minister?

Ⓐ durch Wahl im Bundestag
Ⓑ durch Auftrag seiner Partei
Ⓒ durch Bestätigung des Bundesrates
Ⓓ durch Volksentscheid
Ⓔ vom Bundeskanzler vorgeschlagen und vom Bundespräsidenten ernannt

23. Die gesetzgeberische Arbeit der Abgeordneten geschieht im Wesentlichen:

Ⓐ in den Sitzungen des Bundesrates
Ⓑ in den Ministerien
Ⓒ in den Ausschüssen des Bundestages
Ⓓ in den Fraktionen
Ⓔ im Plenum des Deutschen Bundestages

24. Kreuzen Sie den Fachbegriff für „gesetzgebende Gewalt" an.

Ⓐ Exekutive
Ⓑ Legislative
Ⓒ Judikative
Ⓓ Opposition
Ⓔ Koalition

25. Wessen Zustimmung bedarf ein Bundesgesetz, das in Angelegenheiten der Länder eingreift?

Ⓐ der Bundesregierung
Ⓑ der Bundesversammlung
Ⓒ des Parlamentarischen Rates
Ⓓ des Bundesrates
Ⓔ der Wirtschaftsminister der Länder

26. Mit welchem Alter beginnt das passive Wahlrecht für die Wahl zum Bundestag?

Ⓐ mit 21 Jahren
Ⓑ mit 24 Jahren
Ⓒ mit 18 Jahren
Ⓓ mit 19 Jahren
Ⓔ mit 16 Jahren

27. Nennen Sie die wichtigste Aufgabe einer parlamentarischen Opposition.

Ⓐ Gegenanträge einzubringen
Ⓑ mit „Nein" zu stimmen
Ⓒ Regierungsanträge abzulehnen
Ⓓ Kontrolle der Regierungspolitik
Ⓔ die Arbeit der Minister zu kontrollieren

28. Von welchem Verfassungsorgan werden Bundesgesetze beschlossen?

Ⓐ Bundesrat
Ⓑ Bundesregierung
Ⓒ Bundestag
Ⓓ Bundesversammlung
Ⓔ Bundespräsidialamt

29. Wann tritt ein Bundesgesetz in Kraft?

Ⓐ nach Verabschiedung durch den Bundesrat
Ⓑ nach Verabschiedung der Gesetzesvorlage durch die Bundesregierung
Ⓒ nach Verabschiedung durch den Bundestag
Ⓓ nach Veröffentlichung im Bundesgesetzblatt
Ⓔ nach Unterzeichnung durch alle zuständigen Ressorts

30. Wessen Unterschrift garantiert bei einem Bundesgesetz, dass das Gesetzesverfahren verfassungsgemäß war? Die Unterschrift des:

Ⓐ Bundesratspräsidenten
Ⓑ Bundespräsidenten
Ⓒ Bundestagspräsidenten
Ⓓ zuständigen Fachministers
Ⓔ Bundesverfassungsgerichtspräsidenten

31. **Welches Gericht ist dafür zuständig, gesetzliche Bestimmungen für unwirksam zu erklären, wenn sie mit dem Grundgesetz nicht vereinbar sind?**

Ⓐ Bundesgerichtshof
Ⓑ Bundesverfassungsgericht
Ⓒ Bundessozialgericht
Ⓓ Internationaler Gerichtshof
Ⓔ Bundesverwaltungsgericht

32. **Welche Bereiche der Politik sind ausschließlich Ländersache?**

Ⓐ Binnenhandel
Ⓑ Bündnispolitik
Ⓒ Rundfunk und Fernsehen
Ⓓ Verkehrspolitik
Ⓔ Bahn und Post AG

33. **Wie setzt sich der Bundesrat (Vertreter der einzelnen Bundesländer) zusammen?**

Ⓐ aus den Vertretern der Parteien, die in direkter Wahl ermittelt wurden
Ⓑ aus Mitgliedern der Länderregierungen, je nach Größe der Einwohnerzahl des Landes (3–5)
Ⓒ aus dem Ministerpräsidenten und den Ministern der Länder
Ⓓ aus dem Ministerpräsidenten und den Senatsvorsitzenden der Länder
Ⓔ aus Vertretern der Einwohner des jeweiligen Landes, die vom Ministerpräsidenten bestimmt werden

34. **Von wem werden Gesetze auf Landesebene beraten und beschlossen?**

Ⓐ von den Landesregierungen
Ⓑ von den Regierungspräsidenten eines Landes
Ⓒ von den Verwaltungen der Landkreise und kreisfreien Städte
Ⓓ von den Landschaftsverbänden
Ⓔ von den Landtagen bzw. Bürgerschaften

35. **Was ist unter „förderativem System" in der Bundesrepublik Deutschland zu verstehen?**

Ⓐ Die Länder wirken bei der Gesetzgebung des Bundes über den Bundesrat mit.
Ⓑ Die Gemeinden haben ein großes Mitspracherecht bei der Gesetzgebung.
Ⓒ Die Bezirksregierungen haben das alleinige Recht zur Gesetzgebung.
Ⓓ Der Bund hat das alleinige Recht zur Gesetzgebung.
Ⓔ Der Bundesrat muss bei der Gesetzgebung immer gefragt werden.

36. **Welches ist die kleinste Verwaltungseinheit in der Bundesrepublik Deutschland?**

Ⓐ Regierungsbezirk
Ⓑ Landesinnungsverband
Ⓒ Gemeinde
Ⓓ Kreishandwerkerschaft
Ⓔ Landkreis

37. Wer steht an der Spitze einer Regierung in einem Bundesland?

Ⓐ Landtagspräsident
Ⓑ Regierungspräsident
Ⓒ Landrat
Ⓓ Ministerpräsident
Ⓔ Landesinnenminister

38. Welche Angelegenheiten werden im Petitionsausschuss bearbeitet?

Ⓐ Strafrechtsformen
Ⓑ Gesetzentwürfe für Steuerrichtlinien
Ⓒ Herausgabe von Prüfungsrichtlinien
Ⓓ Verkehrssünderkartei
Ⓔ Eingaben von Bitt- und Beschwerdeschriften

39. Über welchen Zeitraum erstreckt sich die Amtszeit des Bundesratspräsidenten?

Ⓐ 3 Jahre
Ⓑ 2 Jahre
Ⓒ 1 Jahr
Ⓓ 6 Jahre
Ⓔ 4 Jahre

40. Wer ist der offizielle Vertreter des Bundespräsidenten?

Ⓐ Bundestagspräsident
Ⓑ Bundesratspräsident
Ⓒ Bundeskanzler
Ⓓ dienstältester Minister
Ⓔ Alterspräsident des Bundestages

41. Gegen wen kann das „konstruktive Misstrauen" ausgesprochen werden?

Ⓐ Bundesrat
Ⓑ Bundeskanzler
Ⓒ Fachminister
Ⓓ Bundestagspräsident
Ⓔ dienstältester Abgeordnete im Bundestag

42. Wie heißt die Verfassung der Bundesrepublik Deutschland?

Ⓐ Länderverfassung
Ⓑ Staatsverfassung
Ⓒ Grundgesetz
Ⓓ Bonner Verfassung
Ⓔ Reichsverfassung

43. Von wem ist das Grundgesetz der Bundesrepublik Deutschland geschaffen worden?

Ⓐ Bundesversammlung   Ⓓ Nationalversammlung
Ⓑ Parlamentarischer Rat   Ⓔ Parteienkonsortium
Ⓒ Bundestag

44. Welches Recht steht den Bürgern der Bundesrepublik Deutschland nach dem Grundgesetz zu?

Ⓐ Lernmittelfreiheit   Ⓓ Gleichheit vor dem Gesetz
Ⓑ Recht auf einen Arbeitsplatz   Ⓔ Recht auf Finanzierung des Hochschulstudiums
Ⓒ Steuerfreiheit

45. Welche Bedeutung hat die Abkürzung „EU"?

Ⓐ eingetragene Union   Ⓓ Europäische Unternehmen
Ⓑ Europäische Union   Ⓔ Europäische Unternehmervereinigung
Ⓒ Europäische Wirtschaftsunion

46. Zu welchem Zweck wurde die NATO gegründet?

Ⓐ als militärisches Verteidigungsbündnis
Ⓑ als Angriffsbündnis zur Vorbereitung eines neuen Krieges
Ⓒ als einzige Befehlsstelle für das Militär aller Länder
Ⓓ zum Schutz Westeuropas und des Nordatlantiks gegen Überraschungsangriffe
Ⓔ als militärische Vereinigung

47. Setzen Sie das jeweilige Lebensalter ein, bei dem die hier angegebenen Rechte und Pflichten Gültigkeit erlangen.

Rechte und Pflichten	Alter
Beginn der Rechtsfähigkeit	
Schulpflicht	
beschränkte Geschäftsfähigkeit	
beschränkte Haftpflicht	
Eidesfähigkeit vor Gericht	
beschränkte Strafmündigkeit	
Ehemündigkeit	
Steuerpflicht	

48. Nennen Sie Pflichtaufgaben der Gemeinden, unterteilt nach Selbstverwaltungsangelegenheiten und Auftragsangelegenheiten.

Selbstverwaltungsangelegenheiten   Auftragsangelegenheiten

_____   _____

_____   _____

_____   _____

_____   _____

_____   _____

49. Nennen Sie je ein Beispiel zu den Verfassungsorganen Legislative, Exekutive und Judikative.

Legislative: _____

Exekutive: _____

Judikative: _____

50. Welche Voraussetzungen müssen vorhanden sein, um von einem Staat sprechen zu können?

Ⓐ Staatsgebiet, Staatsbewohner, Staatsgewalt
Ⓑ Staatsgebiet, Staatsvolk, Staatsgewalt
Ⓒ Staatsverwaltung, Staatsgesetze, Staatsgewalt
Ⓓ Staatsvolk, Staatsinhalt, Staatsgesetze

51. Begründen Sie die Notwendigkeit der Dreiteilung der Staatsgewalt.

52. Kreuzen Sie die fünf Grundsätze eines Rechtsstaates an.

Ⓐ Staatliches Handeln ist an die Grundrechte und Gesetze gebunden.
Ⓑ Staatliches Handeln ist an die Staatsgewalt gebunden.
Ⓒ Alle Gesetze müssen verfassungsmäßig zustande kommen.
Ⓓ Der Staatsbürger ist keiner staatlichen Willkür unterworfen.
Ⓔ Der Staatsbürger ist der staatlichen Willkür unterworfen.
Ⓕ Jeder einer Straftat Beschuldigte hat Anspruch auf rechtliches Gehör vor einem Richter.
Ⓖ Niemand darf seinem gesetzlichen Richter entzogen werden.
Ⓗ Der Staatsbürger darf seinem gesetzlichen Richter entzogen werden.
Ⓘ Jede Straftat muss verfassungsmäßig zustande kommen.

53. Welches Grundrecht wird hier verletzt? Ordnen Sie die Grundrechte den jeweiligen Situationen zu:
Gleichheit vor dem Gesetz, Artikel 3; Versammlungsfreiheit, Artikel 8; Vereinigungsfreiheit, Artikel 9; Unverletzlichkeit des Brief-, Post- und Fernmeldegeheimnisses, Artikel 10

– Jugendlichen wird verboten, in einem gemieteten
  Saal eine Protestversammlung abzuhalten.   _____

– Ihre Telefonleitung wird abgehört.   _____

– Ihre Mitarbeiterin wird daran gehindert,
  in die Gewerkschaft einzutreten.   _____

– Sie werden aufgrund Ihres Geschlechts und Ihrer
  Hautfarbe von einem Friseurbetrieb nicht eingestellt.   _____

– Die Mitarbeiter werden daran gehindert, einen
  Betriebsrat zu wählen.   _____

54. Wie heißen die fünf Grundsätze einer demokratischen Wahl?

55. Erklären Sie den Unterschied zwischen aktivem und passivem Wahlrecht.

Aktives Wahlrecht: _____

_____

Passives Wahlrecht: _____

_____

56. Nennen Sie die Auswirkungen der 5%-Klausel bei Bundestagswahlen.

57. Der Begriff „Fraktion" bedeutet:

Ⓐ   Zusammenschluss aller Abgeordneten der in der Regierung befindlichen Parteien
Ⓑ   Zusammenschluss aller Abgeordneten einer Partei im Parlament
Ⓒ   Zusammenschluss der Arbeitgeber- und Arbeitnehmervertreter in der Tarifkommission
Ⓓ   Zusammenschluss aller Abgeordneten der in der Opposition befindlichen Parteien

58. Nennen Sie wesentliche Aufgaben einer Opposition.

59. Nennen Sie mindestens fünf Aufgaben des Bundespräsidenten.

60. Welche Bedeutung hat die Immunität der Abgeordneten?

61. Wie kann der Bundestag die Bundesregierung kontrollieren?

62. Wodurch unterscheidet sich ein demokratisches Staatssystem von einem totalitä-
    ren System?

    _____

    _____

    _____

    _____

63. Welche besonderen Aufgaben und Rechte hat ein Abgeordneter bei seiner Arbeit
    im Bundestag?

    _____

    _____

    _____

    _____

64. Was bedeuten folgende Abkürzungen?

    OPEC: _____

    EU: _____

    UNO: _____

    NATO: _____

65. Der Weg einer Gesetzesvorlage der Bundesregierung bis zur Verabschiedung
    durch den Bundestag ist festgelegt. Ordnen Sie die einzelnen Stationen in richti-
    ger Reihenfolge durch Nummerierung.

    ___ allgemeine Aussprache und Abstimmung – 3. Lesung

    ___ Beratung und Aussprache – 1. Lesung

    ___ Beratung im Plenum, Einbringung von Änderungsvorschlägen – 2. Lesung

    ___ Einbringung der Vorlage in den Bundestag

    ___ geht an den Bundesrat, Bundesrat nimmt Stellung

    ___ Gesetzesvorlage